KB140650

EMPIRICAL MODELS
IN ACCOUNTING RESEARCH

제2판

회계연구 실증모형

백원선

제2판에서는 초판의 골격을 최대한 유지하면서 다음과 같은 내용을 중심으로 설명을 보완하거나 추가하였습니다.

- 제2장 회계이익의 시계열 속성
  - 보론에 시뮬레이션 자료를 이용한 주요 시계열 과정의 분포 비교
- 제3장 회계이익과 주가 간의 관계
  - 정보유용성 분석방법 추가
  - Ohlson 모형에 관한 설명 보완. 보론에 Ohlson 모형의 도출과정 추가
  - 발생주의와 현금주의 간 비교 추가
  - 발생액과 현금흐름의 관계를 도식화한 Dechow, Kothari, and Watts(1998)에 관한 설명 추가
- 제5장 이익조정, 발생액품질 및 수익비용대응원칙
  - 실물활동이익조정과 분류변경이익조정 추가
- 제6장 보수주의와 원가하방경직성
  - 적시적 손익인식 차별성을 대응요소와 기대요소로 구분하여 분석한 Ball and Easton(2013)에 관한 설명 추가

이 밖에 초판에서 발견된 오자, 탈자를 바로잡고 설명이 미흡한 내용을 보완하였습니다. 특히 본서에 대하여 여러 가지 건설적인 의견을 주신 경북대학교 조성표 교수님께 감사드립니다.

2019년 2월
명륜동 연구실에서
저자 씀

본서는 저자가 그동안 대학원 세미나 수업에서 다루었던 회계연구의 주요 분야를 개괄적으로 소개할 목적으로 집필하였습니다. 특히 주요 분야의 연구에서 사용된 실증모형에 초점을 맞추어 설명하였습니다.

　　본서에서 살펴본 주요 연구분야는 다음과 같습니다.
- 회계이익의 시계열 속성
- 회계이익과 주가 간의 관계
- 시장이상현상
- 이익조정, 발생액품질 및 수익비용대응원칙
- 보수주의와 원가하방경직성

　　본서는 회계분야에서 연구가 비교적 활발한 분야를 대상으로 각 분야의 연구를 선도한 연구를 선별하여 그 연구에서 사용한 실증모형을 이해하는 데 도움이 되도록 설명하고자 하였습니다. 이 연구들은 이제까지 저자의 연구에 직접적으로 큰 영향을 준 연구들이며, 저자가 새로운 연구를 계획할 때마다 이 연구들을 꼼꼼히 읽고 어떻게 확장, 발전시킬까 하는 고민을 했고 지금도 하고 있는 선도적인 연구라고 할 수 있습니다.

　　연구자로서 이 연구들을 읽으면서 나름대로 이해했던 내용들을 이제 저자로서 정리해서 출판을 하려고 하니 두려움이 따릅니다. 혹시 잘못 이해하여 독자들에게 그릇된 정보를 제공하는 것은 아닌지, 별것도 아닌 내용을 담아 출판한다고 욕심 부린 것은 아닌지 등등 많은 걱정이 앞섭니다. 그럼에도 불구하고 대학원 학생들이나 젊은 연구자들에게 어쩌면 사소할

지도 모르는 작은 도움을 주고자 용기를 내게 되었습니다. 본서로부터 연구에 관한 새로운 시각과 통찰력을 발견하시기를 기대합니다.

본서를 집필하기까지 그동안 저자의 대학원 세미나 수업을 수강하면서 깊이 있는 토론을 주고받았던 많은 학생들, 지금은 다른 대학교의 교수가 된 여러 분들과의 지적 교류가 없었다면 본서는 빛을 보기 어려웠을 것입니다. 또한 본서의 출판을 기꺼이 허락해 주신 신영사 권영섭 사장님과 많은 수식을 깔끔하게 편집해 주신 박지영 국장님의 노고에 감사드립니다. 마지막으로 본서를 집필하느라고 긴 방학 동안에도 시간을 함께 보내지 못한 가족들에게 죄송함과 감사함을 전합니다.

2018년 1월
명륜동 연구실에서
저자 씀

제 **1** 장   서 론

제 **2** 장   회계이익의 시계열 속성

제 **3** 장   회계이익과 주가 간의 관계

제 **4** 장   시장이상현상

제**5**장   이익조정, 발생액품질 및 수익비용대응원칙

제**6**장   보수주의와 원가하방경직성

제 **1** 장

서 론

본서는 회계연구에서 널리 사용되고 있는 실증모형 및 그 활용을 소개하려는 목적으로 저술되었다. 특정분야의 연구를 수행하려는 연구자가 자신의 연구목적에 맞게 적절히 사용할 수 있도록 해당분야에서 빈번하게 사용되는 연구모형과 주요 변수를 가능한 한 상세히 설명하였다.

회계연구에서 실증모형은 그 분석목적에 따라 다양하게 설계, 사용되고 있으나 이를 종합적으로 검토한 문헌은 별로 없다. 실증모형이 사용되는 회계연구의 모든 분야를 자세히 언급하는 것은 어려운 작업이지만 그로 인한 혜택은 그리 높지 않을 수 있다. 이에 연구가 비교적 활발한 분야에 초점을 맞추어 논의를 진행하였다. 또한 각 분야마다 많은 연구가 수행되었지만 본서에서는 해당분야의 연구발전에 가장 공헌도가 높은 연구를 중심으로 주요 연구모형과 실증결과를 살펴보았다. 이하 본서의 주요 내용을 요약하면 다음과 같다.

제2장에서는 회계이익의 시계열 속성을 논의하였다. 회계이익의 시계열 속성은 이익예측오차 또는 비기대이익을 계산하거나 이익유연화 및 분기이익보고패턴 등을 검토한 많은 연구에서 분석하였다. 시계열 속성을 다룬 연구에서 널리 사용되고 있는 자기회귀과정(autoregressive process), 이동평균과정(moving average process) 또는 두 가지가 결합된 과정 등 주요 시계열 과정의 특징을 설명하였다.

그리고 연차이익과 분기이익의 시계열 속성을 분석한 연구를 알아보았다. 랜덤워크과정(random walk process)을 따르는 것으로 알려진 연차이익의 시계열 속성을 분석한 연구모형과 주요 실증결과를 살펴보았다. 또한 계절성 요인을 갖고 있는 분기이익의 시계열 속성을 분석한 연구모형과 주요 실증결과를 살펴보았다.

제3장에서는 회계이익과 주가 간의 관계를 다룬 연구들을 살펴보았다. 먼저 선행연구에서 정보유용성을 분석할 때 사용한 대표적인 방법을 요약하였다. 이 분야의 초창기 연구인 Ball and Brown(1968)과 Beaver(1968)의 연구모형과 실증결과를 알아보고, 이 분야의 연구를 선도한 Beaver의 다양한 후속연구를 살펴보았다.

다음으로 회계이익과 주가 간의 관계를 더욱 체계화한 이익반응계수를 다룬 연구와 Ohlson(1995) 모형에 기초하여 회계이익과 주가 간의 관계를 분석한 연구를 검토하였다. 그리고 이익구성요소의 특징을 살펴보기 위하여 발생주의와 현금주의를 비교하고 증분정보효과와 상대정보효과를 알아보았다. 또한 이익구성요소와 주가 간의 관계를 분석한 연구의 주요 이슈를 살펴보았다.

제4장에서는 회계이익과 그 구성요소에 관한 시장이상현상(anomalies)을 다룬 연구의 모형과 주요 실증결과를 검토하였다. 효율적 시장에서는 특정정보가 공시되면 주가에 즉시, 충분히 반영되어야 한다. 그러나 특정 이익이나 이익구성요소의 경우 시장효율성에 반하는 시장이상현상을 보여주는 실증증거가 제시되었다. 먼저 이익공시 후 주가표류현상(post earnings announcement drift)을 분석한 연구를 살펴보았는데, 이는 이익공시 후에 주가가 더 이상 반응하지 않을 것으로 예상하고 있는 시장효율성과 달리 공시 후에도 일정기간 이익예측오차와 동일한 방향으로 주가가 움직인다는 현상이다.

또한 발생액은 차기에 반전되는 시계열 속성 때문에 영업현금흐름에 비하여 지속성이 낮은 것으로 알려져 있는데 이러한 시계열 속성을 적절히 주가에 반영하지 못함으로 인하여 생기는 현상, 즉 발생액시장이상현상(accrual anomaly)을 다룬 연구를 검토하였다. 또한 두 현상이 독립적인지 상호 관련이 있는지를 분석한 연구를 살펴보았다.

제5장에서는 이익조정(earnings management), 발생주의(accrual basis) 및 수익비용대응원칙(matching principle)과 관련된 연구를 요약하였다. 발생주의를 근간으로 하고 있는 회계기준에서는 경영자의 사적 정보를 이끌어 낼 목적으로 경영자에게 비교적 폭넓은 재량권을 허용하고 있다. 그러나 이러한 재량권이 당초 의도와는 다르게 기회주의적으로 행사됨에 따라 그로 인한 이익조정 여부를 적절히 측정하는 것이 매우 중요한 이슈로 대두되었다. 이에 관하여 많은 연구에서 재량적 발생액 추정모형을 제시하였는데, 그중에서 널리 사용되는 주요 모형을 검토하였다. 또한 영업현금흐름, 제조원가

및 재량적 지출 등을 이용한 실제활동이익조정(real activities manipulation)을 분석한 연구모형과 손익계산서의 항목간 분류변경(classification shifting)을 통한 이익조정 분석에 사용된 연구모형을 살펴보았다.

발생주의의 핵심요소인 발생액은 영업현금흐름이 갖고 있는 손익인식 시기와 대응 문제를 완화하는 역할을 하는 것으로 알려져 있다. 이러한 시각에서 발생액과 영업현금흐름 간의 매핑관계를 이용하여 영업현금흐름과의 매핑이 잘 되는 발생액의 품질은 좋은 반면에 영업현금흐름과의 매핑이 잘 되지 않는 발생액의 품질은 좋지 않다는 예상에 따라 발생액품질을 분석한 연구를 살펴보았다.

회계이익은 수익에서 비용을 차감하여 계산되는데, 회계기준의 변화, 경제환경 및 산업구조의 변화 등의 영향으로 이익변동성과 이익지속성이 변화되고 있다. 이러한 결과를 초래한 원인의 하나로 수익과 비용 간 대응관계가 어떻게 변하고 있는지를 다룬 연구를 검토하였다.

제6장에서는 종속변수와 독립변수 간의 비대칭 관계를 다룬 보수주의(conservatism)와 원가하방경직성(cost stickiness)을 분석한 연구를 검토하였다. 보수주의가 손실과 이익의 차별적 인식요건 때문에 생긴다는 관점으로 접근한 Basu(1997) 및 그와 유사한 연구를 중심으로 연구모형과 주요 실증결과를 검토하였다.

또한 매출증가 또는 매출감소의 경우 매출과 판매관리비의 대응관계가 대칭적이지 않고, 매출감소의 경우에 판매관리비가 덜 감소한다는 현상, 즉 원가하방경직성을 분석한 연구를 살펴보았다. 또한 두 현상을 통합하여 분석한 연구를 검토하였다.

회계이익의 시계열 속성

회계이익의 시계열 속성은 1970년대에 많이 연구되었다. 회계이익의 시계열 속성은 이익유연화 또는 미래이익예측력 등을 식별하는 데 도움이 된다(Beaver 1970 ; Foster 1977). 또한 Ball and Brown(1968)으로부터 시작된 주식수익률과 회계이익 간의 관계를 분석하는 연구에서 비기대이익(unexpected earnings)을 계산하기 위한 기대치를 산출할 때 회계이익의 시계열 모형을 이용하였다. 물론 시간이 지나면서 재무분석가의 이익예측치가 이용가능하게 됨에 따라 이를 기대치로 쓰게 되었다. 하지만 재무분석가의 이익예측치는 일부 대기업에 대해서만 이용가능하기 때문에 시계열 모형을 이용한 비기대이익은 여전히 널리 쓰이고 있다.

시계열 분석에서 널리 이용되는 Box-Jenkins(1970)의 시계열 모형은 ARIMA(AutoRegressive Integrated Moving Average)라고 부르는데, 관심변수 또는 그 차분변수가 자기회귀과정(AutoRegressive process : AR), 이동평균과정(Moving Average process : MA) 또는 두 과정의 결합된 과정(Auto Regressive Moving Average process : ARMA)을 따르는지를 식별하는 수단으로 널리 사용되었으며, 통상 $ARIMA(p,\ d,\ q)$의 형태로 표시된다. 이때 p는 자기회귀과정의 차수, d는 차분(differencing)의 차수, 그리고 q는 이동평균과정의 차수를 나타낸다. 월간 자료나 분기 자료와 같이 계절성이 있는 시계열 자료의 경우에는 계절성 요인의 $p,\ d,\ q$도 식별할 수 있는데, 이에 관해서는 분기이익의 시계열 속성을 논의할 때 자세히 설명하기로 한다.

$ARIMA(p,\ 0,\ 0)$는 $AR(p)$라고도 하는데 관심변수 X_t가 p차자기회귀과정을 따르며, 시계열 자료가 다음의 관계를 충족하는 경우에 해당된다.

$$X_t = \phi_1 X_{t-1} + \phi_2 X_{t-2} + \cdots + \phi_p X_{t-p} + \epsilon_t \tag{2-1}$$

관심변수 X_t가 p차자기회귀과정을 따르면 X_t는 $t-1$기부터 $t-p$기까지 관심변수($X_{t-1} \sim X_{t-p}$)의 가중평균과 t기 오차항(ϵ_t)의 합으로 표시된다. 또한 $ARIMA(0,\ 0,\ q)$는 $MA(q)$라고도 하는데 관심변수 X_t가 q차이동평균과정을 따르며, 시계열 자료가 다음의 관계를 충족하는 경우에 해당된다.

$$X_t = \epsilon_t - \theta_1 \epsilon_{t-1} - \theta_2 \epsilon_{t-2} - \cdots - \theta_q \epsilon_{t-q} \qquad (2\text{-}2)$$

관심변수 X_t가 q차이동평균과정을 따르면 X_t는 $t-1$기부터 $t-q$기까지 오차항($\epsilon_{t-1} \sim \epsilon_{t-q}$)의 가중평균과 t기 오차항(ϵ_t)의 합으로 표시된다.

그리고 $ARIMA(p, 0, q)$는 $ARMA(p, q)$라고도 하는데 관심변수 X_t가 p차자기회귀과정과 q차이동평균과정이 결합된 과정을 따르며, 시계열 자료가 다음의 관계를 충족하는 경우에 해당된다.

$$X_t = \phi_1 X_{t-1} + \phi_2 X_{t-2} + \cdots + \phi_p X_{t-p} + \epsilon_t - \theta_1 \epsilon_{t-1} - \theta_2 \epsilon_{t-2} - \cdots - \theta_q \epsilon_{t-q}$$

$$(2\text{-}3)$$

관심변수 X_t가 p차자기회귀과정과 q차이동평균과정이 결합된 과정을 따르면 X_t는 $t-1$기부터 $t-p$기까지 관심변수($X_{t-1} \sim X_{t-p}$)의 가중평균과 $t-1$기부터 $t-q$기까지 오차항($\epsilon_{t-1} \sim \epsilon_{t-q}$)의 가중평균 및 t기 오차항(ϵ_t)의 합으로 표시된다.

제 1 절 주요 시계열 과정

Beaver(1970)는 주식수익률과 회계이익의 시계열 속성을 분석하면서 랜덤워크과정과 평균회귀과정이라는 매우 상반된 두 가지 시계열 과정의 특징을 기술하였다. 먼저 관심변수 X_t가 랜덤워크과정(random walk process)을 따른다면 다음과 같은 특성을 갖는다.

$$X_t = X_{t-1} + \epsilon_t$$

$$E(\epsilon_t) = 0, \ \sigma^2(\epsilon_t) = \sigma^2, \ \sigma(\epsilon_t, \ \epsilon_s) = 0 \ \text{ for } \ t \neq s \tag{2-4}$$

이때 관심변수(X_t) 및 차분변수($\Delta X_t = X_t - X_{t-1}$)의 기댓값, 분산, 1
차공분산 및 1차자기상관계수는 다음과 같다.

관심변수(X_t) :	차분변수($\Delta X_t = X_t - X_{t-1}$) :
$E(X_t) = X_{t-1}$	$E(\Delta X_t) = 0$
$\sigma^2(X_t) = t\sigma^2$	$\sigma^2(\Delta X_t) = \sigma^2$
$\sigma(X_{t+1}, \ X_t) = \sigma^2$	$\sigma(\Delta X_{t+1}, \ \Delta X_t) = 0$
$\rho(X_{t+1}, \ X_t) = \sqrt{t/(t+1)}$	$\rho(\Delta X_{t+1}, \ \Delta X_t) = 0$

랜덤워크과정에서는 차분변수 $\Delta X_t(= X_t - X_{t-1})$의 1차공분산 $\sigma(\Delta X_{t+1},$
$\Delta X_t)$과 1차자기상관계수 $\rho(\Delta X_{t+1}, \ \Delta X_t)$가 0이다. 즉, 랜덤워크과정에서
는 1차차분변수(ΔX_t)가 랜덤, 즉 예측불가능하게 움직인다고 본다.
 다음으로 관심변수 X_t가 평균회귀과정(mean reversion process)을 따른
다면 다음과 같은 특성을 갖는다.

$$X_t = \mu + \epsilon_t$$

$$E(\epsilon_t) = 0, \ \sigma^2(\epsilon_t) = \sigma^2, \ \sigma(\epsilon_t, \ \epsilon_s) = 0 \ \text{ for } \ t \neq s \tag{2-5}$$

이때 관심변수(X_t) 및 차분변수($\Delta X_t = X_t - X_{t-1}$)의 기댓값, 분산, 1
차공분산 및 1차자기상관계수는 다음과 같다.

관심변수(X_t) :	차분변수($\Delta X_t = X_t - X_{t-1}$) :
$E(X_t) = \mu$	$E(\Delta X_t) = 0$
$\sigma^2(X_t) = \sigma^2$	$\sigma^2(\Delta X_t) = 2\sigma^2$
$\sigma(X_{t+1}, \ X_t) = 0$	$\sigma(\Delta X_{t+1}, \ \Delta X_t) = -\sigma^2$
$\rho(X_{t+1}, \ X_t) = 0$	$\rho(\Delta X_{t+1}, \ \Delta X_t) = -1/2$

평균회귀과정에서는 관심변수 X_t의 1차공분산 $\sigma(X_{t+1},\ X_t)$과 1차자기상관계수 $\rho(X_{t+1},\ X_t)$가 0이다. 즉, 평균회귀과정에서는 관심변수(X_t)가 장기간 일정수준(μ)을 중심으로 움직인다고 본다.

이 밖에도 문헌에서 자주 언급되는 시계열 과정으로는 1차자기회귀과정, 1차이동평균과정, 그리고 1차차분의 1차이동평균과정 등이 있다.

관심변수 X_t가 1차자기회귀과정(first-order autoregressive process : AR 1)을 따른다면 다음과 같은 특징을 지닌다.[1]

$$X_t = \phi X_{t-1} + \epsilon_t$$
$$E(\epsilon_t) = 0,\ \sigma^2(\epsilon_t) = \sigma^2,\ \sigma(\epsilon_t,\ \epsilon_s) = 0\ \ \text{for}\ t \neq s \qquad (2\text{-}6)$$

이때 관심변수(X_t) 및 차분변수($\Delta X_t = X_t - X_{t-1}$)의 기댓값, 분산, 1차공분산 및 1차자기상관계수는 다음과 같다.

관심변수(X_t) :	차분변수($\Delta X_t = X_t - X_{t-1}$) :
$E(X_t) = \phi X_{t-1}$	$E(\Delta X_t) = -(1-\phi)X_{t-1}$
$\sigma^2(X_t) = \sigma^2/(1-\phi^2)$	$\sigma^2(\Delta X_t) = 2(1-\phi)^2\sigma^2/(1-\phi^2)$
$\sigma(X_{t+1},\ X_t) = \phi\sigma^2/(1-\phi^2)$	$\sigma(\Delta X_{t+1},\ \Delta X_t) = -(1-\phi)^2\sigma^2/(1-\phi^2)$
$\rho(X_{t+1},\ X_t) = \phi$	$\rho(\Delta X_{t+1},\ \Delta X_t) = -(1-\phi)/2$

다음으로 관심변수 X_t가 1차이동평균과정(first-order moving average process : MA 1)을 따른다면 다음과 같은 특징을 갖는다.

$$X_t = \epsilon_t - \theta\epsilon_{t-1}$$
$$E(\epsilon_t) = 0,\ \sigma^2(\epsilon_t) = \sigma^2,\ \sigma(\epsilon_t,\ \epsilon_s) = 0\ \ \text{for}\ t \neq s \qquad (2\text{-}7)$$

이때 관심변수(X_t) 및 차분변수($\Delta X_t = X_t - X_{t-1}$)의 기댓값, 분산, 1차공분산 및 1차자기상관계수는 다음과 같다.

---

1) 회계이익(X_t)이 1차자기회귀과정을 따른다는 가정하에 이익지속성을 분석한 연구로는 Sloan(1996)이 있다.

관심변수(X_t) :	차분변수($\Delta X_t = X_t - X_{t-1}$) :
$E(X_t) = 0$	$E(\Delta X_t) = 0$
$\sigma^2(X_t) = (1+\theta^2)\sigma^2$	$\sigma^2(\Delta X_t) = 2(1+\theta+\theta^2)\sigma^2$
$\sigma(X_{t+1}, X_t) = -\theta\sigma^2$	$\sigma(\Delta X_{t+1}, \Delta X_t) = -(1-\theta^2)\sigma^2$
$\rho(X_{t+1}, X_t) = -\theta/(1+\theta^2)$	$\rho(\Delta X_{t+1}, \Delta X_t) = -(1-\theta^2)/2(1+\theta+\theta^2)$

그리고 차분변수 ΔX_t가 1차이동평균과정(first-order moving average process of the first differences : IMA 1, 1), 즉 관심변수 X_t가 IMA(1, 1) 과정을 따른다면 다음과 같은 특징을 갖는다.[2]

$$X_t = X_{t-1} + \epsilon_t - \theta\epsilon_{t-1}$$
$$E(\epsilon_t) = 0, \ \sigma^2(\epsilon_t) = \sigma^2, \ \sigma(\epsilon_t, \epsilon_s) = 0 \ \text{ for } t \neq s \tag{2-8}$$

이때 관심변수(X_t) 및 차분변수($\Delta X_t = X_t - X_{t-1}$)의 기댓값, 분산, 1차공분산 및 1차자기상관계수는 다음과 같다.

관심변수(X_t) :	차분변수($\Delta X_t = X_t - X_{t-1}$) :
$E(X_t) = X_{t-1}$	$E(\Delta X_t) = 0$
$\sigma^2(X_t) = \{(1+\theta^2+(1-\theta)^2 t\}\sigma^2$	$\sigma^2(\Delta X_t) = (1+\theta^2)\sigma^2$
$\sigma(X_{t+1}, X_t)$ $= \{(1+\theta^2+(1-\theta)^2(t-1)\}\sigma^2$	$\sigma(\Delta X_{t+1}, \Delta X_t) = -\theta\sigma^2$
$\rho(X_{t+1}, X_t) = \sqrt{(t-1)/t}$	$\rho(\Delta X_{t+1}, \Delta X_t) = -\theta/(1+\theta^2)$

2) 회계이익의 1차차분(ΔX_t)이 1차자기회귀과정, 즉 IMA(1, 1) 과정을 따른다는 가정하에 주식수익률과 회계이익 간의 관계를 분석한 연구로는 Beaver, Lambert, and Morse(1980), Collins and Kothari(1989), Ali and Zarowin(1992) 등이 있다.

제 **2** 절 │ 이익의 시계열 속성

1. 연차이익의 시계열 속성

Beaver(1970)는 주식수익률, 이익-주가비율(earnings-price ratio), 자기자본이익률(return on equity) 및 이익의 시계열 속성을 검토하였다. Beaver(1970)는 회계기준에 내재되어 있는 역사적원가주의와 평균개념(예 : 감가상각)으로 인하여 이익을 포함한 변수들은 주식수익률보다 평균회귀의 정도가 약할 것으로 예상하였다. 이들 변수의 1차자기상관계수의 분포를 Table 1에 보고하였다.

각 변수의 수준(level)을 대상으로 한 분석에서는 1차자기상관계수의 평균이 각각 −0.11, 0.40, 0.48, 0.68이었고, 변화(change)를 대상으로 한 분

TABLE 1　Distribution of Serial Correlation Statistics (Compustat Data)

	Mean	Fractile								
		.1	.2	.3	.4	.5	.6	.7	.8	.9
First order correlation coefficient (product-moment)										
$R(1)$	−.11	−.35	−.26	−.21	−.18	−.14	−.09	−.02	.09	.16
$R(2)$	.40	.12	.22	.29	.35	.39	.44	.52	.57	.68
$R(3)$	.48	.15	.27	.36	.44	.49	.54	.59	.67	.80
$R(4)$	.68	.27	.48	.64	.74	.79	.80	.81	.83	.85
First order correlation coefficient of first differences (product-moment)										
$R(1)$	−.46	−.63	−.58	−.55	−.50	−.46	−.44	−.40	−.36	−.24
$R(2)$	−.10	−.71	−.38	−.28	−.24	−.21	−.16	−.05	.08	.30
$R(3)$	−.06	−.44	−.32	−.24	−.13	−.07	−.04	−.06	.18	.26
$R(4)$	.10	−.29	−.11	−.07	.01	.06	.10	.23	.29	.52

$R(1)$＝주식수익률
$R(2)$＝이익-주가비율
$R(3)$＝자기자본이익률
$R(4)$＝이익
출처 : Beaver (1970), p.94.

석에서는 1차자기상관계수의 평균이 각각 -0.46, -0.10, -0.06, 0.10이었다. 앞에서 살펴본 것처럼 관심변수가 평균회귀과정을 따르는 경우 수준변수의 1차자기상관계수는 0, 변화변수의 1차자기상관계수는 -0.5인 반면에 관심변수가 랜덤워크과정을 따르는 경우 수준변수의 1차자기상관계수는 양($+$), 변화변수의 1차자기상관계수는 0이다. 따라서 위의 결과는 이익-주가비율, 자기자본이익률 및 이익은 모두 랜덤워크과정에 가까운 시계열 속성을 보인 반면에 주식수익률은 평균회귀과정에 가까운 시계열 속성을 보여주었다.

Ball and Watts(1972)는 당기순이익(주당순이익) 변화의 1차자기상관계수의 평균 또는 중위수가 각각 $-0.030(-0.200)$과 $-0.075(-0.198)$로서 0과 유의하게 다르지 않다는 결과를 보고하였다. 즉, 당기순이익(주당순이익)이 추세를 감안한 랜덤워크과정, 즉 서브마팅게일과정(submartingale)을 따른다고 보았다.[3] Brooks and Buckmaster(1976)는 당기순이익 변화가 극단적인 집단에서는 Ball and Watts(1972)의 결과와 달리 평균회귀과정에 가까운 패턴을 보인다는 사실을 관찰하였다.

2. 분기이익의 시계열 속성

분기이익은 연차이익과 달리 계절성(seasonality)이 존재하기 때문에 다소 복잡할 수밖에 없다. 계절성 요인을 추가로 고려한 Box-Jenkins ARIMA 모형은 $ARIMA(p, d, q) \times (P, D, Q)_s$와 같은 형태로 표시된다. 이때 P는 계절성 요인의 자기회귀과정의 차수, D는 계절성 요인의 차분의 차수, Q는 계절성 요인의 이동평균과정의 차수, s는 계절성 요인의 시차를 의미한다.

Foster(1977)는 분기이익의 시계열 속성을 분석하였다. 이를 위하여 계

---

[3] 만일 $E(X_{t+1}|X_t, \cdots X_0) \geq X_t$라면 X_t는 서브마팅게일과정을 따르는 반면에 만일 $E(X_{t+1}|X_t, \cdots X_0) = X_t$라면 X_t는 마팅게일과정을 따른다(Ball and Watts 1972).

절성 및 비계절성 요인의 차분변수의 다양한 조합을 통해 분기이익의 자기상관계수를 살펴보았다. Table 2에 제시된 분기이익(panel A), 분기매출(panel B), 분기비용(panel C) 등의 시계열 속성을 분석한 결과를 panel A의 분기이익을 중심으로 요약하면 다음과 같다.

첫째, 차분을 고려하지 않은 원시자료($d=0$, $D=0$)의 경우 12기 후까

TABLE 2 Cross—Sectional Sample Autocorrelations : 1946 − 1974 (Mean and STD. Deviation)

$d\ D$	Lags											
	1	2	3	4	5	6	7	8	9	10	11	12
	Panel A. Earnings Series											
0 0	.650	.521	.511	.618	.428	.349	.351	.452	.297	.238	.265	.377
	(.281)	(.347)	(.263)	(.210)	(.250)	(.305)	(.254)	(.248)	(.250)	(.287)	(.239)	(.224)
1 0	−.296	−.125	−.153	.408	−.162	−.076	−.139	.344	−.139	−.091	−.111	.304
	(.197)	(.310)	(.195)	(.281)	(.177)	(.284)	(.160)	(.258)	(.155)	(.257)	(.164)	(.251)
0 1	.445	.244	.128	−.121	.001	.019	−.017	−.034	−.026	−.032	−.008	−.005
	(.220)	(.205)	(.180)	(.233)	(.185)	(.179)	(.149)	(.145)	(.144)	(.143)	(.132)	(.133)
1 1	−.253	−.059	.106	−.335	.065	.052	−.014	−.019	.011	−.028	.020	.005
	(.172)	(.124)	(.154)	(.141)	(.140)	(.127)	(.115)	(.106)	(.090)	(.102)	(.097)	(.111)
	Panel B. Sales Series											
0 0	.890	.813	.772	.753	.682	.635	.614	.608	.554	.516	.505	.507
	(.075)	(.117)	(.086)	(.098)	(.104)	(.122)	(.108)	(.115)	(.111)	(.123)	(.107)	(.110)
1 0	−.171	−.063	−.112	.428	−.137	−.050	−.126	.346	−.108	−.069	−.115	.322
	(.248)	(.341)	(.195)	(.253)	(.164)	(.297)	(.142)	(.247)	(.150)	(.266)	(.140)	(.217)
0 1	.617	.418	.274	.065	.108	.111	.095	.071	.073	.067	.055	.052
	(.224)	(.200)	(.173)	(.223)	(.162)	(.149)	(.141)	(.155)	(.138)	(.136)	(.129)	(.121)
1 1	−.144	−.027	.090	−.351	.039	.027	.009	−.038	.027	.004	−.012	.024
	(.245)	(.118)	(.149)	(.153)	(.138)	(.124)	(.098)	(.132)	(.102)	(.078)	(.086)	(.108)
	Panel C. Expense Series											
0 0	.893	.821	.777	.753	.689	.645	.621	.613	.564	.529	.515	.512
	(.070)	(.101)	(.084)	(.099)	(.101)	(.113)	(.105)	(.109)	(.105)	(.111)	(.099)	(.103)
1 0	−.165	−.055	−.094	.396	−.115	−.050	−.112	.317	−.089	−.072	−.093	.289
	(.249)	(.329)	(.188)	(.248)	(.161)	(.288)	(.138)	(.236)	(.140)	(.258)	(.141)	(.216)
0 1	.605	.414	.266	.047	.102	.104	.087	.069	.072	.066	.059	.056
	(.234)	(.202)	(.176)	(.233)	(.161)	(.147)	(.139)	(.148)	(.135)	(.131)	(.124)	(.117)
1 1	−.155	−.018	.096	−.359	.050	.030	.034	−.036	.027	.001	−.009	.020
	(.252)	(.109)	(.144)	(.148)	(.143)	(.117)	(.102)	(.124)	(.108)	(.071)	(.079)	(.112)

d=비계절성 차분, D=계절성 차분
출처 : Foster (1977), p.8.

지 양(+)의 관계가 나타나 계절성 요인 또는 비계절성 요인에 상관없이 원시자료에 대하여 차분의 필요성이 있다는 것을 알 수 있다.

둘째, 비계절성 요인의 차분만을 고려한 자료($d = 1$, $D = 0$)에서는 4기, 8기, 12기 후의 자기상관계수가 양(+)으로 나타나 계절성 요인에 대한 차분이 필요하다는 것을 보여주고 있다.

셋째, 계절성 요인의 차분만을 고려한 자료($d = 0$, $D = 1$)에서는 1~3기까지 양(+)의 자기상관계수(0.445, 0.244, 0.128)가 관찰되어 비계절성 요인에 대한 차분이 필요하다는 것을 알 수 있다.

넷째, 계절성 및 비계절성 요인의 차분을 함께 고려한 자료($d = 1$, $D = 1$)에서는 앞의 세 가지 경우에 비하여 자기상관계수의 크기와 방향이 비교적 안정적이라는 것을 보여주고 있다.

Panel B와 C에 제시된 분기매출과 분기비용의 시계열 행태 역시 분기이익과 질적으로 동일하였다. 다만, 분기매출과 분기비용의 원시자료($d = 0$, $D = 0$)의 최초 4기까지의 자기상관계수(0.75~0.89)가 분기이익의 자기상관계수(0.43~0.65)에 비하여 다소 컸다.

이상의 결과로부터 Foster(1977)는 분기이익에 계절성 요인과 비계절성 요인 모두가 존재한다는 점에 주목하여 두 가지 요인에 대한 차분을 동시에 고려한 다음의 시계열 모형을 제시하였다.

$$Q_t - Q_{t-4} = \phi_1(Q_{t-1} - Q_{t-5}) + \delta \tag{2-9}$$

즉, 분기이익은 추세(δ)와 계절성을 함께 고려한 차분($Q_t - Q_{t-4}$)이 1차자기회귀과정을 따르는 것으로 분석되었다. 이를 Foster 모형이라 부르는데 ARIMA 모형의 표현으로 나타내면 $(1, 0, 0) \times (0, 1, 0)_{s=4}$이다.

Foster(1977)는 계절성, 추세변화 등의 고려 여부에 따라 다음과 같이 여섯 가지의 모형을 선정하고 각 모형별 이익예측오차와 주식수익률의 관계를 비교하였다.

Model 1 : $E(Q_t) = Q_{t-4}$ (계절성 고려)   (2-10a)

Model 2 : $E(Q_t) = Q_{t-4} + \delta$ (계절성 및 추세변화 고려)   (2-10b)

Model 3 : $E(Q_t) = Q_{t-1}$ (계절성 무시)   (2-10c)

Model 4 : $E(Q_t) = Q_{t-1} + \delta$ (계절성 무시 & 추세변화 고려)   (2-10d)

Model 5 : $E(Q_t) = Q_{t-4} + \phi_1(Q_{t-1} - Q_{t-5}) + \delta$

(계절성 및 추세변화 고려)   (2-10e)

Model 6 : 개별기업별로 추정한 Box-Jenkins 모형   (2-10f)

단, Q_t는 t분기 이익, δ는 분기이익의 추세변화

Table 3 Panel A에 보고된 모든 분기(All Four Quarters)를 대상으로 한 결과를 보면 Model 5(식 2-10e)의 이익예측오차가 가장 작은 것으로 나타나 가장 정확한 예측모형이라는 것을 알 수 있다. 그 다음으로 Model 1과 2의 이익예측오차가 비슷하게 작았으며, Model 3과 4는 비교적 덜 정확한 것으로 관찰되었다.

Table 4에는 각 모형으로부터 구한 이익예측오차의 방향 및 크기와 비정상수익률 간의 관계를 비교하였다. Model 2와 5로부터 계산한 이익예측오차에 따른 포트폴리오의 비정상수익률이 다른 모형에 비하여 컸다. 특히 Model 5의 이익예측오차보다 Model 2의 이익예측오차로 구분한 포트폴리오의 비정상수익률이 더 컸다.

Table 3과 4의 결과를 비교할 때 흥미로운 사실은 Model 5가 Model 2보다 이익예측오차는 상대적으로 작았지만, 주식수익률과의 상관관계는 오히려 Model 2가 더 높았다. 이는 자본시장참여자들이 계절성 요인의 차분만을 고려한 단순한 모형을 주가결정에 활용하고 있다는 추론을 가능하게 한다.[4]

---

[4] 이익공시 후 주가표류현상을 분석한 Bernard and Thomas(1990)는 주식수익률의 시계열 행태가 Model 2에 기초한 이익예측오차의 시계열 행태와 매우 유사하다는 증거를 제시하면서 이는 주식시장참여자들이 당기이익의 미래이익에 대한 예측정보를 충분히 인지하지 못하고 있는 것이라고 해석하였다.

TABLE 3 Summary Statistics for One-Step-Ahead Forecasting : 1962 – 1974 Period

Models	All Four Quarters			First Quarter			Second Quarter			Third Quarter			Fourth Quarter		
	Av. Rank	M.AB.E %	M.S.E. %	Av. Rank	M.AB.E %	M.S.E. %	Av. Rank	M.AB.E %	M.S.E. %	Av. Rank	M.AB.E %	M.S.E. %	Av. Rank	M.AB.E %	M.S.E. %
							Panel A : Earnings Series								
Model 1	3.847	.287	.166	3.752	.304	.185	3.793	.256	.129	4.020	.296	.180	3.823	.292	.169
Model 2	3.395	.283	.167	3.317	.300	.185	3.366	.251	.130	3.478	.290	.180	3.420	.290	.173
Model 3	3.849	.346	.226	3.868	.396	.285	4.102	.335	.206	3.597	.308	.197	3.830	.343	.216
Model 4	3.598	.346	.227	3.699	.398	.287	3.667	.332	.204	3.473	.311	.200	3.551	.343	.217
Model 5	2.710	.258	.152	2.719	.287	.181	2.635	.218	.109	2.721	.264	.163	2.764	.262	.153
Model 6	3.598	.288	.171	3.643	.323	.215	3.433	.244	.121	3.709	.293	.177	3.608	.292	.169
Friedman ANOV-S Statistic	919.7			231.3			319.6			238.6			198.8		

Av. Rank=평균순위(작을수록 정확)

M.AB.E=Mean Absolute Percentage Error=$|[Q_t - E(Q_t)]/Q_t|$=오차절대값 평균(작을수록 정확)

M.S.E.=Mean Sqaure Percentage Error=$|[Q_t - E(Q_t)]/Q_t|^2$=오차제곱 평균(작을수록 정확)

출처 : Foster (1977), p.11.

TABLE 4 Quarterly Earnings : Cumulative Average Residual For Period From 60 Trading Days Prior To Annual Announcement To (And Including) Announcement Date

Models	All Four Quarters			First Quarter			Second Quarter			Third Quarter			Fourth Quarter		
	+ve	−ve	composite	+ve	−ve	composite	+ve	−ve	composite	+ve	−ve	composite	+ve	−ve	composite
Model 1	.0173	−.0325	.0217 (101.04)	.0221	−.0353	.0262 (21.76)	.0123	−.0393	.0202 (40.29)	.0276	−.0383	.0306 (44.65)	.0060	−.0183	.0098 (5.72)
Model 2	.0213	−.0326	.0253 (130.08)	.0267	−.0359	.0300 (33.03)	.0156	−.0359	.0229 (41.45)	.0312	−.0345	.0323 (42.48)	.0111	−.0243	.0158 (12.80)
Model 3	.0060	−.0021	.0042 (0.02)	−.0015	.0085	−.0055 (4.65)	.0008	−.0115	.0040 (0.00)	.0213	−.0000	−.0094 (2.43)	.0063	−.0127	.0090 (2.96)
Model 4	.0062	−.0020	.0042 (0.00)	−.0023	.0088	−.0061 (5.22)	.0005	−.0104	.0036 (0.04)	.0222	−.0003	.0098 (1.67)	.0070	−.0133	.0097 (3.61)
Model 5	.0202	−.0252	.0222 (87.31)	.0189	−.0159	.0177 (6.132)	.0178	−.0372	.0251 (44.51)	.0304	−.0261	.0288 (32.69)	.0133	−.0231	.0173 (14.56)
Model 6	.0143	−.0181	.0157 (38.39)	.0166	−.0110	.0141 (5.36)	.0097	−.0305	.0162 (20.98)	.0210	−.0115	.0176 (8.90)	−.0104	.0226	.0149 (7.33)

Notes

(1) $+ve$ refers to group with positive earnings changes ; $-ve$ refers to group with negative earnings changes ; composite refers to policy of investing long in $+ve$ group and selling short in $-ve$ group.

(2) Number in parentheses in Composite column in the χ^2 statistic for a two-by-two contingency table for the association between the sign of the earnings change for each quarter and the sign of the C.A.R. for the −60-, to-, announcement-day period. Significance levels for χ^2 statistic are :

.05 $\chi^2 = 3.84$
.01 $\chi^2 = 6.64$
.001 $\chi^2 = 10.83$

출처 : Foster (1977), p.15.

이 외에 Brown and Rozeff(1979)는 Foster(1977) 모형에 계절성 1차이 동평균을 추가로 고려한 다음의 모형을 제시하였다($ARIMA(1,\ 0,\ 0) \times (0,\ 1,\ 1)_{s\,=\,4}$).

$$Q_t - Q_{t-4} = \phi_1(Q_{t-1} - Q_{t-5}) + \epsilon_t - \theta\epsilon_{t-4} \tag{2-11}$$

단, Q_t는 t분기 이익

그리고 Watts(1975)와 Griffin(1977)은 계절성 및 비계절성 요인의 차분이 모두 1차이동평균을 따르는 다음의 모형을 제시하였다($ARIMA(0,\ 1,\ 1) \times (0,\ 1,\ 1)_{s\,=\,4}$).

$$Q_t - Q_{t-4} = Q_{t-1} - Q_{t-5} - \theta_1 a_{t-1} - \Theta_1 a_{t-4} + \theta_1 \Theta_1 a_{t-5} \tag{2-12}$$

단, Q_t는 t분기 이익

Brown, Hagerman, Griffin, and Zmijewski(1987a)는 (1) Brown and Rozeff 의 $ARIMA(1, 0, 0) \times (0, 1, 1)_{s\,=\,4}$ 모형, (2) Foster의 $ARIMA(1, 0, 0) \times (0, 1, 0)_{s\,=\,4}$ 모형, (3) Watts와 Griffin의 $ARIMA(0, 1, 1) \times (0, 1, 1)_{s\,=\,4}$ 모형, 그리고 Value Line 재무분석가 예측치 등을 이용하여 구한 후 분기비기대이익을 계산하고, 각 모형으로부터 계산된 분기비기대이익의 예측정확성, 즉 실제치와 예측치의 차이를 실제치로 나눈 것의 절댓값을 분석하였다. 이러한 결과를 보고한 Table 5에 따르면 Value Line 재무분석가 이익예측치를 이용한 비기대이익이 가장 정확하였고, 시계열 모형 중에서는 Brown and Rozeff 모형(식 2-11)과 Watts와 Griffin 모형(식 2-12)이 대체로 유사한 수준의 정확도를 보였다.

TABLE 5 Mean (unsigned) percentage forecast errors by conditioning quarter and year[a,b]

Conditioning quarter	Year	No. obs.	One-quarter ahead forecast			
			TS1	TS2	TS3	SA
First	1975	200	30.351	35.207	34.364	23.418
quarter	1976	199	20.196	27.678	23.060	15.448
	1977	200	21.341	18.625	19.030	13.223
	1978	203	22.720	19.185	20.566	13.542
	1979	201	21.200	22.568	22.175	17.137
	1980	191	34.987	37.455	35.881	26.213
Second	1975	201	28.245	33.333	33.258	23.519
quarter	1976	203	20.784	22.709	22.936	19.078
	1977	204	20.199	21.562	19.628	19.479
	1978	199	22.094	22.132	21.523	17.783
	1979	203	25.405	25.294	25.734	23.331
	1980	181	34.723	37.637	34.537	26.555
Third	1975	202	33.648	39.076	33.330	24.611
quarter	1976	201	31.147	32.484	31.062	23.568
	1977	204	26.539	24.821	25.721	19.469
	1978	203	25.736	25.016	22.770	17.810
	1979	200	28.327	28.983	27.796	20.349
	1980	192	30.573	30.786	32.308	24.604
Fourth	1974	162	39.512	42.212	42.858	28.426
quarter	1975	171	31.741	41.026	33.116	19.987
	1976	170	26.136	26.246	27.747	18.441
	1977	170	25.612	26.474	25.667	20.125
	1978	170	24.465	28.289	24.247	18.136
	1979	161	30.417	28.721	30.941	22.113
Statistics across 24 quarters/years						
Mean		191	27.337	29.063	27.927	20.682
Std. deviation		15	5.215	6.740	6.034	3.926
Minimum		161	20.196	18.625	19.030	13.223
Maximum		204	39.512	42.212	42.858	28.426
No. of quarters model has the lowest mean			0	0	0	24

TABLE 5 (continued)

Conditioning quarter		Year	No. obs.	Two-quarters ahead forecast			
				TS1	TS2	TS3	SA
First		1975	230	35.331	40.337	39.271	30.966
quarter		1976	229	24.179	29.220	27.142	24.628
		1977	228	26.478	24.266	24.132	24.925
		1978	230	27.764	24.832	25.066	20.881
		1979	231	30.361	29.724	28.342	25.786
		1980	211	39.551	42.083	40.490	33.360
Second		1975	232	38.562	43.872	41.154	31.615
quarter		1976	232	34.217	36.229	35.419	33.413
		1977	233	29.367	28.429	26.943	25.616
		1978	229	26.916	26.905	24.696	21.159
		1979	230	29.105	29.089	29.900	24.865
		1980	199	32.290	31.252	33.149	27.765
Third		1975	225	32.344	42.627	32.812	24.985
quarter		1976	228	29.220	29.662	29.979	26.537
		1977	231	28.040	26.656	25.823	25.489
		1978	231	27.717	30.438	26.841	24.578
		1979	208	31.852	33.025	34.707	29.395
Fourth		1974	187	40.970	45.197	43.583	31.921
quarter		1975	193	30.064	36.772	31.460	22.391
		1976	194	25.287	22.941	22.960	18.594
		1977	195	24.027	22.556	22.206	17.385
		1978	194	26.200	26.108	24.893	22.729
		1979	179	36.552	38.789	37.406	35.371
Statistics across 24 quarters/years							
Mean			216	30.713	32.218	30.799	26.276
Std. deviation			18	4.758	6.916	6.212	4.716
Minimum			179	24.027	22.556	22.206	17.385
Maximum			233	40.970	45.197	43.583	35.371
No. of quarters model has the lowest mean				1	0	1	21

TABLE 5 (continued)

Conditioning quarter	Year	No. obs.	Three-quarters ahead forecast			
			TS1	TS2	TS3	SA
First	1975	231	40.340	43.216	42.408	32.882
quarter	1976	229	35.116	36.717	35.838	34.388
	1977	228	32.444	29.174	29.961	29.136
	1978	231	33.359	29.232	28.633	21.968
	1979	230	29.791	29.311	28.965	25.774
	1980	209	33.005	32.661	32.969	29.825
Second	1975	55	41.942	55.529	46.293	32.277
quarter	1976	202	32.620	30.526	33.056	30.753
	1977	206	29.539	27.579	28.243	27.957
	1978	201	30.208	31.735	27.765	26.723
	1979	185	32.687	31.778	34.305	32.990
Third	1975	225	32.545	39.643	33.094	25.519
quarter	1976	228	27.120	24.004	25.507	20.511
	1977	231	25.524	22.773	22.845	19.232
	1978	231	28.204	25.687	25.752	25.436
	1979	209	37.615	39.602	39.711	34.981
Fourth	1974	187	38.920	45.776	47.501	34.334
quarter	1975	194	32.034	35.358	35.829	26.172
	1976	195	29.310	26.219	27.182	29.198
	1977	195	29.282	26.734	26.553	22.675
	1978	194	33.487	32.030	31.954	29.970
	1979	179	42.596	44.235	43.719	37.954
Statistics across 24 quarters/years						
Mean		203	33.077	33.615	33.095	28.666
Std. deviation		37	4.571	7.996	6.862	4.880
Minimum		55	25.524	22.773	22.845	19.232
Maximum		231	42.596	55.529	47.501	37.954
No. of quarters model has the lowest mean			0	4	0	18

a. The unsigned percentage forecast error is calculated as the absolute value of actual earnings minus the earnings forecast, both divided by actual earnings and multiplied by 100 percent. Errors in excess of 100 percent are set equal to 100 percent.

b. TS1=Box-Jenkins model attributed to Brown and Rozeff (1979)
   TS2=Box-Jenkins model attributed to Foster (1977)
   TS3=Box-Jenkins model attributed to Watts (1975) and Griffin (1977)
   SA=security analysts' earnings forecasts published by The Value Line Investment Survey
   No. obs.=number of observations in the subsample

출처 : Brown, Hagerman, Griffin, and Zmijewski (1987a), pp.67-68.

TABLE 6 Comparison of individual proxy variables for unexpected earnings based on weighted portfolio excess stock returns and correlations with excess stock returns.

Cumulative residuals[a]	Number of obs.[b]	Unexpected earnings($UE_{\pi\lambda}$)[c]				
		SRW	TS1	TS2	TS3	VL
Panel A. Weighted portfolio percentage abnormal returns[d]						
$CR(-1, 0)$	4,177	1.174	1.470	1.422	1.478	1.666
$CR(-10, 0)$	3,431	1.392	1.947	1.964	2.058	2.202
$CR(-20, 0)$	2,931	1.334	1.669	2.027	2.122	2.006
$CR(-40, 0)$	1,611	1.137	1.542	1.726	2.137	2.346
Panel B. Pearson correlations between $CR_{is}(d,0)$ and $UE_{\pi\lambda}$						
$CR(-1, 0)$	4,177	0.210	0.252	0.234	0.243	0.272
$CR(-10, 0)$	3,431	0.136	0.180	0.177	0.182	0.198
$CR(-20, 0)$	2,931	0.101	0.123	0.139	0.144	0.136
$CR(-40, 0)$	1,611	0.076	0.093	0.093	0.110	0.117
Panel C. Rank correlations between $CR_{is}(d,0)$ and $UE_{\pi\lambda}$						
$CR(-1, 0)$	4,177	0.210	0.286	0.302	0.281	0.317
$CR(-10, 0)$	3,431	0.144	0.202	0.234	0.207	0.227
$CR(-20, 0)$	2,931	0.177	0.154	0.176	0.180	0.175
$CR(-40, 0)$	1,611	0.097	0.124	0.155	0.149	0.137

a. Cumulative residual, $CR(d, 0)$, is the cumulated market model residual, cumulated form d days before the earnings announcement date through the earnings announcement date(day 0).
b. Number of observations available for the test. The number of observations decreases as the cumulation period increases because an observation is constrained so that each observation's *Value Line* report date occurs before the first day of the cumulation period, d.
c. Unexpected earnings for firm i, in quarter t, conditional on forecasting model λ is denoted as $UE_{it\lambda}$. There are five unexpected earnings proxy variables. SRW denotes the seasonal random walk forecasting model. TS1 the Brown and Rozeff (1979) model, TS2 the Foster (1977) model, TS3 the Watts (1975)−Griffin (1977) model and VL the forecast in *The Value Line Investment Survey*.
d. Weighted portfolio abnormal returns in percentages, conditional on forecasting model λ, are calculated as

$$\sum_{i=1}^{N} CR_{it}(d, 0)\left[UE_{it\lambda} / \sum_{j=1}^{N} |UE_{jt\lambda}| \right]$$

where $CR_{it}(d, 0)$ is the cumulative residual for firm i in quarter t, N the number of observations, and | | the absolute value operator.

출처 : Brown, Hagerman, Griffin, and Zmijewski (1987b), p.169.

한편 Brown, Hagerman, Griffin, and Zmijewski(1987b)는 분기비기대이익과 누적초과수익률 간의 관계를 분석하였다. 분기이익의 기대치는 (1) 계절성 요인을 감안한 랜덤워크(seasonal random walk : SRW) 모형, (2) Brown and Rozeff의 $ARIMA(1, 0, 0) \times (0, 1, 1)_{s=4}$ 모형, (3) Foster의 $ARIMA(1, 0, 0) \times (0, 1, 0)_{s=4}$ 모형, (4) Watts와 Griffin의 $ARIMA(0, 1, 1) \times (0, 1, 1)_{s=4}$ 모형, 그리고 Value Line 재무분석가 예측치 등을 이용하여 구한 후 분기비기대이익을 계산하였다. 이와 같이 계산된 분기비기대이익과 이익공시일의 누적초과수익률 간의 상관관계를 요약한 Table 6의 결과에 따르면 통계적 차이검증은 하지 않았지만 Value Line 재무분석가 이익예측치를 이용한 비기대이익이 누적초과수익률과 가장 높은 상관관계를 보였고, 시계열 모형 중에서는 Watts와 Griffin 모형이 대체로 높은 상관관계를 보였다.

보론 2-A 주요 시계열 과정의 그래프

시뮬레이션 자료를 이용하여 주요 시계열 과정의 분포를 살펴보았다. 시뮬레이션 자료는 50개의 시계열로 구성된 두 가지 임의수치(X_t and e_t; $E(X_t)$ = 0.074 and $E(e_t)$ = 0)로부터 랜덤워크과정, 평균회귀과정, 1차자기회귀과정, 1차이동평균과정 및 IMA(1, 1)과정 등 다섯 가지 주요 시계열 과정을 생성하였다. 각 시계열 과정마다 다음과 같이 두 가지의 그래프와 관심변수(X_t), 차분변수(ΔX_t)의 평균 및 1차자기상관계수를 살펴보았다.

    (1) X축 : 시간(1~50), Y축 : 관심변수(X_t)
    (2) X축 : 시간(1~50), Y축 : 차분변수(ΔX_t)

1. 랜덤워크과정 : $X_t = X_{t-1} + \epsilon_t$

    (1) X축 : 시간(1~50), Y축 : 관심변수(X_t)

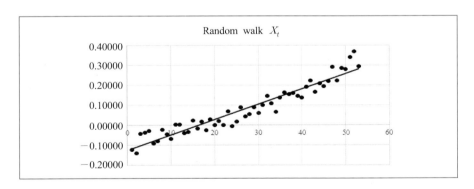

평균 : $E(X_t) = X_{t-1} = 0.092$

1차자기상관계수 : $\rho(X_{t+1},\ X_t) = \sqrt{t/(t+1)} = 0.933 \approx 1$

Trend : $X_t = -0.130 + \mathbf{0.008}\ Time_t$ (기울기 : 유의함)

(2) X축：시간(1~50), Y축：차분변수(ΔX_t)

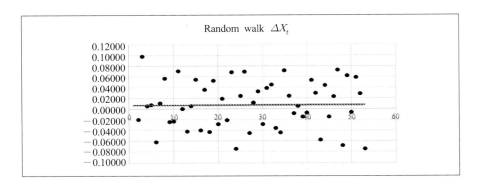

평균：$E(\Delta X_t) = 0.007 \approx 0$

1차자기상관계수：$\rho(\Delta X_{t+1},\ \Delta X_t) = -0.435$

Trend：$\Delta X_t = -0.002 + 0.000\ Time_t$

2. 평균회귀과정：$X_t = 0.045 + \epsilon_t$

(1) X축：시간(1~50), Y축：관심변수(X_t)

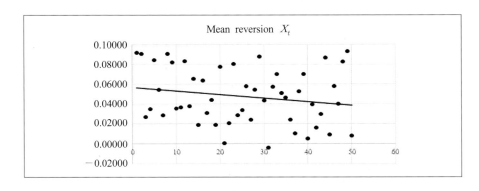

평균：$E(X_t) = 0.047$

1차자기상관계수：$\rho(X_{t+1},\ X_t) = -0.087 \approx 0$

Trend：$X_t = 0.058 - 0.000\ Time_t$

(2) X축 : 시간(1 ~ 50), Y축 : 차분변수(ΔX_t)

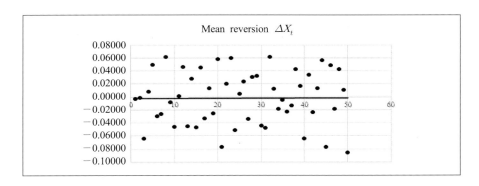

평균 : $E(\Delta X_t) = -0.002 \approx 0$

1차자기상관계수 : $\rho(\Delta X_{t+1},\ \Delta X_t) = -0.442 \approx -0.5$

Trend : $\Delta X_t = -0.002 + 0.000\ Time_t$

3. 1차자기회귀과정 : $X_t = 0.6 X_{t-1} + \epsilon_t$

(1) X축 : 시간(1 ~ 50), Y축 : 관심변수(X_t)

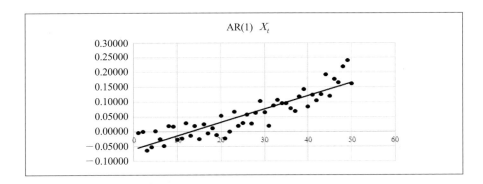

평균 : $E(X_t) = \phi X_{t-1} = 0.056 \approx 0.6 \times 0.092$

1차자기상관계수 : $\rho(X_{t+1},\ X_t) = \phi = 0.831$

Trend : $X_t = -0.073 + \mathbf{0.005}\ Time_t$ (기울기 : 유의함)

(2) X축 : 시간(1~50), Y축 : 차분변수(ΔX_t)

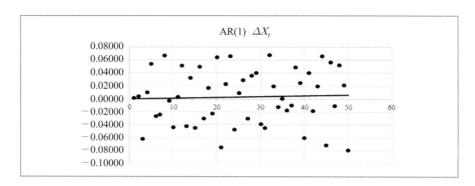

평균 : $E(\Delta X_t) = -(1-\phi)X_{t-1} = 0.003$

1차자기상관계수 : $\rho(\Delta X_{t+1}, \ \Delta X_t) = -(1-\phi)/2 = -0.439$

Trend : $\Delta X_t = 0.000 + 0.000 \ Time_t$

4. 1차이동평균과정 : $X_t = \epsilon_t - 0.6\epsilon_{t-1}$

(1) X축 : 시간(1~50), Y축 : 관심변수(X_t)

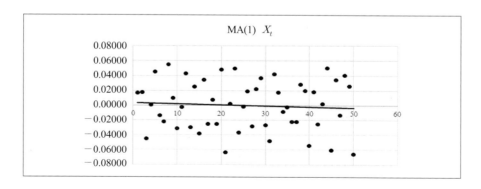

평균 : $E(X_t) = 0$

1차자기상관계수 : $\rho(X_{t+1}, \ X_t) = -\theta/(1+\theta^2) = -0.403 \approx -0.6 \div 1.36$

Trend : $X_t = 0.004 - 0.000 \ Time_t$

(2) X축 : 시간(1∼50), Y축 : 차분변수(ΔX_t)

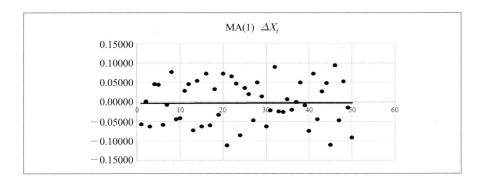

평균 : $E(\Delta X_t) = -0.003$

1차자기상관계수 : $\rho(\Delta X_{t+1}, \Delta X_t) = -(1-\theta^2)/2(1+\theta+\theta^2) = -0.579$

Trend : $\Delta X_t = -0.003 + 0.000 \ Time_t$

5. IMA(1, 1) 과정 : $X_t = X_{t-1} + \epsilon_t - 0.6\epsilon_{t-1}$

(1) X축 : 시간(1∼50), Y축 : 관심변수(X_t)

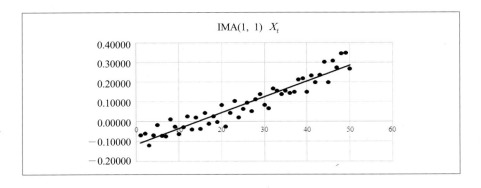

평균 : $E(X_t) = X_{t-1} = 0.089$

1차자기상관계수 : $\rho(X_{t+1}, X_t) = \sqrt{(t-1)/t} = 0.887$

Trend : $X_t = -0.139 + \mathbf{0.008} \ Time_t$ (기울기 : 유의함)

(2) X축 : 시간(1~50), Y축 : 차분변수(ΔX_t)

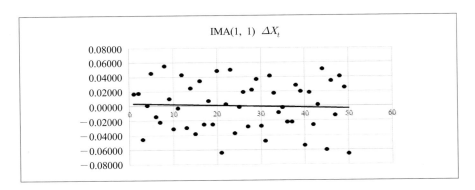

평균 : $E(\Delta X_t) = 0$

1차자기상관계수 : $\rho(\Delta X_{t+1}, \Delta X_t) = -\theta/(1+\theta^2) = -0.403 \approx -0.6 \div 1.36$

Trend : $\Delta X_t = 0.004 - 0.000 \; Time_t$

참고문헌

Ali, A. and P. Zarowin. 1992. The role of earnings levels in annual earnings-returns studies. *Journal of Accounting Research* 30 (2) : 286-296.

Ball, R. and P. Brown. 1968. An empirical evaluation of accounting income numbers. *Journal of Accounting Research* 6 (2) : 159-178.

Ball, R. and R. Watts. 1972. Some time series properties of accounting income. *Journal of Finance* 27 (3) : 663-681.

Beaver, W. 1970. The time series behavior of earnings. *Journal of Accounting Research* 8 (supplement) : 62-99.

Bernard, V. and J. Thomas. 1990. Evidence that stock prices do not fully reflect the implications of current earnings for future earnings. *Journal of Accounting and Economics* 13 (4) : 305-340.

Box, G. E. P. and G. M. Jenkins. 1970. *Time Series Analysis, Forecasting and Control*. San Francisco : Holden Day.

Brooks, L. D. and D. A. Buckmaster. 1976. Further evidence of the time series properties of accounting income. *Journal of Finance* 31 (5) : 1359-1373.

Brown, L. D., R. L. Hagerman, P. A. Griffin, and M. E. Zmijewski. 1987a. Security analyst superiority relative to univariate time-series models in forecasting quarterly earnings. *Journal of Accounting and Economics* 9 (1) : 61-87.

Brown, L. D., R. L. Hagerman, P. A. Griffin, and M. E. Zmijewski. 1987b. An evaluation of alternative proxies for the market's assessment of unexpected earnings. *Journal of Accounting and Economics* 9 (2) : 159-193.

Brown, L. D. and M. S. Rozeff. 1979. Univariate time-series models of quarterly accounting earnings per share : A proposed model. *Journal of Accounting Research* 17 (1) : 179-189.

Collins, D. W. and S. P. Kothari. 1989. An analysis of intertemporal and cross-sectional determinants of earnings response coefficients. *Journal of Accounting and Economics* 11 (2-3) : 143-181.

Foster, G. 1977. Quarterly accounting data : Time-series properties and predictive-ability results. *The Accounting Review* 52 (1) : 1-21.

Griffin, P. A. 1977. Time series behavior of quarterly earnings : Preliminary evidence. *Journal of Accounting Research* 15 (1) : 71-83.

Watts, R. L. 1975. The time series behavior of quarterly earnings, Working paper. University of Newcastle.

회계이익과 주가 간의 관계

회계이익이 주식시장참여자에게 유용한 정보를 제공하는지를 분석한 최초의 연구는 Ball and Brown(1968)과 Beaver(1968)에 의해서 수행되었다. 이전의 연구는 주로 규범적(normative) 관점에서 여러 대안 중에서 특정모형 또는 특정 측정치가 사용되어야 한다고 주장했는데 실제 자료분석을 통하지 않고 다소 주관적인 논리에 기초하였다는 한계를 안고 있다. Ball and Brown(1968)은 이러한 접근법이 모형의 예측이 실제 관찰되는 행태에 어느 정도 부합하는지를 고려하지 않는다는 약점을 갖는다고 지적하였다. 이에 따라 Ball and Brown(1968)과 Beaver(1968)는 회계이익이 주가결정에 유의한 영향을 미치는지를 실제 자료를 이용하여 통계적으로 분석함으로써 실증적(positive) 관점의 연구를 수행하였다.

이 분야에 속한 선행연구의 대부분은 회계이익이 주가 또는 주식수익률의 횡단면 변동을 유의하게 설명하고 있다는 결과를 보고하였다. 하지만 회계이익과 주가 간 관계의 추세를 분석한 선행연구에 따르면 시간의 경과에 따라 주가를 설명하는 데 있어서 회계이익의 역할과 비중이 점차 감소하고 있는 반면에 순자산의 역할과 비중은 점차 증가하고 있다는 결과를 제시하였다(Collins, Maydew, and Weiss 1997 ; Francis and Schipper 1999).

제 1 절 | 정보유용성 분석방법

회계정보의 유용성을 분석하기 위하여 선행연구에서 사용한 연구방법은 크게 세 가지 접근법으로 요약할 수 있다(Lo and Lys 2000). 각 접근법은 정보의 유용성을 어떤 방식으로 정의하고 분석하는지에 따라서 차별적인 특징을 갖고 있다.

첫째, $t-1$시점에 이용가능한 정보 φ_{t-1}에 더하여 t시점에 공시된 새로운 정보 $\Delta\varphi_t(=\varphi_t-\varphi_{t-1}; \varphi_{t-1}\subset\varphi_t)$를 효율적으로 반영한 주가 P_{jt}가

해당정보가 공시되기 전 예상되는 주가 $E(P_{jt}|\varphi_{t-1})$와 유의하게 다를 때, 즉 $P_{jt} \neq E(P_{jt}|\varphi_{t-1})$일 때, $\Delta\varphi_t$의 정보효과가 있다고 보는 접근법이다. 따라서 새로운 정보공시가 주가변화를 야기할 때 해당정보의 정보효과가 있다고 보는 것이다. 이러한 접근법은 Beaver(1968)가 사용한 방법에 해당한다.

둘째, (1) 특정정보 I_{jt}가 공시되기 전 예상치 $E(I_{jt}|\varphi_{t-1})$와 공시된 후 실제치 I_{jt}의 차이인 $I_{jt} - E(I_{jt}|\varphi_{t-1})$와 (2) 특정정보 I_{jt}가 공시되기 전 예상주가 $E(P_{jt}|\varphi_{t-1})$와 공시된 후 실제주가 P_{jt}의 차이인 $P_{jt} - E(P_{jt}|\varphi_{t-1})$ 간에 유의한 관계, 즉 $[P_{jt} - E(P_{jt}|\varphi_{t-1})] = f[I_{jt} - E(I_{jt}|\varphi_{t-1})] + v_{jt}$ 의 관계를 설명하는 함수 $f[\cdot]$가 존재한다면 해당정보가 정보효과를 갖는다고 보는 접근법이다. 비기대정보($I_{jt} - E(I_{jt}|\varphi_{t-1})$)가 비정상주가변화 ($P_{jt} - E(P_{jt}|\varphi_{t-1})$)와 유의한 상관관계를 가질 때 정보효과가 있다고 보는 것이다. 이는 Ball and Brown(1968)이 채택한 방법에 해당한다.

셋째, 주가 P_{jt}와 특정정보 I_{jt} 간에 유의한 관계, 즉 $P_{jt} = g(I_{jt}) + v_{jt}$ 의 관계를 설명하는 함수 $g[\cdot]$가 존재한다면 해당정보가 가치관련성을 갖는다고 보는 접근법이다. 이는 앞의 두 가지 접근법에서 중점을 둔 정보효과를 살펴보기보다는 Ohlson(1995) 모형과 같은 주가결정모형을 사용하는 연구에서 주로 사용된 방법이다.

제 2 절 ┃ 초창기 연구

1. Ball and Brown (1968)

Ball and Brown(1968)은 주식시장참여자들이 주가를 결정할 때 회계이익정보를 유용하게 평가하는지를 살펴보았다. 정보가 유용하다면 그 정보가 효율적 시장에서 주가에 신속하게 반영될 것이라는 논리에 근거하고 있다. 구체적으로 회계이익이 공시될 때 주식시장참여자들이 효율적 시장가설에 따라서 사전에 기대하지 않은 회계이익에 대해서 즉각적으로 반응하는지 여부를 검증하고자 하였다. 이를 위하여 회계이익을 기대요소(expected component)와 비기대요소(unexpected component)로 구분할 필요가 있는데 다음의 모형을 추정함으로써 두 요소를 구분하였다.

$$\Delta I_{jt} = a_1 + a_2 \Delta M_{mt} + u_t \tag{3-1}$$

단, $\Delta I_{jt} = j$기업의 t년 이익변화(이익은 당기순이익 또는 주당순이익)
$\Delta M_{mt} = j$기업을 제외한 나머지 기업들의 t년 평균이익변화

위 식으로부터 추정된 비기대이익 또는 이익예측오차는 $\Delta I_{jt} - \hat{a_1} - \hat{a_2} \Delta M_{mt}$ 이다. 한편 주식수익률도 회계이익과 유사한 논리에 따라 월간주식수익률을 정상주식수익률(normal return)과 비정상주식수익률(abnormal return)로 구분하기 위하여 다음의 모형을 추정하였다.

$$R_{jt} = b_1 + b_2 R_{mt} + v_{jt} \tag{3-2}$$

단, $R_{jt} = j$기업의 t월 주식수익률
$R_{mt} = j$기업을 제외한 나머지 기업들의 t월 주식수익률

위 식에서 비정상주식수익률은 $R_{jt} - \hat{b_1} - \hat{b_2} R_{mt}$이다. 비기대이익과 비정상주식수익률 간의 관계를 분석하기 위하여 Ball and Brown(1968)은 표본을 비기대이익의 부호에 따른 이익예측오차가 양(+)인 집단과 음(−)인 집단으로 구분하고 각 집단별 누적비정상주식수익률(cumulative abnormal return)의 이익공시 전 12개월간 추세변화를 살펴보았는데 누적비정상주식수익률은 다음과 같이 계산하였다.[1]

---

1) Ball and Brown은 이를 비정상성과지표(abnormal performance index : API)라고 불렀다.

$$APL_t = [\sum_{i=1,\cdots,N} \Pi_{t=-11,\cdots T}(1+v_{it})]/N \tag{3-3}$$

위 식에서 API_t는 시장포트폴리오에 포함된 전체기업주식에 이익공시 12개월 전에 $1를 투자하고 t월말까지 보유했을 때의 시장주식수익률(R_{mt})을 차감한 누적비정상주식수익률에 해당한다.

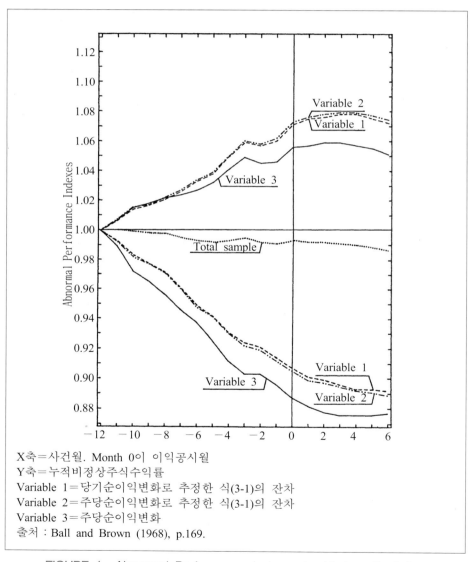

X축＝사건월. Month 0이 이익공시월
Y축＝누적비정상주식수익률
Variable 1＝당기순이익변화로 추정한 식(3-1)의 잔차
Variable 2＝주당순이익변화로 추정한 식(3-1)의 잔차
Variable 3＝주당순이익변화
출처 : Ball and Brown (1968), p.169.

FIGURE 1 Abnormal Performance Indexes for Various Portfolios

TABLE 1 Summary Statistics by Month Relative to Annual Report Announcement Data

Month relative to annual report announcement date	Regression model						Naive model			Total sample
	Net income			EPS			EPS			
	(1)[a]	(2)	(3)	(1)	(2)	(3)	(1)	(2)	(3)	
−11	1.006	.992	16.5	1.007	.992	20.4	1.006	.989	24.1	1.000
−10	1.014	.983	17.3	1.015	.982	20.2	1.015	.972	73.4	.999
−9	1.017	.977	7.9	1.017	.977	3.7	1.018	.965	20.4	.998
−8	1.021	.971	9.5	1.022	.971	12.0	1.022	.956	9.1	.998
−7	1.026	.960	21.8	1.027	.960	27.1	1.024	.946	9.0	.995
−6	1.033	.949	42.9	1.034	.948	37.6	1.027	.937	19.4	.993
−5	1.038	.941	17.9	1.039	.941	21.3	1.032	.925	21.0	.992
−4	1.050	.930	40.0	1.050	.930	39.5	1.041	.912	41.5	.993
−3	1.059	.924	35.3	1.060	.922	33.9	1.049	.903	37.2	.995
−2	1.057	.921	1.4	1.058	.919	1.8	1.045	.903	0.1	.992
−1	1.060	.914	8.2	1.062	.912	8.2	1.046	.896	5.7	.991
0	1.071	.907	28.0	1.073	.905	28.9	1.056	.887	35.8	.993
1	1.075	.901	6.4	1.076	.899	5.5	1.057	.882	9.4	.992
2	1.076	.899	2.7	1.078	.897	1.9	1.059	.878	8.1	.992
3	1.078	.896	0.6	1.079	.895	1.2	1.059	.876	0.1	.991
4	1.078	.893	0.1	1.079	.892	0.1	1.057	.876	1.2	.990
5	1.075	.893	0.7	1.077	.891	0.1	1.055	.876	0.6	.989
6	1.072	.892	0.0	1.074	.889	0.2	1.051	.877	0.1	.987

a. Column headings :
  (1) Abnormal Performance Index − firms and years in which the income forecast error was positive.
  (2) Abnormal Performance Index − firms and years in which the income forecast error was negative.
  (3) Chi-square statistic for two-by-two classification by sign of income forecast error (for the fiscal year) and sign of stock return residual (for the indicated month).
Note : Probability (chi-square $\geq 3.84 \mid \chi^2 = 0) = .05$, for 1 degree of freedom.
  Probability (chi-square $\geq 6.64 \mid \chi^2 = 0) = .01$, for 1 degree of freedom.
출처 : Ball and Brown (1968), p.170.

Figure 1과 Table 1에 제시된 주요 결과를 요약하면 다음과 같다.[2]

---

2) Brown and Kennelly(1971)는 Ball and Brown(1968)과 동일한 분석을 분기이익자료를 이용하여 수행하였는데 비정상초과수익률이 분기이익의 부호와 일관된 방향으로 움직인다는 결과를 보고하였다.

첫째, 비기대이익의 부호와 일관된 방향으로 누적비정상주식수익률이 움직이는 증거가 관찰되었다. 주당순이익을 이용한 회귀식의 잔차(Variable 2)를 기준으로 보면 12개월간 누적비정상주식수익률은 16.8%(＝7.3%＋9.5%)이었다. 세부적으로는 이익증가집단(이익예측오차가 양인 집단)에서 7.3%, 이익감소집단(이익예측오차가 음인 집단)에서 9.5%인 것을 알 수 있다.

둘째, 누적비정상주식수익률은 이익공시 12개월 전부터 이익증가집단에서는 양(＋)의 방향으로, 이익감소집단에서는 음(－)의 방향으로 움직였지만 이익공시월에 누적비정상주식수익률이 가장 큰 폭의 변화를 보였다. 주당순이익을 이용한 회귀식의 잔차(Variable 2)를 기준으로 보면 이익공시월의 누적비정상주식수익률은 1.8%이었다. 세부적으로는 이익증가집단에서 1.0%, 이익감소집단에서 0.8%이었다.

셋째, 이익공시월 이후에도 약 2개월간 누적비정상주식수익률이 유의한 변화를 나타냈다. 주당순이익을 이용한 회귀식의 잔차(Variable 2)를 기준으로 보면 이익공시 후 2개월간 누적비정상주식수익률은 이익증가집단에서 0.5%, 이익감소집단에서 0.9%이었다.

2. Beaver (1968)

Beaver(1968)는 Ball and Brown(1968)과 유사하게 회계이익의 유용성을 분석하였다. Beaver는 회계이익이 투자자의 미래 주가 또는 주식수익률에 대한 기대를 변화시켜 현재 주가 또는 주식수익률의 변화를 초래하면 정보효과를 갖는다고 보았다. 하지만 Ball and Brown과 달리 비기대이익의 부호 대신에 이익공시 전후로 거래량변화와 비정상주식수익률의 분산에 주목하였다. 분산을 이용하면 Ball and Brown처럼 이익예측모형을 고려할 필요가 없다는 장점이 있기 때문이다. 그러나 변화의 방향성(부호)을 무시하게 되는 단점이 있다. 특정정보에 대한 주가변화는 시장전체의 기대변화를 반영하지만 특정정보에 대한 거래량변화는 개별투자자의 기대변화를 반영한다는 차이가 있다. 따라서 거래량변화를 이용한 검증은 주가변화를 이용한 검증과 차별성을 갖는다.

이익공시가 정보효과를 갖는다면 투자자의 미래주가에 대한 기대변화를 초래할 것이며, 이러한 기대변화를 토대로 상이한 기대변화를 예상하는 매도자와 매수자 간 거래가 발생하면서 거래량이 증가하거나 주식수익률의 분산이 커질 것이라고 예상하였다. 비정상거래량 또는 비정상주식수익률은 다음의 식을 이용하여 추정하였다.

$$V_{it} = a + b V_{mt} + e_{it} \tag{3-4}$$
$$R_{it} = a + b R_{mt} + u_{it} \tag{3-5}$$

단, $V_{it} = i$기업의 t주 주식거래량을 발행주식수로 나눈 값
$\quad V_{mt} =$ 뉴욕증권거래소에 속한 모든 기업의 t주 주식거래량을 발행주식수로 나눈 값
$\quad R_{it} = i$기업의 t주 주식수익률의 자연대수값
$\quad R_{mt} =$ 뉴욕증권거래소에 속한 모든 기업의 t주 주식수익률의 자연대수값

사건기간은 이익공시주 전후 8주씩 총 17주로 하고, 17주 동안 비정상거래량(e_{it})과 비정상주식수익률(u_{it})의 분산을 살펴보았다. 식 (3-4)와 (3-5)를 추정할 때 사건기간에 해당하는 이익공시주를 전후한 17주 기간을 제외하였다. 이는 이익공시가 없는 기간의 거래량 또는 주식수익률을 정상수준으로 본다는 가정에 기초한 것이다. 또한 비정상주식수익률의 분산은 이익공시주가 아닌 다른 주의 비정상주식수익률의 분산으로 표준화하였다.

Figure 2와 3 및 Table 2에 제시된 주요 결과를 요약하면 다음과 같다.

첫째, 이익공시주의 비정상거래량은 다른 주에 비하여 30% 정도 더 많았다(Figure 2).

둘째, 이익공시주의 비정상주식수익률은 다른 주에 비하여 67%가량 높았다(Figure 3).

셋째, 이익공시주를 포함한 17주간의 평균 비정상주식수익률은 이익공시주에 0.005로서 가장 컸다(Table 2).

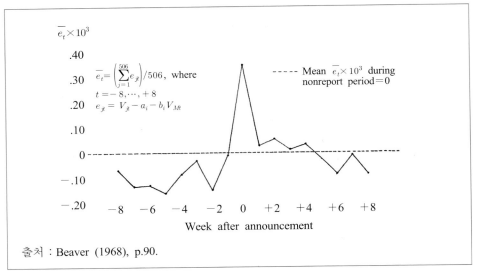

FIGURE 2 Residual Volume Analysis

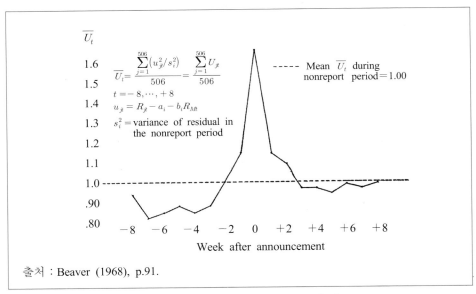

FIGURE 3 Price Residual Analysis

TABLE 2　Analysis of Mean Price Residual

Week	Mean residual $\left(\sum\limits_{i=1}^{506} u_{it}/506\right)$
−8	.00183
−7	−.00105
−6	−.00029
−5	−.00064
−4	−.00096
−3	.00019
−2	−.00047
−1	.00229
0	.00500
1	.00204
2	.00163
3	.00120
4	.00109
5	.00354
6	−.00040
7	.00257
8	.00343

출처 : Beaver (1968), p.88.

제 **3** 절　Beaver의 후속연구

Ball and Brown(1968)과 Beaver(1968) 이후 회계이익과 주가 간의 관계를 분석한 후속연구들이 폭발적으로 수행되었다. 그중에서 Beaver의 여러 연구들이 큰 기여를 하였다.

1. Beaver, Clarke, and Wright (1979)

Ball and Brown(1968)은 비정상주식수익률이 이익예측오차(비기대이익)의 부호와 일관된 방향으로 움직인다는 결과를 보고하였는데 Beaver, Clarke, and Wright(1979)는 이를 확장하여 이익예측오차의 부호뿐 아니라 그 크기가 비정상수익률과 유의한 상관관계를 갖는지를 분석하였다. 이를 위하여 이익예측오차(e_{it})와 비정상수익률(ϵ_{it})을 다음과 같이 계산하였다.

$$\text{Model A} : e_{it} = (\Delta EPS_{it} - \delta_t)/\{EPS_{it-1} + \delta_t\}$$
$$\text{or } (\Delta EPS_{it} - \delta_t)/\sigma(e_{it}) \tag{3-6a}$$
$$\text{Model B} : \Delta EPS_{it} = \gamma_1 + \gamma_2 \Delta EPS_{mt} + e_{it} \tag{3-6b}$$
$$R_{it} = \alpha_i + \beta_i R_{mt} + \epsilon_{it} \tag{3-7}$$

단, $\Delta EPS_{it} = i$기업의 t기 주당순이익변화($EPS_{it} - EPS_{it-1}$)
$\delta_t = k$기 동안 주당순이익의 평균변화추세, 즉 $(1/K)\sum_k \Delta EPS_{it-k}$
ΔEPS_{mt}=Compustat 데이터베이스에 수록된 기업의 t기 평균주당순이익변화
$R_{it} = i$기업의 t월 주식수익률
$R_{mt} = t$기 시장수익률

Beaver, Clarke, and Wright(1979)는 이익예측오차를 두 가지 방식으로 추정하였다. 첫 번째 방식의 이익예측오차(e_{it})는 식(3-6a)와 같이 주당순이익변화에서 k기간 주당순이익변화의 평균변화추세(δ_t)를 차감한 후 기초시점에 예상되는 이익예측치에 해당하는 기초주당순이익과 평균변화추세($EPS_{it-1} + \delta_t$)로 나눈 백분율 이익예측오차(percentage forecast errors) 또는 이익예측오차의 표준편차($\sigma(e_{it})$)로 나눈 표준화 이익예측오차(standardized forecast errors)로 계산하였다. 두 번째 방식의 이익예측오차(e_{it})는 식(3-6b)와 같이 개별기업의 주당순이익변화를 종속변수로, 전체기업의 주당순이익변화를 독립변수로 한 회귀식의 잔차로 추정하였다. 그리고 비정상주식수익률(ϵ_{it})은 식(3-7)의 시장모형의 잔차를 사용하였다.

Beaver, Clarke, and Wright(1979)는 이와 같이 계산한 이익예측오차와 비정상주식수익률 간의 스피어만 상관관계를 개별기업수준에서 살펴보았다. 이를 보고한 Table 3의 결과에 따르면 상관계수는 모형 또는 이익예측오차에 따라 다소 차이를 보이기는 했지만 31~38% 수준을 보였으며, 매우 유의하였다.[3]

TABLE 3 Spearman Correlations Between Forecast Errors and Unsystematic Returns (Individual Security Level)[*]

Year	Percentage		Standardized	
	Model A	Model B	Model A	Model B
1965	.6542	.4621	.4290	.4099
1966	.2287	.3192	.3316	.3863
1967	.2912	.2790	.3712	.3244
1968	.5190	.5190	.4742	.4764
1969	.4352	.3879	.4669	.4569
1970	.2770	.2088	.2683	.2603
1971	.3885	.3754	.3791	.3685
1972	.0795	.1721	.1458	.2199
1973	.5475	.1623	.1594	.1161
1974	.3618	.2754	.2587	.2844
Mean r_s	.3783	.3161	.3284	.3303
t-value[**]	7.074	8.309	8.793	9.301

[*] Based on between 265 and 276 observations per year.
[**] The value of the t-distribution for nine degrees of freedom is 1.833, 2.821, 3.25, and 4.781 at the .05, .01, .005, and .0005 levels of significance, respectively.
출처 : Beaver, Clarke, and Wright (1979), p.332.

---

3) Hagerman, Zmijewski, and Shah(1984)는 분기이익자료를 이용하여 Beaver, Clarke, and Wright(1979)와 동일한 분석을 수행하였는데 분기이익의 크기와 비정상초과수익률이 유의한 연관성을 갖는다는 결과를 보고하였다.

2. Beaver, Lambert, and Morse (1980)

Beaver, Lambert, and Morse(1980)는 회계이익과 주가 간의 대응관계가 이론적인 예상에 비하여 매우 불완전하다는 사실에 의문을 갖고 둘간의 관계를 향상시킬 수 있는 방안을 모색하였다. 기존 선행연구에서는 시계열 이익자료를 이용하여 미래기대이익을 추정하는 것이 일반적이었는데 Beaver, Lambert, and Morse(1980)는 현재 주가에 미래기대이익에 관한 정보가 포함되어 있을 가능성에 주목하였다.

Beaver, Lambert, and Morse(1980)는 회계이익(X_t)이 다음과 같이 주가와 관련 있는 영구적 이익요소(ungarbled earnings : x_t)와 그렇지 않은 일시적 이익요소(garbled earnings : ϵ_t)로 구성된다고 보았다.

$$X_t = x_t + \epsilon_t \tag{3-8}$$

회계이익에 포함된 두 가지 요소를 효과적으로 구분할 때 회계이익과 주가 간의 불완전한 대응관계가 향상되며, 이러한 수단으로 주가를 고려하였다. 회계이익(X_t)이 IMA(1, 1)을 따른다고 가정하면 영구적 이익요소(x_t)와 회계이익(X_t)은 각각 다음과 같이 표시된다.

$$\Delta x_t = a_t - \theta a_{t-1} = (1-\theta)a_t \tag{3-9a}$$

$$\Delta X_t = a_t - \theta a_{t-1} + \epsilon_t - \epsilon_{t-1} = (1-\theta)a_t + \Delta \epsilon_t \tag{3-9b}$$

$$E(x_{t+k}|x_t, \cdots) = x_t - \theta a_t = X_t - \theta a_t - \epsilon_t \tag{3-9c}$$

이때 k기 후 영구적 이익요소의 기대치($\Delta E(x_{t+k})$)는 다음과 같다.

$$\Delta E(x_{t+k}) = (1-\theta)a_t = (1-\theta)\Delta x_t + (1-\theta)\theta a_{t-1}$$
$$= (1-\theta)\Delta X_t + (1-\theta)\theta a_{t-1} - (1-\theta)\Delta \epsilon_t \tag{3-10}$$

주가이익배수(price-earnings multiple : ρ)가 시계열상 일정하다고 가정하면(즉, $P_t = \rho E(x_{t+k})$) 다음과 같이 주가변화율($\Delta P_t / P_{t-1}$)과 영구적 이익요소의 기대변화율($\Delta E(x_{t+k}) / E(x_{t+k}|x_{t-1}, \cdots)$)이 동일하다는 관계가 성립한다.

$$
\begin{aligned}
\frac{\Delta P_t}{P_{t-1}} &= \frac{\Delta E(x_{t+k})}{E(x_{t+k}|x_{t-1}, \cdots)} \\
&= \frac{(1-\theta)\Delta X_t + (1-\theta)\theta_{t-1} - (1-\theta)\Delta \epsilon_t}{X_{t-1} - \theta a_{t-1} - \epsilon_{t-1}}
\end{aligned}
\tag{3-11}
$$

단, $\Delta P_t = t$기 주가변화
$\quad P_{t-1} = t-1$기 주가
$\quad \Delta E(x_{t+k}) = t+k$기의 영구적 이익변화
$\quad E(x_{t+k}|x_{t-1}, \cdots) = t+k$기의 영구적 이익

위에서 회계이익이 랜덤워크과정을 따른다면 $\theta = 0$이고, 주가변화율과 이익변화율은 같다. 즉, $\dfrac{\Delta P_t}{P_{t-1}} = \dfrac{\Delta X_t}{X_{t-1}}$. 반면에 $a_{t-1} = \epsilon_t = \epsilon_{t-1} = 0$이라면 주가변화율은 이익변화율에 비례한다. 즉, $\dfrac{\Delta P_t}{P_{t-1}} = (1-\theta)\dfrac{\Delta X_t}{X_{t-1}}$. 따라서 주가변화율과 이익변화율 간 관계를 제대로 분석하려면 일시적 이익요소를 효과적으로 줄일 수 있어야 한다.

이상의 논의를 토대로 Beaver, Lambert, and Morse(1980)가 회계이익과 주식수익률 간 관계를 분석하기 위하여 사용한 모형은 다음과 같다.

$$
G_{it} = \alpha_t + \gamma_t g_{it} + u_{it}
\tag{3-12}
$$

단, $G_{it} = i$기업의 t기 주가변화율($\Delta P_{it}/P_{it-1}$)
$\quad g_{it} = i$기업의 t기 이익변화율($\Delta X_{it}/X_{it-1}$)

TABLE 4 Slope coefficient $(\hat{\gamma}_t)$ from cross–sectional regression of percentage change in security prices on percentage change in earnings $(G_{it} = \alpha_t + \gamma_t g_{it} + u_{it})^a$

Year	Sample size	Ind. sec.[c]	Level of grouping by G_n [b]				
			100 ports.	50 ports.	25 ports.	10 ports.	5 ports.
1958	363	0.20	0.87	1.73	2.33	2.87	2.65
1959	373	0.13	0.58	1.49	1.74	1.79	1.95
1960	379	0.06	0.78	1.19	1.23	1.34	1.53
1961	482	0.09	0.14	1.75	1.92	2.32	2.23
1962	504	0.04	0.34	0.77	1.07	1.22	1.28
1963	537	0.06	1.14	1.40	1.62	1.97	1.93
1964	563	0.07	1.07	1.37	1.58	1.61	1.48
1965	590	0.19	1.86	2.16	2.33	2.41	2.29
1966	611	0.07	1.05	1.60	1.73	2.07	2.10
1967	642	0.64	3.33	4.06	3.52	3.79	4.00
1968	650	0.16	2.23	2.29	2.65	2.78	2.91
1969	676	0.03	0.98	1.28	1.56	1.71	1.92
1970	709	0.05	0.39	1.08	1.17	1.15	1.41
1971	722	0.05	1.03	1.43	1.55	1.63	1.79
1972	732	0.03	1.19	1.88	2.60	2.90	2.88
1973	748	0.06	0.89	1.55	1.66	2.17	2.08
1974	748	0.08	0.55	0.76	0.76	0.97	1.04
1975	748	0.10	1.42	1.94	1.98	2.05	2.02
1976	748	0.09	0.95	1.11	1.17	1.61	1.42
Mean $\hat{\gamma}_t$		0.12	1.10	1.62	1.80	2.02	2.05
Mean R^2		0.07	0.55	0.72	0.82	0.90	0.95
Mean $\hat{\gamma}_t$ with grouping by g_{it}		0.12	0.10	0.10	0.16	0.32	0.48

a. G_{it} is the percentage change in price for security i in year t ; g_{it} is the percentage change in earnings per share for security i in year t.
b. In each case, the data were grouped according to G_{it} before computing the regression coefficients.
c. The coefficients are significantly different from one at the 0.000002 level.
출처 : Beaver, Lambert, and Morse (1980), p.13.

Table 4에 주가변화율($G_{it} = \Delta P_{it}/P_{it-1}$)과 이익변화율($g_{it} = \Delta X_{it}/X_{it-1}$) 간 관계를 회귀분석한 결과를 요약하면 다음과 같다.

첫째, 개별기업수준의 분석결과에서 두 변수간 평균 회귀계수는 0.12 이었다. 만일 회계이익이 랜덤워크과정을 따른다면 해당 회귀계수는 1로 예상되지만 실제 결과는 그와 다르게 나타났다. 즉, 회계이익의 일시적 요소로 인하여 연차이익의 시계열 속성을 분석한 선행연구와 달리 단순 랜덤워크과정을 따르지 않는 것으로 나타났다.

둘째, 일시적 요소가 회계이익과 주가 간 관계에 미치는 영향을 줄이기 위하여 주가변화율의 크기에 따라 포트폴리오를 구성하고 각 포트폴리오별로 주가변화율과 이익변화율 간의 관계를 살펴보았다. 포트폴리오에 포함된 개별주식수가 적어질수록 두 변수간 평균 회귀계수가 빠르게 증가하였다(0.12에서 2.05로).

셋째, 이익변화율의 크기에 따른 포트폴리오별로 주가변화율과 이익변화율 간의 관계를 추가로 살펴보았는데 주가변화율에 따른 포트폴리오의 경우와는 달리 평균 회귀계수가 증가하는 폭이 훨씬 약해졌다(0.12에서 0.48로).

이상의 논의를 요약하면 회계이익은 영구적 요소와 일시적 요소로 구성되는데 이 중에서 일시적 요소로 인하여 회계이익과 주가 간 관계가 불완전해진다. 현재 주가는 미래 이익정보를 담고 있기 때문에 현재 주가를 이용함으로써 회계이익의 일시적 요소를 어느 정도 걸러낼 수 있다.

3. Beaver, Lambert, and Ryan (1987)

Beaver, Lambert, and Ryan(1987)은 Beaver, Lambert, and Morse(1980)를 확장하여 회계이익과 주가 간의 관계를 분석하였다. Beaver, Lambert, and Morse(1980)는 이익변화율($g_{it} = \Delta X_{it}/X_{it-1}$)을 독립변수로, 주가변화율($G_{it} = \Delta P_{it}/P_{it-1}$)을 종속변수로 하는 회귀분석을 수행한 데 비하여 Beaver, Lambert, and

Ryan(1987)은 주가변화율을 독립변수로, 이익변화율을 종속변수로 하는 다음의 회귀식을 추정하였다.

$$g_{it} = \alpha_t + \delta_t G_{it} + u_{it} \tag{3-13}$$

단, $g_{it} = i$기업의 t기 이익변화율($\Delta X_{it}/X_{it-1}$)

$G_{it} = i$기업의 t기 주가변화율($\Delta P_{it}/P_{it-1}$)

회귀식에 사용되는 변수에 측정오차가 있는 경우 해당변수를 독립변수로 사용하면 회귀계수에 편의(bias)가 생기지만 해당변수를 종속변수로 사용하면 회귀계수에 편의가 생기지 않는다는 점에 착안하여 기존의 회귀분석에 사용된 독립변수와 종속변수의 위치를 바꾼 역회귀분석(reverse regression)을 수행하였다.[4] Table 5에 보고된 결과를 요약하면 다음과 같다.

첫째, 주가변화율(G_{it})을 독립변수로, 이익변화율(g_{it})을 종속변수로 하는 역회귀식($g_{it} = \alpha + \delta G_{it} + e_{it}$)으로부터 추정된 평균 회귀계수는 개별기업수준에서 0.59이었다. Beaver, Lambert, and Morse(1980)처럼 주가변화율의 크기에 따라 포트폴리오를 구성하고 각 포트폴리오별로 주가변화율과 이익변화율 간의 관계를 살펴보았는데 Beaver, Lambert, and Morse(1980)와 달리 회귀계수가 급격히 증가하는 현상은 발견되지 않았다.

둘째, Beaver, Lambert, and Morse(1980)에서 주가변화율의 크기에 따라 포트폴리오를 구성했을 때 주가변화율과 이익변화율 간의 관계를 나타내는 회귀계수는 최대 2.05로 추정되었다. 역회귀식의 회귀계수(0.59)가 원래 회귀식의 회귀계수(2.05)와 역의 관계를 갖는다는 점을 생각해 보면 역회귀식의 실증적 의미를 추론할 수 있다.[5]

---

4) 측정오차가 회귀계수의 편의에 미치는 영향은 제3장 [보론 3-A]에서 설명하였다.

5) 원래의 회귀식과 역회귀식의 회귀계수간 역의 관계는 제3장 [보론 3-B]에서 설명하였다.

TABLE 5 Estimated coefficients from regression of percentage change in earnings on percentage change in security prices ($g_{it} = \alpha_t + \delta_t G_{it} + e_{it}$), estimated using grouping by percentage change in security prices (G_{it}) and percentage change in earnings (g_{it}) for the years 1965 through 1983[a]

Year	Sample size	Estimates of δ_t					
		Ind. sec.	100 ports.	50 ports.	25 ports.	10 ports.	5 ports.
Grouping by percentage change in security prices (G_{it})							
1965	439	0.49	0.44	0.37	0.39	0.40	0.40
1966	461	0.52	0.45	0.42	0.40	0.44	0.50
1967	488	0.28	0.25	0.20	0.19	0.19	0.15
1968	499	0.42	0.34	0.32	0.34	0.34	0.30
1969	527	0.59	0.58	0.54	0.51	0.59	0.47
1970	548	0.64	0.58	0.56	0.56	0.59	0.53
1971	564	0.60	0.56	0.53	0.49	0.43	0.42
1972	596	0.39	0.28	0.26	0.28	0.29	0.24
1973	631	0.43	0.33	0.31	0.31	0.27	0.25
1974	665	1.30	1.30	1.15	1.08	0.89	0.83
1975	661	0.39	0.31	0.29	0.27	0.29	0.30
1976	657	0.65	0.51	0.45	0.52	0.51	0.52
1977	698	0.67	0.62	0.59	0.58	0.54	0.52
1978	712	0.69	0.61	0.59	0.61	0.57	0.54
1979	728	0.51	0.39	0.42	0.41	0.40	0.41
1980	751	0.50	0.47	0.44	0.51	0.42	0.44
1981	767	0.80	0.59	0.53	0.58	0.53	0.57
1982	771	0.65	0.40	0.49	0.54	0.54	0.56
1983	725	0.74	0.83	0.63	0.46	0.49	0.38
Mean $\widehat{\alpha_t}$		0.04	0.04	0.05	0.05	0.05	0.05
Standard error[b] $\widehat{\alpha_t}$		0.04	0.03	0.03	0.03	0.03	0.03
Mean $\widehat{\delta_t}$		0.59	0.52	0.48	0.48	0.46	0.44
Standard error $\widehat{\delta_t}$		0.05	0.05	0.05	0.05	0.04	0.04
Grouping by percentage change in earnings (g_{it})							
Mean $\widehat{\alpha_t}$		0.04	0.00	−0.01	−0.02	0.00	0.03
Standard error $\widehat{\alpha_t}$		0.05	0.09	0.10	0.12	0.12	0.12
Mean $\widehat{\delta_t}$		0.59	1.67	2.02	2.32	2.27	2.14
Standard error $\widehat{\delta_t}$		0.05	0.14	0.19	0.24	0.24	0.25

a. Observation deleted if denominator of g_{it} is negative or if $|g_{it}| > 300\%$. For the portfolio results, the data are grouped according to G_{it}.

g_{it} = percentage change in earnings per share for security i in year t,

G_{it}=percentage change in security prices for security i in year t,
Ind. sec.=coefficient estimated at the individual security (ungrouped) level,
100 ports, $\cdots$, 5 ports=coefficients estimated from data grouped into 100 portfolios,
through 5 portfolios, respectively.
b. The number reported is the time series standard error of the mean coefficient.
출처 : Beaver, Lambert, and Ryan (1987), p.149.

제 4 절 이익반응계수

Ball and Brown(1968)으로부터 시작하여 자본시장연구의 주요 분석대상이 된 회계이익과 주가 간의 대응관계(mapping)는 후속연구에서 이익반응계수라고 불리게 되었다. 특히 후속연구들은 회계이익과 주식수익률 간의 관계가 이론적으로 기대되는 것보다 매우 불완전하게 나타나는데 이를 향상시킬 수 있는 방안을 모색하였다.

1. Collins and Kothari (1989)

이익반응계수(earnings response coefficients : ERC)는 회계이익에 대한 주가의 반응정도를 말하는데 이때 변수로 사용되는 회계이익과 주식수익률의 측정방법 및 기간에 따라서 여러 가지의 형태가 있다. 그중에서 가장 널리 사용되는 모형은 누적비정상주식수익률을 종속변수로, 비기대이익을 독립변수로 한 다음의 모형이다(Collins and Kothari 1989).

$$CAR_{it} = a + b\,UX_{it} + e_{it} \tag{3-14}$$

단, CAR_{it} = i기업의 t기 누적비정상주식수익률
UX_{it} = i기업의 t기 비기대이익

위 식의 회귀계수 b를 이익반응계수라고 하는데, 이익반응계수가 클수록 회계이익(독립변수)에 반응하는 주식수익률(종속변수)의 민감도가 크다는 것을 뜻하며, 회계이익이 전달하고 있는 정보효과를 자본시장에서 높이 평가한다는 의미로도 해석된다.

Collins and Kothari(1989)는 이익반응계수의 횡단면 및 시계열 결정요인을 분석하였다. 이를 위하여 비정상주식수익률 대신에 실제 주식수익률을 사용하였고, 비기대이익으로는 주당순이익변화를 기초주가로 나눈 값을 사용하였다. Collins and Kothari(1989)가 고려한 주요 결정요인으로는 (1) 이익지속성, (2) 체계적 위험, (3) 성장성, 그리고 (4) 무위험이자율 등이다. 이 중에서 앞의 세 가지는 횡단면 결정요인인 데 대하여 네 번째 요인은 시계열 결정요인에 해당된다. 구체적으로 이익지속성이 높을수록, 체계적 위험이 낮을수록, 성장성이 클수록, 그리고 무위험이자율이 낮을수록 이익반응계수가 클 것으로 예상하였다. 이익지속성은 IMA(1, 1) 모형에서 추정한 계수$(1-\theta)$이고,[6] 체계적 위험은 $t-2$기말까지 60개월간 주식수익률과 시장수익률을 이용한 시장모형으로부터 추정한 베타이다. 성장성은 기초자본의 시장가치와 장부가치의 비율로 측정하였으며, 무위험이자율은 미국국채 장기수익률(long-term U.S. Government bond yields)을 사용하였다.

Collins and Kothari(1989)는 주식수익률에 비하여 비기대이익의 측정오차가 더 심한 것으로 보고 비기대이익을 종속변수로, 주식수익률을 독립변수로 하되, 각 결정요인을 주식수익률과 교차시킨 항을 포함한 역회귀식을 추정하면서 이를 주식수익률반응계수(return response coefficients : RRC)라고 불렀다. 주식수익률반응계수와 결정요인 간 관계는 이익반응계수와의 관계와 반대되는 방향이다. 즉, 이익지속성이 낮을수록, 체계적 위험이 높을수록, 성장성이 작을수록, 그리고 무위험이자율이 높을수록 주식수익률반응계수가 클 것으로 예상하였다.

Table 6에 보고한 실증분석결과에 따르면 이러한 예상은 대체로 지지

---

6) 회계이익이 IMA(1, 1)을 따를 때 $X_t = X_{t-1} + a_t - \theta a_{t-1}$의 관계가 성립한다.

TABLE 6　Effect of risk, growth, persistence, and interest rates on the response coefficient from an earnings/returns relation : Pooled regression analysis using data from 1968–1982[a]

$$\Delta X_{it}/P_{it-1} \text{ or } \%\Delta X_{it} = \gamma_0 + \gamma_{68}D_{68} + \cdots + \gamma_{81}D_{81} + \gamma_1 MB_{it} \times R_{it} + \gamma_2 \beta_{it} \times R_{it}$$
$$+ \gamma_3 I_t \times R_{it} + \gamma_4 \theta_i \times R_{it} + \epsilon_t$$

Independent variable		Expected sign when dependent variable is		Estimated coefficient (t-statistic)[b]	
		$\Delta X_t/P_{t-1}$	$\%\Delta X_t$	Dependent variable	
				$\Delta X_t/P_{t-1}$	$\%\Delta X_t$
Intercept				-0.065^{**}	-0.327^{**}
				(-13.17)	(-15.86)
D_{68}				0.062^{**}	0.333^{**}
				(8.98)	(11.73)
D_{69}				0.074^{**}	0.372^{**}
				(10.71)	(13.17)
D_{70}				0.064^{**}	0.286^{**}
				(9.26)	(10.09)
D_{71}				0.059^{**}	0.263^{**}
				(8.56)	(9.17)
D_{72}				0.077^{**}	0.491^{**}
				(11.21)	(17.21)
D_{73}				0.093^{**}	0.579^{**}
				(13.49)	(20.43)
D_{74}				0.116^{**}	0.630^{**}
				(16.28)	(21.48)
D_{75}				0.012	0.132^{**}
				(1.75)	(4.70)
D_{76}				0.073^{**}	0.371^{**}
				(10.67)	(13.06)
D_{77}				0.072^{**}	0.396^{**}
				(10.58)	(14.05)
D_{78}				0.086^{**}	0.459^{**}
				(12.51)	(16.23)
D_{79}				0.079^{**}	0.441^{**}
				(11.61)	(15.64)
D_{80}				0.030^{**}	0.153^{**}
				(4.34)	(5.49)
D_{81}				0.062^{**}	0.333^{**}
				(9.10)	(11.86)
Growth	$(MB_{it} \times R_{it})$	$-$	?	-0.024^{**}	-0.066^{**}
				(-8.23)	(-5.46)
Risk	$(\beta_{it} \times R_{it})$	$+$	?	0.049^{**}	0.178^{**}
				(5.85)	(4.85)
Interest	$(I_I \times R_{it})$	$+$	?	0.018^{**}	0.059^{**}
				(12.95)	(10.19)
Persistence	$(\theta_t \times R_{it})$	$-$	?	-0.051^{**}	0.062
				(-4.91)	(1.36)
Adjusted R^2				19.43%	27.33%
N				4841	4587

a. Initially any firm listed on the Compustat Industrial Annual or the Compustat Annual Research tape with a December 31 fiscal year-end and complete earnings data during 1968-82 is included in the sample. From this sample, the subset for which monthly return data are available for eight consecutive years ending in 1969-83 is included in the sample analyzed in the study.

$\Delta X_t / P_{t-1}$ is change in EPS from year $t-1$ to t divided by share price at the beginning of the 15-month return period. A total of 58 observations with $|\Delta X_t / P_{t-1}| > 100\%$ are excluded.

$\% \Delta X_t$ is change in EPS from year $t-1$ to t divided by the EPS for year $t-1$. A total of 731 observations with negative denominators or $|\% \Delta X_t| > 200\%$ are excluded.

R_{it} is raw return on security i over the relevant return window. R is measured over a 15-month period beginning in November of year $t-1$ for the small firms and over a 15-month period beginning in August of year $t-1$ for the medium and large firms.

MB_{it} is the market to book value of equity ratio calculated at the beginning of each year t.

β_{it} is the market model systematic risk estimate obtained by regressing 60 monthly returns ending in year $t-2$ on the CRSP equally weighted return index.

I_t is the long-term Government bond yield in year t.

D_{68} through D_{81} are annual intercept dummies which are set$=1$ for observations from respective years 68 through 81 and are set$=0$ otherwise.

θ_i is the persistence coefficient measured as $(1-\theta)$ from an IMA(1, 1) process.

b. Significance at $\alpha = 5\%$ is indicated by one asterisk (*) and at $\alpha = 1\%$ by two asterisks (**).

One-tailed t-tests are performed when sign of the coefficient is predicted. Otherwise two-tailed t-tests are performed.

출처 : Collins and Kothari (1989), p.174.

되었다. 구체적으로 성장성과 주식수익률의 교차항($MB_{it} \times R_{it}$)은 유의한 음(-0.024), 체계적 위험과 주식수익률의 교차항($\beta_{it} \times R_{it}$)은 유의한 양 (0.049), 이자율과 주식수익률의 교차항($I_t \times R_{it}$)은 유의한 양(0.018), 그리고 이익지속성과 주식수익률의 교차항($\theta_i \times R_{it}$)은 유의한 음(-0.051)으로 나타났다.

　　Collins and Kothari(1989)에서 발견할 수 있는 한 가지 흥미로운 분석은 주식수익률의 누적기간을 조정하면서 모형의 설명력 변화를 살펴본 것이다. 선행연구에서 주로 사용한 12개월간 누적시킨 주식수익률에 비하여 기간을 다소 확장하여 15개월간 누적시킨 주식수익률이 회계이익과 가장 높은 연관성을 보였다. 특히 대기업은 $t-1$기 8월부터 t기 10월까지의 15개월 주식수익률을 사용했을 때 모형의 설명력이 가장 높았으며, 소기업은 $t-1$기 11월부터 $t+1$기 1월까지의 15개월 주식수익률이 회계이익과 연관성이 가장 높았다. 이는 기업규모가 크면 회계이익에 관한 정보가 다양한 경로를 통해 이용가능하게 되므로 주식수익률이 더 먼저 움직이며, 그 결과 주식수익률의 누적기간이 더 앞선다는 것을 보여준다.

2. Easton and Zmijewski (1989)

Easton and Zmijewski(1989)는 연차이익의 반응계수를 분석한 Collins and Kothari(1989)와 달리 분기이익의 반응계수를 분석하였다. 주요 결정요인으로 이익지속성, 체계적 위험 및 기업규모 등을 분석하였다. 이를 위하여 다음과 같이 주요 변수간 부분상관관계(partial correlation)를 살펴보았다.[7]

$$\rho(\lambda_{j1}, \Theta_{j1}|\beta_j, Size_j), \ \rho(\lambda_{j1}, \beta_j|\Theta_{j1}, Size_j)$$
$$\& \ \rho(\lambda_{j1}, Size_j|\Theta_{j1}, \beta_j) \tag{3-15}$$

단, λ_{j1} =기업별 회귀식 $CPE(-1, 0)_{jt} = \lambda_{j0} + \lambda_{j1}FE_{jt}/P_{jt-2} + \lambda_{j2}RVL_{jt} + u_{jt}$로 추정한 j기업의 t분기 이익반응계수

$CPE(-1, 0)_{jt}$ =시장모형의 잔차로 계산한 j기업의 t분기 이익공시기간 $(-1 \sim 0)$의 누적초과주식수익률

FE_{jt} =j기업의 t분기 이익예측오차(실제 이익에서 Value Line 재무분석가 이익예측치 또는 Foster(1977) 모형으로 추정한 시계열 이익예측치를 차감)

P_{jt-2} =j기업의 t분기 이익공시 2일 전 주가

RVL_{jt} =Value Line 보고서공시일로부터 이익공시 2일 전까지 j기업의 t분기 주식수익률

Θ_{j1} =기업별 회귀식 $REV_{jt} = \Theta_{j0} + \Theta_{j1}FE_{jt} + \Theta_{j2}PVLVL_{jt} + u_{jt}$로 추정한 j기업의 t분기 이익지속성

REV_{jt} =j기업의 t분기 Value Line 재무분석가 수정이익예측치

FE_{jt} =j기업의 t분기 이익예측오차

$PVLVL_{jt}$ =j기업의 t분기 Value Line 재무분석가 이익예측치의 최근 공시일과 직전 공시일 간 주가변화

---

7) 부분상관관계는 특정변수와의 상관관계를 통제한 후의 두 관심변수간 상관관계를 의미한다. 예를 들어서 $\rho(X_1, X_2|X_3)$는 $\rho(X_1, X_3)$와 $\rho(X_2, X_3)$를 통제한 후의 $\rho(X_1, X_2)$를 말한다.

β_j =시장모형으로 추정한 j기업의 t분기 체계적 위험

$Size_{jt}$ = j기업의 t분기말 시가총액의 자연대수값

위의 부분상관관계를 분석한 Table 7 Panel A에 의하면 이익반응계수는 이익지속성과 양(+)의 관계를, 체계적 위험과 음(−)의 관계를, 그리고 기업규모와 양(+)의 관계를 보였다. 이러한 결과는 연차이익반응계수를 분석한 Collins and Kothari (1989)와 대체로 일관된 것으로 보인다.

TABLE 7 The impact of firm size on the partial correlations between the earnings response coefficient and its determinants[a]

	$\rho(\lambda_{j1}, \Theta_{j1} \| \beta_j, Size_j)$[b]	$\rho(\lambda_{j1}, \beta_j \| \Theta_{j1}, Size_j)$	$\rho(\lambda_{j1}, Size_j \| \Theta_{j1}, \beta_j)$
Panel A : Two-day holding period ERCs[eq. (9)]			
(1) One-quarter revision coefficient[eq. (3)]			
Correlation[c]	0.357	−0.194	−0.030
Standard error	0.122	0.143	0.106
(2) Foster(1977) model revision coefficient[eq. (8)]			
Correlation	0.218	−0.172	−0.057
Standard error	0.154	0.159	0.147
Panel B : Forecast-date holding period ERCs[eq. (10)]			
(1) One-quarter revision coefficient[eq. (3)]			
Correlation	0.508	−0.006	0.085
Standard error	0.124	0.195	0.145
(2) Foster(1977) model revision coefficient[eq. (8)]			
Correlation	0.198	−0.214	0.037
Standard error	0.154	0.172	0.138

a. Equations : Eq. (3) : $REV_{jt} = \Theta_{j0} + \Theta_{j1}FE_{jt} + \Theta_{j2}PVLVL_{jt} + u_{jt}$; eq.

(8) : $A_{jt+1} - A_{jt-3} = \Theta''_{j0} + \Theta''_{j1}(A_{jt} - A_{jt-4}) + u''_{jt}$; eq.

(9) : $CPE(-1, 0)_{jt} = \lambda_{j0} + \lambda_{j1}[FE_{jt}/P_{jt-2}] + \lambda_{j2}RVL_{jt} + u_{jt}$; eq.

(10) : $CPE(VL, 0)_{jt} = \lambda'_{j0} + \lambda'_{j1}[FE_{jt}/P_{jVL-1}] + \mu'_{jt}$; eq.

(11) : $R_{jt} = \alpha_j + \beta_j R_{mt} + e_{jt}$; eq. (12) : $Size_{jt} = Size_j + v_{jt}$.

b. Variable definitions : REV_{jt} =revision of the forecast of firm j's next quarter earnings ; FE_{jt} = forecast error for quarter t earnings ; $PVLVL_{jt}$ =change in stock price for firm j from the day after the previous Value Line earnings forecast date through the most recent Value Line earnings forecast date, excluding the three days before, the day of, and the three days after the earnings announcement that occurred during the period ; A_{jt} =accounting earnings of firm

j in quarter t ; $CPE(s,0)_{jt}$ =cumulated market model prediction error, cumulated from day s through the earnings announcement date, day 0(VL is the day after the Value Line report date) ; FE_{jt} =forecast error for quarter t earnings ; P_{js-1} =price of security j on day $s-1$; RVL_{jt} =stock return for firm j from the day after the Value Line report date through two days before the earnings announcement ; R_{jt} =continuously compounded rate of return on the common stock of security j for quarter t ; $R_{mt}^{''}$ =continuously compounded rate of return on the CRSP Equally Weighted Index for quarter t ; $Size_{jt}$ =natural logarithm of the market value of equity for firm j in quarter t ; $Size_j$ =firm-specific regression coefficient, that is, mean $Size_{jt}$.

c. Correlations are estimated using the Easton (1987) random coefficient procedure outlined in the appendix. $\rho(a_j, b_j | c_j, d_j)$ =correlation between a_{j1} and b_{j1}, conditional on c_j, and d_j.

출처 : Easton and Zmijewski (1989), p.136.

3. Hayn (1995)

Hayn(1995)은 기존 선행연구에서 회계이익과 주식수익률 간의 관계를 분석하는 모형의 설명력이 지나치게 낮다는 사실에 주목하였다. 이러한 사실은 회계이익이 경제적 사건을 적시에 반영하지 못하며, 회계이익의 일시적 요소의 가치관련성이 낮기 때문이라고 보았다. 이를 분석하기 위하여 이익집단과 손실집단을 구분하고 각 집단별 이익반응계수와 모형의 설명력을 비교하였다. 기업의 성과가 좋지 않은 경우 주주들은 청산옵션(abandonment option)을 행사할 수 있기 때문에 손실은 이익에 비하여 일시적일 수밖에 없다. 따라서 손실의 정보효과가 이익의 정보효과보다 낮을 것으로 예상하였다.

이러한 예상을 분석하기 위하여 Hayn(1995)은 $t-1$기 4월부터 12개월간 누적시킨 주식수익률(R_t)을 종속변수로 하고 t기 주당순이익을 기초주가로 나눈 값(X_t)을 독립변수로 한 다음의 회귀식을 추정하였다.

$$R_t = \alpha + \beta X_t + \epsilon_t \tag{3-16}$$

단, R_t =$t-1$기 4월부터 t기 3월까지 누적시킨 주식수익률
X_t =t기 주당순이익(수준 또는 변화)

TABLE 8 Regression results of returns on the earnings/price ratio

$R_t = \alpha + \beta X_t / P_{t-1} + \epsilon_t$, where R_t is the return over the 12-month period commencing with the fourth month of fiscal year t, X_t is the earnings per share variable in year t(specified as either levels or changes), P_{t-1} is the share price at the end of year $t-1$, and ϵ_t is an error term.

		Specification of the earnings variable			
		Levels		Changes	
Regression specification					
Pooled across firm-years	No. of firm-years	β	Adj. R^2 (%)	β	Adj. R^2 (%)
All cases	75,878	0.95	9.3	0.78	5.8
Loss cases[a]	14,512	0.01	0.0	0.50	3.7
Profit cases[b]	61,366	2.62	16.9	2.64	13.7
Time-series	No. of firms	(Median value of regression parameter of sample firms is reported)			
All firms	4,148	2.15	17.4	1.62	6.8
Firms with no losses	1,601	3.35	23.8	3.89	9.2
1 loss	618	2.36	21.6	1.79	8.2
2-3 losses	842	1.63	16.6	1.15	4.9
3-4 losses	551	0.94	10.0	0.72	3.8
6 or more losses	536	0.63	3.6	0.52	1.4

a. Under the earnings-change specification, this group also *includes* profitable cases in which a loss is reported in the previous year, leading to a total number of 18,919 cases in this group.
b. Under the earnings-change specification, this group *excludes* cases in which a loss is reported in the previous year, resulting in a total number of cases of only 56,959 in this group.
출처 : Hayn (1995), p.135.

　　Table 8에 보고된 결과에 따르면 손실집단에서는 이익수준(levels)의 경우 이익반응계수(β)는 0.01, 수정설명력은 0.0이었고, 이익변화(changes)의 경우 이익반응계수(β)는 0.50, 수정설명력은 3.7%이었다. 반면에 이익집단에서는 이익수준(levels)의 경우 이익반응계수(β)는 2.62, 수정설명력은 16.9이었고, 이익변화(changes)의 경우 이익반응계수(β)는 2.64, 수정설명력은 13.7%이었다. 이익에 비하여 일시적인 성격을 갖는 손실의 이익반응계수와 모형의 설명력이 매우 낮은 것을 알 수 있다.

제 **5** 절 │ Ohlson 모형과 회계이익-주식수익률 관계

1. Ohlson (1995)

Ohlson(1995)은 주가를 재무상태표의 순자산과 손익계산서의 회계이익의 선형결합으로 표시하였다. 이를 토대로 Easton and Harris(1991)와 Ali and Zarowin(1992)은 이익수준과 이익변화를 동시에 포함한 모형을 사용하였다.

　　Ohlson(1995)은 주가와 순자산 및 순이익 간의 관계를 도출하기 위하여 (1) 배당할인모형, (2) 순자산, 순이익 및 배당 간 순전성 관계와 (3) 기초순자산에 자본비용(또는 이자율)을 곱한 금액을 순이익에서 차감한 초과이익(abnormal earnings) 및 기타정보의 1차자기회귀과정 등 다음의 가정을 설정하였다.

$$\text{배당할인모형}: P_t = \textstyle\sum_\tau R_f^{-\tau} E_t[d_{t+\tau}] \tag{3-17}$$

단, $P_t = t$기말 주가
　$R_f =$ 무위험이자율$+1$
　$E_t[.] = t$기말 이용가능한 정보를 토대로 한 기대치
　$d_t = t$기 순배당(배당금에서 납입자본증가액을 차감)

배당할인모형(discounted dividend model)은 주가를 미래배당의 현재가치 합으로 표시하는 모형이다.

순자산, 순이익 및 배당 간 순전성 관계 :

$$y_{t-1} = y_t + d_t - x_t \tag{3-18}$$

단, $y_t = t$기말 순자산
　$d_t = t$기 순배당(배당금에서 납입자본증가액을 차감)
　$x_t = t$기 순이익

순자산, 순이익 및 배당 간 순전성 관계(clean surplus relation)에서 기말순자산은 기초순자산에 순이익을 가산하고 순배당을 차감한 금액이다.

초과이익 및 기타정보의 1차자기회귀과정 :

$$x_{t+1}^a = \omega x_t^a + \nu_t + \epsilon_{1t+1} \tag{3-19a}$$

$$\nu_{t+1} = \gamma \nu_t + \epsilon_{2t+1} \tag{3-19b}$$

단, $x_t^a = t$기 초과이익$(x_t - (R_f - 1)y_{t-1})$
 ω＝초과이익의 1차자기상관계수
 ν_t＝t기 순자산과 순이익 이외의 기타정보
 γ＝기타정보의 1차자기상관계수

초과이익(x_t^a)과 기타정보(ν_t)는 1차자기회귀과정을 따르는 것으로 가정한다. 이때 1차자기상관계수는 각각 ω와 γ로 표시된다. 초과이익은 순이익에서 기초시점의 기대이익을 차감한 것으로 양(＋)의 초과이익은 실제이익이 정상수준의 이익을 초과한 것을 뜻한다.

배당할인모형에 $d_t = y_{t-1} - y_t + x_t = x_t^a - y_t + R_f y_{t-1}$을 대입하면 다음의 식이 도출된다.

$$P_t = y_t + \sum_{i=1}^n \frac{E_t[x_{t+i}^a]}{R_f^i} \tag{3-20}$$

위 식은 주가가 순자산(y_t)과 미래초과이익의 현재가치 합$\left(\sum_{i=1}^n \frac{E_t[x_{t+i}^a]}{R_f^i}\right)$으로 표시된다는 것을 보여준다. 이때 미래초과이익의 현재가치 합은 회계에서 영업권(goodwill)을 나타낸다. 즉, 미래초과이익 창출능력이 좋은 기업일수록 영업권이 높게 평가될 것이다.

그리고 배당할인모형에 순자산, 순이익 및 배당 간 순전성 관계와 초과이익 및 기타정보의 1차자기회귀과정을 결합하여 주가를 순자산과 순이익이 선형결합된 형태로 표시한 다음의 관계식을 도출하였다.[8]

$$P_t = y_t + \alpha_1 x_t^a + \alpha_2 \nu_t \tag{3-21a}$$

$$P_t = k(\phi x_t - d_t) + (1-k)y_t + \alpha_2 \nu_t \tag{3-21b}$$

단, $P_t = t$기 주가

$y_t = t$기말 순자산

$\alpha_1 = \omega/(R_f - \omega)$

$\alpha_2 = R_f/(R_f - \omega)$

$x_t^a = t$기 초과이익

$\nu_t =$ 순자산과 순이익 이외의 기타정보

$k = (R_f - 1)\omega/(R_f - \omega)$

$\phi = R_f/(R_f - 1)$

$k = (R_f - 1)\omega/(R_f - \omega)$

$R_f =$ 무위험이자율 $+1$

$x_t = t$기 순이익

$d_t = t$기 순배당(배당금에서 납입자본증가액을 차감)

식(3-21a)에서 주가는 순자산(장부금액)과 초과이익의 선형결합형태로 표시되며, 식(3-21b)에서 주가는 순자산과 순이익의 선형결합형태로 표시된다.

기타정보(ν_t)를 무시했을 때 식(3-21a)에서 $\omega = 0$인 경우 $\alpha_1 = 0$으로서 순이익이 전적으로 일시적이라는 뜻이고, 그에 따라 주가는 순자산에 의해서 결정된다. 반면에 $\omega = 1$인 경우 $\alpha_1 = \dfrac{1}{R_f - 1}$로서 순이익이 전적으로 영구적이라는 뜻이며, 그에 따라 주가는 순이익에 의해서 결정된다.

이와 유사하게 식(3-21b)에서 k는 ω의 증가함수이므로 $k = \omega = 0$인 경우에는 이익이 완전히 일시적인 반면에 $k = \omega = 1$인 경우에는 이익이 전적으로 영구적이라는 것을 의미한다. 이익이 일시적이면 주가는 순자산에 의해서 결정되고, 이익이 영구적이면 주가는 이익에 의해서 결정된다. 이익의 일시성 또는 영구성 정도가 양극단의 중간 어디쯤에 위치한다면 실제 주가는 순자산과 순이익에 의해서 결정될 것이다.

---

8) 제3장 [보론 3-C]에서 식 (3-17), (3-18), (3-19a) 및 (3-19b)의 가정을 바탕으로 식 (3-21a)와 (3-21b)를 도출하는 과정을 설명하였다.

2. Easton and Harris (1991)

Easton and Harris(1991)는 Ohlson(1995)과 유사한 논리로 순자산-주가 모형과 순이익-주가 모형을 1차차분하여 결합하였다. 순자산-주가 모형과 1차차분 모형은 다음과 같다.

$$\text{순자산-주가 모형}: P_t = BV_t + u_t \tag{3-22a}$$

$$\text{1차차분 모형}: \Delta P_t / P_{t-1} = \Delta BV_t / P_{t-1} + u_t$$

$$= A_t / P_{t-1} - d_t / P_{t-1} + u_t' \tag{3-22b}$$

$$(\Delta P_t + d_t) / P_{t-1} = R_t = A_t / P_{t-1} + u_t' \tag{3-22c}$$

단, $\Delta P_t = t$기 주가변화$(P_t - P_{t-1})$
$P_t = t$기말 주가
$BV_t = t$기말 순자산
$\Delta BV_t = t$기 순자산변화$(BV_t - BV_{t-1})$
$A_t = t$기 순이익
$d_t = t$기 순배당(배당금에서 납입자본증가액을 차감)
$R_t = t$기 주식수익률

또한 순이익-주가 모형과 1차차분 모형은 다음과 같다.

$$\text{순이익-주가 모형}: P_t = \rho A_t + v_t' \tag{3-23a}$$

$$\text{1차차분 모형}: \Delta P_t / P_{t-1} = \rho \Delta A_t / P_{t-1} + v_t' \tag{3-23b}$$

$$(\Delta P_t + d_t) / P_{t-1} = R_t = \rho \Delta A_t / P_{t-1} + v_t' \tag{3-23c}$$

단, $\Delta P_t = t$기 주가변화$(P_t - P_{t-1})$
$P_t = t$기말 주가
$A_t = t$기 순이익
$d_t = t$기 순배당(배당금에서 납입자본증가액을 차감)
$R_t = t$기 주식수익률

두 모형은 가중치 k를 적용하면 다음과 같이 결합되고, 그 1차차분 모형 역시 유사한 방법으로 결합된다.

순자산-순이익-주가 모형 : $P_t = k\rho A_t + (1-k)BV_t + e_t$ (3-24a)

1차차분 모형 : $(\Delta P_t + d_t)/P_{t-1} = R_t$

$$= k\rho \Delta A_t/P_{t-1} + (1-k)A_t/P_{t-1} + w_t \qquad (3\text{-}24b)$$

단, $\Delta P_t = t$기 주가변화$(P_t - P_{t-1})$

  $P_t = t$기말 주가

  $R_t = t$기 주식수익률

  $\Delta A_t = t$기 순이익변화

  $A_t = t$기 순이익

  $d_t = t$기 순배당(배당금에서 납입자본증가액을 차감)

순자산-순이익-주가 모형의 실증분석은 식(3-24b)와 같은 다음의 모형을 이용하였다.

$$R_t = \gamma_{0t} + \gamma_{1t}A_t/P_{t-1} + \gamma_{2t}\Delta A_t/P_{t-1} + \epsilon_t \qquad (3\text{-}25)$$

단, $R_t = t$기 주식수익률

  $A_t = t$기 순이익

  $\Delta A_t = t$기 순이익변화

실증분석결과를 요약하면 다음과 같다.

첫째, Table 9의 결과를 보면 이익수준(A_t/P_{t-1})만을 독립변수로 포함시켰을 때 회귀계수는 0.82, 모형설명력은 7.5%인 데 비하여 이익변화$(\Delta A_t/P_{t-1})$만을 독립변수로 포함시켰을 때 회귀계수는 0.55, 모형설명력은 4%이었다. 즉, 이익수준이나 이익변화 모두 개별적으로 주식수익률과 유의한 관계를 보였다.

둘째, Table 10에 제시된 이익수준과 이익변화를 동시에 포함시킨 결과에 의하면 이익변화$(\Delta A_t/P_{t-1})$뿐 아니라 이익수준(A_t/P_{t-1}) 변수 모두 주식수익률과 유의한 관계를 보였다. 즉, 이익수준의 회귀계수는 0.71, 이익변화의 회귀계수는 0.16, 모형설명력은 7.7%로 나타났다.

TABLE 9 Simple Regressions of Annual Security Returns on Deflated Earnings Levels and Earnings Changes

Levels Model : $^a R_{jt} = \alpha_{t0} + \alpha_{t1} A_{jt}/P_{jt-1} + \epsilon_{jt}^1$

Changes Model : $R_{jt} = \phi_{t0} + \phi_{t1} \Delta A_{jt}/P_{jt-1} + \epsilon_{jt}^2$

Year	A_{jt}/P_{jt-1}		R^2	$\Delta A_{jt}/P_{jt-1}$		R^2	N^b
	α_{t0}	α_{t1}		ϕ_{t0}	ϕ_{t1}		
ALL	0.11 (30.8)**	0.82 (40.3)**	0.075	0.18 (57.0)**	0.55 (29.0)**	0.040	19,996
1986	0.19 (20.5)**	0.72 (13.1)**	0.104	0.21 (22.2)**	0.39 (7.6)**	0.037	1,459
1985	0.23 (21.3)**	1.08 (17.8)**	0.182	0.29 (26.2)**	0.61 (10.7)**	0.074	1,414
1984	0.03 (3.5)**	0.98 (18.2)**	0.195	0.09 (10.9)**	0.41 (7.2)**	0.036	1,368
1983	0.27 (14.7)**	0.81 (7.7)**	0.042	0.31 (18.2)**	0.73 (7.8)**	0.043	1,333
1982	0.40 (24.2)**	0.55 (6.8)**	0.034	0.46 (29.6)**	0.62 (8.0)**	0.046	1,288
1981	−0.08 (−6.6)**	0.86 (13.0)**	0.117	0.00 (0.4)	0.50 (7.8)**	0.044	1,279
1980	0.32 (18.1)**	0.91 (10.8)**	0.084	0.45 (33.2)**	0.71 (9.7)**	0.070	1,249
1979	0.02 (1.0)	0.73 (8.4)**	0.055	0.11 (9.3)**	0.67 (9.1)**	0.063	1,212
1978	0.18 (9.9)**	0.73 (7.9)**	0.050	0.26 (20.2)**	0.72 (9.8)**	0.075	1,162
1977	0.04 (3.2)**	0.69 (11.0)**	0.098	0.10 (11.0)**	0.80 (13.3)**	0.137	1,105
1976	0.05 (4.3)**	1.05 (15.6)**	0.189	0.16 (15.5)**	0.63 (11.1)**	0.105	1,039
1975	0.33 (19.7)**	0.90 (12.3)**	0.133	0.45 (31.0)**	0.53 (8.4)**	0.066	977
1974	−0.20 (−20.6)**	0.78 (16.6)**	0.230	−0.12 (−13.8)**	0.65 (13.1)**	0.157	917
1973	−0.23 (−14.7)**	1.21 (9.6)**	0.099	−0.14 (−12.4)**	0.70 (7.1)**	0.057	833
1972	−0.05 (−3.7)**	0.70 (5.3)**	0.033	−0.02 (−1.4)	0.30 (2.7)**	0.008	788
1971	0.08 (4.9)**	1.29 (8.9)**	0.094	0.13 (9.5)**	0.88 (6.0)**	0.045	750
1970	0.01 (0.4)	1.39 (8.6)**	0.098	0.09 (8.0)**	1.12 (6.2)**	0.054	678
1969	−0.20 (−12.2)**	1.46 (6.9)**	0.072	−0.12 (−10.2)**	1.33 (6.1)**	0.055	612
1968	0.12 (4.3)**	2.52 (7.3)**	0.090	0.27 (16.4)**	1.66 (5.2)**	0.049	533
Mean^c		1.02 (10.0)**			0.74 (9.7)**		

(t-statistics are provided in parentheses.)

  * Significant at $0.01 \leq \alpha \leq 0.05$.

** Significant at $\alpha \leq 0.01$.

a. Description of regression variables : R_{jt} is the return on a share of firm j over the 12 months extending from 9 months prior to the fiscal year-end to 3 months after the fiscal year-end, A_{jt} is accounting earnings per share of firm j for period t, and P_{jt-1} is the price per share of firm j at time $t-1$.

b. N is the number of observations in the regression.

c. This is the mean of the yearly coefficients, estimated to test for the effect of cross-sectional correlations in the error terms.

출처 : Easton and Harris (1991), p.26.

TABLE 10 Earnings Levels and Multiple Regressions of Annual Security Returns and Deflated Changes

$$\text{Model :}\ ^{a}R_{jt} = \gamma_{0t} + \gamma_{1t}[A_{jt}/P_{jt-1}] + \gamma_{2t}[\Delta A_{jt}/P_{jt-1}] + \epsilon_{jt}^{4}$$

Year	γ_{0t}	γ_{1t}	γ_{2t}	$\overline{R^2}$	N^{b}
ALL	0.12 (31.6)**	0.71 (28.3)**	0.16 (7.1)**	0.077	19,996
1986	0.20 (20.4)**	0.70 (10.4)**	0.03 (0.5)	0.104	1,459
1985	0.23 (20.6)**	1.05 (13.7)**	0.04 (0.5)	0.182	1,414
1984	0.03 (3.1)**	1.06 (16.6)**	−0.13 (−2.2)*	0.197	1,368
1983	0.28 (15.2)**	0.55 (4.7)**	0.51 (4.9)**	0.058	1,333
1982	0.43 (23.9)**	0.24 (2.3)*	0.47 (4.7)**	0.049	1,288
1981	−0.09 (−6.2)**	0.88 (10.3)**	−0.03 (−0.3)	0.116	1,279
1980	0.36 (16.8)**	0.65 (5.5)**	0.32 (3.2)**	0.091	1,249
1979	0.19 (3.1)**	0.34 (2.9)**	0.02 (4.5)**	0.069	1,212
1978	0.22 (11.5)**	0.32 (2.9)**	0.57 (6.3)**	0.081	1,162
1977	0.06 (9.4)**	0.38 (5.3)**	0.61 (8.9)**	0.158	1,105
1976	0.06 (27.3)**	0.88 (5.1)**	0.26 (4.0)**	0.201	1,039
1975	0.34 (2.6)**	0.83 (18.2)**	0.09 (1.1)	0.133	977

TABLE 10 (continued)

Year	γ_{0t}	γ_{1t}	γ_{2t}	$\overline{R^2}$	N^b
1974	-0.19 $(-16.9)^{**}$	0.71 $(9.4)^{**}$	0.09 (1.2)	0.231	917
1973	-0.22 $(-13.2)^{**}$	1.06 $(6.5)^{**}$	0.19 (1.5)	0.101	833
1972	-0.05 $(-3.6)^{**}$	0.69 $(4.5)^{**}$	0.01 (0.1)	0.032	788
1971	0.08 $(5.2)^{**}$	1.13 $(6.6)^{**}$	0.31 (1.8)	0.096	750
1970	0.02 (1.0)	1.23 $(5.8)^{**}$	0.26 (1.1)	0.097	678
1969	-0.19 $(-8.1)^{**}$	1.22 $(3.4)^{**}$	0.31 (0.8)	0.071	612
1968	0.14 $(4.7)^{**}$	2.14 $(5.4)^{**}$	0.68 (1.9)	0.094	533
Mean^c		0.85 $(8.4)^{**}$	0.24 $(4.4)^{**}$		

(t-statistics are provided in parentheses.)

* Significant at $0.01 \leq \alpha \leq 0.05$.

** Significant at $\alpha \leq 0.01$.

a. Description of regression variables : R_{jt} is the return on a share of firm j over the 12 months extending from 9 months prior to the fiscal year-end to 3 months after the fiscal year-end, A_{jt} is accounting earnings per share of firm j for period t, and P_{jt-1} is the price per share of firm j at time $t-1$.

b. N is the number of observations in the regression.

c. This is the mean of the yearly coefficients, estimated to test for the effect of cross-sectional correlations in the error terms.

출처 : Easton and Harris (1991), p.30.

3. Ali and Zarowin (1992)

Ali and Zarowin(1992)은 Easton and Harris(1991)와 마찬가지로 이익변화에 추가하여 이익수준을 포함시켰을 때 회계이익과 주식수익률 간의 대응관계가 향상되는지를 분석하였다. 특히 두 변수의 회귀계수가 회계이익의 일시성 정도에 따라 차별화된다는 결과를 보고하였다. 그러나 Easton and Harris(1991)와는 달리 회계이익의 시계열 속성이 IMA(1, 1)을 따른다는 가정을 토대로 실증분석에 사용된 모형을 도출하였다.

먼저 회계이익이 IMA(1, 1)을 따른다고 가정하고, 시계열의 최초 2개 항만 남기면 비기대이익(UE_{it})은 다음과 같다.

$$X_{it} = X_{it-1} + UE_{it} - \theta UE_{it-1}$$
$$UE_{it} = X_{it} - (1-\theta)X_{it-1} - \theta(1-\theta)X_{it-2} + \cdots$$
$$UE_{it} = (1-\theta)(X_{it} - X_{it-1}) + \theta X_{it} \tag{3-26}$$

단, $UE_{it} = i$기업의 t기 비기대이익
　　$X_{it} = i$기업의 t기 순이익

따라서 비정상주식수익률과 비기대이익 간 관계를 분석하는 실증모형은 다음과 같이 표시된다.

$$AR_{it} = a_{0t} + a_{1t} UE_{it}/P_{it-1} + u_{it}$$
$$= b_{0t} + b_{1t}(X_{it} - X_{it-1})/P_{it-1} + b_{2t}X_{it}/P_{it-1} + u_{it} \tag{3-27}$$

단, $AR_{it} = i$기업의 t기 비정상주식수익률
　　$UE_{it} = i$기업의 t기 비기대이익
　　$P_{it-1} = t-1$기말 주가

위의 모형은 Easton and Harris(1991)가 사용한 것과 동일한 모형이라는 것을 알 수 있다. 이때 $\theta = 0$이면 이익이 영구적인 경향이 강하고, $\theta = 1$이면 이익이 일시적인 경향이 강하다고 할 수 있다. 즉, 이익이 영구적일수록 이익수준보다는 이익변화와 주식수익률의 관계가 더 민감하고 ($b_{1t} > b_{2t}$), 이익이 일시적일수록 이익변화보다는 이익수준과 주식수익률의 관계($b_{2t} > b_{1t}$)가 더 민감할 것으로 예상하였다.

Ali and Zarowin(1992)은 회계이익의 일시성 정도를 구분하기 위하여 이익-주가 비율(earnings-price ratios)을 이용하였다. Beaver and Morse(1978)는 이익-주가 비율이 극단적으로 높거나 낮은 집단에 속한 기업의 회계이익이 중간에 속한 기업의 회계이익보다 더 일시적이라는 결과를 보고하였다. Ali

TABLE 11   Results of Regressions of Abnormal Returns against Earnings Levels and Changes, 1969–1985[a]

$$\text{Model } 1 : AR_{it} = b_{0t} + b_{1t}(X_{it} - X_{it-1})/P_{it-1} + b_{2t}X_{it}/P_{it-1} + u_{it}$$
$$\text{Model } 2 : AR_{it} = b'_{0t} + b'_{1t}(X_{it} - X_{it-1})/P_{it-1} + u'_{it}$$
$$\text{Model } 3 : AR_{it} = b''_{0t} + b''_{2t}X_{it}/P_{it-1} + u''_{it}$$

	Intercept	$(X_{it} - X_{it-1})/P_{it-1}$	X_{it}/P_{it-1}	Adjusted R^2
Panel A : Firms with Predominantly Permanent Component in Previous Period's Earnings[b]				
Model 1	−0.11	1.99	0.73	.193
	(−3.8)	(2.8)	(1.9)	
Model 2	−0.04	2.73		.175
	(−3.4)	(6.0)		
Model 3	−0.24		2.25	.162
	(−9.6)		(8.1)	

$$(b_1 + b_2 - b'_1)/(b_1 + b_2) = -0.004$$
$$(-1.4)$$

	Intercept	$(X_{it} - X_{it-1})/P_{it-1}$	X_{it}/P_{it-1}	Adjusted R^2
Panel B : Firms with Predominantly Transitory Component in Previous Period's Earnings[b]				
Model 1	−0.09	0.59	0.48	.153
	(−7.5)	(3.9)	(5.5)	
Model 2	−0.05	0.69		.088
	(−4.9)	(6.4)		
Model 3	−0.10		0.73	.116
	(−7.1)		(4.9)	

$$(b_1 + b_2 - b'_1)/(b_1 + b_2) = 0.355$$
$$(3.0)$$

a. Ordinary least square estimates are obtained from cross-sectional regressions carried out for each of the years, 1969 to 1985. The mean of the 17 annual coefficients and adjusted R^2s are reported above. The numbers in parentheses are t-statistics which are obtained by dividing the mean value of the coefficients by the standard error of the mean of the coefficients. AR_{it} is the annual abnormal stock return from April to March, X_{it} is the earnings excluding extraordinary items and discontinued operations (*Compustat* annual data item 58), and P_{it-1} is the stock price at the beginning of a period (April 1).

b. We rank firms into ten groups each year by their beginning-of-year earnings- price rations (X_{it-1}/P_{it-1}). We divide all firms with positive earnings into the first nine groups, with an (approximately) equal number of firms per group. All firms with negative earnings are in group 10. We classify firms in the middle six groups as predominantly permanent and firms in the bottom two and top two groups as predominantly transitory.

출처 : Ali and Zarowin (1992), p.292.

and Zarowin(1992)은 이러한 결과를 이용하여 손실집단을 하나의 10분위로 구분하고 나머지 이익집단을 9분위로 나누어 손실집단을 포함한 상하위 2개 집단을 일시적 이익집단(predominantly transitory group)으로, 중간의 6개 집단을 영구적 이익집단(predominantly permanent group)으로 구분하였다.

　　Table 11에 보고된 결과에 의하면 영구적 이익집단에서는 이익변화가 이익수준보다 유의한 역할을 하였고(회귀계수 1.99 대 0.73 ; 설명력 17.5% 대 16.2%), 일시적 이익집단에서는 반대로 이익수준이 이익변화보다 유의한 역할을 하는 것으로 관찰되었다(회귀계수 0.59 대 0.48 ; 설명력 8.8% 대 11.6%).[9]

제 6 절 이익구성요소와 주식수익률 관계

일반적으로 인정된 회계기준에서는 손익을 인식함에 있어서 발생주의를 채택하고 있다. 발생주의에 기초하여 산출되는 회계이익은 영업현금흐름과 발생액의 합으로 구성된다. 발생액(accruals)은 현금의 유출입을 수반하지 않는 거래, 예를 들면 미수수익이나 미지급비용 등으로 인한 비현금손익을 포함한다. 만일 일반적으로 인정된 회계기준이 현금주의를 채택한다면 발생액은 0이다. Ball and Brown(1968) 이후 많은 연구에서 회계이익의 유용성이 입증되었는데, 이를 확장하여 회계이익의 구성요소에 해당하는 영업현금흐름과 발생액의 유용성으로 세분하여 분석하는 연구가 수행되었다.

---

[9] Ohlson and Shroff(1992)는 당기순이익과 전기순이익 간 관계로 측정한 이익지속성이 0.5보다 크면 이익변화가 주식수익률을 더 잘 설명한다는 결과를 보고하였다. 이익지속성이 클수록 이익이 영구적이라는 사실을 고려하면 Ali and Zarowin(1992)과 질적으로 동일한 결과라고 할 수 있다.

1. 발생주의와 현금주의

수익과 비용을 인식하는 기준에는 현금주의와 발생주의가 있다. 현금주의 (cash basis)에서는 현금을 수취할 때 수익을 인식하고 현금을 지급할 때 비용을 인식한다. 반면에 발생주의(accrual basis)에서는 거래상대방에게 계약에 따른 수행의무(performance obligation)를 이행했을 때 수익을 인식하고 수익을 창출하는 과정에서 소비된 자원의 원가를 비용으로 인식한다.

현행 회계기준에서는 발생주의를 채택하고 있다. 그 이유는 현금주의에 기초하여 수익과 비용을 인식하는 것이 문제가 있기 때문이다. 구체적으로 현금주의를 적용하면 수익과 비용의 불완전한 대응과 시차 문제가 생긴다. 아래 Figure 4에 제시된 3개의 거래로 구성된 예를 살펴보자.

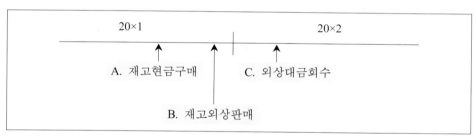

FIGURE 4 현금주의와 발생주의의 대응, 시차 비교

각 거래에 대한 회계처리는 다음과 같다.

20×1년 A. 재고현금구매 ₩100 : (차) 재   고   (대) 현   금
20×1년 B. 재고외상판매 ₩150 : (차) 매 출 채 권   (대) 매   출
                                   (차) 매 출 원 가   (대) 재   고
20×2년 C. 외상대금회수 ₩150 : (차) 현   금   (대) 매 출 채 권

위의 거래로부터 현금주의와 발생주의에 따른 순이익을 비교하면 다음과 같다.

구 분	20×1년	20×2년	합 계
현금주의 :			
수익	0	150	150
비용	−100	0	−100
순이익	−100	150	50
발생주의 :			
수익	150	0	150
비용	−100	0	−100
순이익	50	0	50

위의 표에서 수익, 비용 및 순이익의 2년간 합계는 현금주의와 발생주의에서 동일하지만 개별연도별로 보면 다르다는 것을 쉽게 알 수 있다. 현금주의에서는 일련의 구매와 판매에 따른 비용과 수익이 각각 20×1년과 20×2년에 기록된다. 즉 동일한 거래로부터 비롯되는 수익과 비용이 다른 기간에 속하게 되어 수익과 비용 간 대응이 적절하지 않다. 반면에 발생주의에서는 일련의 거래에 따른 수익과 비용이 동일 기간(20×1년)에 인식되므로 수익과 비용 간 대응이 적절히 이루어진다.

한편 발생주의에서는 자산손상차손을 광범위하게 허용하고 있다. 자산손상차손은 자산의 회수가능액(순실현가능가치)이 장부금액보다 낮은 경우에 인식하는 비용이다. 회수가능액은 자산을 처분한다고 가정할 때 회수예상액이므로 당장 현금을 수취하는 것이 아니다. 따라서 현금주의에서는 자산손상차손을 인식할 여지가 없고, 발생주의에서만 인식할 수 있다. 즉, 발생주의 비용이 현금주의 비용보다 신속하게 반영되는데, 이런 의미에서 발생액이 현금흐름의 적시성 문제를 완화하는 역할을 한다고 할 수 있다.

현금주의와 발생주의 순이익간 차이에 영향을 미치는 요인을 살펴보면 먼저 순이익을 측정하는 기간이 충분히 길 때 현금주의와 발생주의 순이익간 차이는 좁혀질 것이다. 같은 논리로 순이익 측정기간이 짧을수록 현금주의가 안고 있는 수익과 비용 간 대응 문제가 더 심각해진다.

기업의 영업주기는 재고자산 보유에서부터 매출채권 회수까지의 기간을 말하므로 Figure 4에서 A시점부터 C시점까지의 기간에 해당한다. 영업주기가 길다는 것은 영업주기 시작점인 A시점과 영업주기 종료점인 C시점 간의 시차가 더 벌어진다는 것을 뜻한다. 즉 이들 시점이 이 동일 기간에 속할 가능성이 낮아져 현금주의 수익과 비용이 동일 기간에 속할 가능성이 낮아지게 되며, 그에 따라 현금주의와 발생주의 순이익간 차이가 커질 것이다.

2. 증분정보효과와 상대정보효과

이익구성요소의 유용성을 분석한 연구들은 (1) 증분정보효과 또는 (2) 상대정보효과를 분석하는 방법을 주로 사용하였다. 증분정보효과(incremental information content) 분석은 동일한 종속변수(Y)에 대하여 경쟁관계에 있는 독립변수(X_1, X_2)를 동시에 포함한 회귀식에서 어느 변수가 추가로 유의한지를 비교하는 방법이다. 다음 식에서 X_1이 통제된 상태에서 X_2의 회귀계수가 유의하면 X_2가 X_1에 추가하여 증분정보효과를 갖는다고 한다 (Biddle, Seow, and Siegel 1995).

$$Y = a_0 + a_1 X_1 + a_2 X_2 + u \tag{3-28}$$

또한 증분정보효과를 분석할 때에 (1) 회귀식에 포함시킨 두 독립변수가 상호배타적인 경우(예를 들면 영업현금흐름과 발생액)와 (2) 한 독립변수가 다른 독립변수를 포함하고 있는 경우(예를 들면 회계이익과 영업현금흐름)에 회귀계수의 해석을 주의할 필요가 있다. 예를 들어서 $Z = X_1 + X_2$라는 관계가 있다고 가정할 때 다음의 두 회귀식은 계량경제적으로 동일한 모형이지만 회귀계수의 해석은 달라진다.

$$Y = a_0 + a_1 X_1 + a_2 X_2 + u \tag{3-29a}$$

$$Y = b_0 + b_1 X_1 + b_2 Z + u = b_0 + b_1 X_1 + b_2 (X_1 + X_2) + u$$

$$= b_0 + (b_1 + b_2) X_1 + b_2 X_2 + u \tag{3-29b}$$

위의 식으로부터 $a_1 = b_1 + b_2$ & $a_2 = b_2$라는 것을 알 수 있다. 만일 X_1 과 X_2의 정보효과가 동일한지를 검증하려면 식(3-29a)에서는 $a_1 = a_2$를 귀 무가설로 하여 그 동일성을 검증한다. 반면에 식(3-29b)에서는 $a_1 = a_2$가 $b_1 + b_2 = b_2$가 되므로 $b_1 = 0$을 귀무가설로 하여 검증한다.

반면에 상대정보효과(relative information content) 분석은 동일한 종속변 수에 대하여 경쟁관계에 있는 독립변수를 각각 개별적으로 포함한 회귀식 의 모형설명력을 비교하는 방법이다. 다음의 식을 추정했을 때 X_1과 X_2 중 어느 것이 종속변수의 횡단면변동을 더 잘 설명하는지를 비교한다. 모 형설명력이 더 큰 변수의 상대정보효과가 크다(Biddle, Seow, and Siegel 1995).

$$Y = a_{10} + a_{11} X_1 + u_1 \tag{3-30a}$$

$$Y = a_{20} + a_{21} X_2 + u_2 \tag{3-30b}$$

3. Wilson (1987) and Bernard and Stober (1989)

Wilson(1987)은 매출과 이익에 관한 정보가 Wall Street Journal에 먼저 공 시된 후 연차재무제표가 정식으로 공시될 때 이익구성요소에 관한 정보가 추가로 제공된다는 사실에 주목하였다. 이익구성요소가 이익에 추가하여 증분정보효과를 갖는지를 분석하기 위하여 연차재무제표가 공시되는 시 점을 전후한 9일간 누적초과주식수익률과 이익구성요소 간 관계를 다음의 모형으로 살펴보았다.[10]

$$AR_{it} = b_0 + b_1 UCF_{it} + b_2 UCA_{it} + b_3 UNCA_{it} + u_{it}$$

$$= b_0 + (b_1 - b_2) UCF_{it} + (b_2 - b_3) UWC_{it} + b_3 UE_{it} + u_{it} \qquad \text{(3-31)}$$

단, $AR_{it} = i$기업의 t기 초과주식수익률

$UE_{it} = i$기업의 t기 비기대이익

$UCF_{it} = i$기업의 t기 비기대영업현금흐름

$UCA_{it} = i$기업의 t기 비기대유동발생액

$UNCA_{it} = i$기업의 t기 비기대비유동발생액

$UWC_{it} = i$기업의 t기 비기대운전자본

연차재무제표가 공시될 때 비기대이익(UE_{it})은 0이다. 위 식에서 비기대영업현금흐름 또는 비기대운전자본의 회귀계수가 유의하다는 것은 해당

TABLE 12   Regression Results−Late Firms

Table contents : The first three columns report the Γ-estimates, their related t-statistics, and the adjusted R^2s for equation 2 for the case where the regressor is the cash from operations forecast error. For each row the dependent variable is the average market model prediction error over the indicated interval where day zero is the date the annual report arrives at the SEC. Columns four through six contain similar results for working capital from operations. Depending on the availability of returns, the regressions are based on anywhere from 321 to 325 observations.

Return Interval	Cash From Operations			Working Capital From Operations		
	Coefficient Estimate	T-statistic	Adjusted $R^2 - \%$	Coefficient Estimate	T-statistic	Adjusted $R^2 - \%$
$(-40, -32)$	.011	1.35	.3	.050	1.99	.9
$(-31, -23)$	.009	0.97	0	−.019	−0.63	−.2
$(-22, -14)$	.005	0.59	−.2	.005	0.21	−.3
$(-13, -5)$	−.006	−0.81	−.1	.006	0.25	−.3
$(-4, 4)$	.026	3.26	2.9	.029	1.10	.1
$(5, 13)$	.005	0.48	−.2	.098	2.93	2.3
$(14, 22)$	.012	1.46	.3	.024	0.88	−.1
$(23, 31)$	.011	1.34	.2	.015	0.58	−.2
$(32, 40)$	.017	1.79	.7	.036	1.20	.1

출처 : Wilson (1987), p.307.

---

10) 회계이익의 구성요소는 다음의 관계를 갖는다.

회계이익＝운전자본＋비유동발생액＝영업현금흐름＋유동발생액＋비유동발생액

요소가 이익에 추가하여 정보효과를 갖는다는 것을 의미한다. 위 식을 추정한 결과를 보고한 Table 12에 따르면 연차재무제표 공시를 전후한 9일 (−4, 4)간 초과주식수익률과 비기대영업현금흐름 간의 관계(회귀계수 0.026, t값 3.26)는 유의한 반면에 비기대운전자본과의 관계(회귀계수 0.029, t값 1.10)는 유의하지 않았다. 이러한 결과는 영업현금흐름이 이익에 추가하여 유용한 정보를 제공한다는 것을 뜻한다.

TABLE 13 Regressions of Abnormal Stock Returns During the Financial Statement Release Period Against Unexpected Funds Flow

Test period : Fourth Quarters of 1981 and 1982

Panel A. Results as Reported in Wilson[1987]* :		
	Funds Flow Variable : Cash Flow from Operations	Funds Flow Variable : Working Capital from Operations
Coefficient	.23	.26
t-statistic	3.26	1.10
R-squared	.029	.001
n	325	325
Panel B. Results of Wilson's Method Applied to New Sample—Expectations Models Estimated in Pooled Cross-Section :		
	Funds Flow Variable : Cash Flow from Operations	Funds Flow Variable : Working Capital from Operations
Coefficient	.17	.25
t-statistic	1.17	.62
R-squared	.009	.002
n	158	158
Panel C. Results Based on New Sample—Industry-specific Expectations Models :		
	Funds Flow Variable : Cash Flow from Operations	Funds Flow Variable : Working Capital from Operations
Coefficient	.13	.10
t-statistic	0.89	.22
R-squared	.005	.000
n	158	158

* As originally reported, Wilson's coefficients were based on a regression where the dependent variable is the average daily abnormal return. To make the coefficient comparable with our results, where the dependent variable is a nine-day cumulative abnormal return, Wilson's coefficients are multiplied by nine.

출처 : Bernard and Stober (1989), p.636.

　　　반면에 Bernard and Stober(1989)는 Wilson(1987)의 결과를 일반화할 수 있는지에 초점을 두었는데, Wilson(1987)과 유사한 표본뿐 아니라 확장된 표본에서도 그 결과를 재연하는 데 실패하였다. Table 13 Panel B와 C에 보고된 결과에서 비기대영업현금흐름(0.17 & 0.13)과 비기대운전자본(0.25 & 0.10)의 회귀계수 모두 통상적인 수준에서 유의하지 않았다. 이는 영업현금흐름이 이익에 추가하여 정보를 제공하지 못한다는 것을 의미한다. Bernard and Stober(1989)는 Wilson(1987)의 결과가 상황의존적(contextual)이거나 연차재무제표 공시 전 불확실성이 해소되었을 가능성을 제기하였다.

4. Rayburn (1986) and Bowen, Burgstahler, and Daley (1987)

Rayburn(1986)은 회계이익의 구성요소인 영업현금흐름과 발생액의 주가관련성을 분석하였다. 발생액이 영업현금흐름에 비하여 주식수익률을 설명하는 데 추가적인 역할을 하는지를 살펴보기 위하여 다음의 회귀식을 추정하였다.

$$CAR_{it} = \beta_0 + \beta_1 CFRW_{it} + \beta_2 AARW_{it} + u_{it} \tag{3-32}$$

　단, CAR_{it} = i기업의 t기 초과주식수익률(시장모형의 잔차)

　　　$CFRW_{it}$ = i기업의 t기 비기대영업현금흐름(당기 영업현금흐름에서 전기 영업현금흐름을 차감하고 기초시장가치로 나눔)

　　　$AARW_{it}$ = i기업의 t기 비기대발생액(당기 발생액에서 전기 발생액을 차감하고 기초시장가치로 나눔)[11]

　　　위 식을 연도별로 추정하고 그 평균값을 보고한 Table 14에 의하면 비기대영업현금흐름의 회귀계수는 1.5339, 비기대발생액의 회귀계수는 −1.5500

---

11) Rayburn(1986)은 "회계이익＝영업현금흐름＋발생액"으로 정의한 대부분의 선행연구와 달리 "회계이익＝영업현금흐름−발생액"으로 정의하였다. 따라서 회귀분석에서 발생액의 회귀계수는 음(−)의 값을 갖는다.

TABLE 14 Cross—Sectional Regression Results Using Random—Walk Model for Independent Variables

$$CAR_{it} = \beta_0 + \beta_1 CFRW_{it} + \beta_2 AARW_{it} + u_{it}{}^{a}$$

($N=175$ for each year)

Year	$\widehat{\beta}_0$	$\widehat{\beta}_1$	$\widehat{\beta}_2$	Adj. R^2	F	$PR > F$
1963	−.0333	3.6385	−4.2704	.0530	5.84	.0035
t-value	(−1.74)	(3.39)*	(−3.35)*			
1964	.0322	3.4081	−3.0172	.0793	8.45	.0003
	(2.17)*	(3.95)*	(−3.25)*			
1965	.1137	−.3064	−.0119	−.0028	.76	.4703
	(6.48)*	(−.37)	(−.02)			
1966	.0065	.5959	−.6946	.0027	1.24	.2929
	(.33)	(.77)	(−1.28)			
1967	.0085	3.6585	−4.2496	.0424	4.83	.0091
	(.32)	(2.71)*	(−3.04)*			
1968	.0235	4.7478	−4.9137	.1034	10.97	.0001
	(1.21)	(4.54)*	(−4.68)*			
1969	−.0676	2.7254	−2.4886	.0505	5.60	.0044
	(3.48)*	(3.33)*	(−3.07)*			
1970	−.0314	1.5883	−1.6415	.0346	4.10	.0183
	(−1.49)	(2.86)*	(−2.65)*			
1971	−.0484	1.7223	−1.3116	.1057	11.22	.0001
	(−2.58)*	(4.50)*	(−3.51)*			
1972	−.0954	1.7863	−1.6479	.0802	8.55	.0003
	(−4.63)*	(3.99)*	(−3.30)*			
1973	−.0405	1.2553	−1.2696	.0348	4.12	.0179
	(−1.31)	(2.83)*	(−2.20)*			
1974	.0831	2.0655	−2.0665	.2227	25.78	.0001
	(2.84)*	(6.69)*	(−6.44)*			
1975	.0812	.4503	−.4420	.0532	5.86	.0035
	(3.62)*	(3.40)*	(−3.16)*			
1976	.0491	.3815	−.4145	.0550	6.03	.0029
	(2.53)*	(3.39)*	(−3.47)*			
1977	.0112	.6764	−.6407	.0402	4.62	.0111
	(−.62)	(2.92)*	(−2.51)*			
1978	−.0736	.6478	−.6902	.0607	6.59	.0017
	(−4.21)*	(3.60)*	(−3.22)*			
1979	−.0684	.5865	−.4368	.1605	17.54	.0001
	(−3.95)*	(5.89)*	(−4.17)*			
1980	−.1040	.3961	−.4351	.0829	8.82	.0002
	(−5.48)*	(4.09)*	(−2.80)*			
1981	.0408	.3681	.2466	.057	6.30	.0023
	(1.78)	(3.53)*	(−1.80)			
1982	.0363	.2958	−.1735	.1097	11.66	.0001
	(1.23)	(4.81)*	(−1.85)			
Mean[b]	−.0038	1.5339	−1.5500			
t-value	(−.27)	(4.85)*	(−4.63)*			

* Indicates significance at 5%.

a. CAR_{it2} indicates market model residuals cumulated over the fiscal year. $CFRW$ and $AARW$ are random-walk errors for cash flow and accrual adjustments respectively.

b. The values in this row are the means of the sampling distribution of the 20 yearly coefficients. There are 19 degrees of freedom for the t-values of these means and 2.093 is the critical value for a 5% level of significance.

출처 : Rayburn (1986), p.125.

으로 모두 유의하였다. 이는 영업현금흐름과 발생액이 각각 유의한 증분 정보효과를 갖는다는 것을 뜻한다. Rayburn(1986)은 이들 두 회귀계수가 유의하게 다른지를 검증하지는 않았지만 Rayburn(1986)이 보고한 결과를 분석한 Jennings(1990)에 의하면 두 회귀계수는 유의하게 다르지 않은 것으로 결론을 내리고 있다. 즉, 주식시장참여자들이 영업현금흐름과 발생액을 유사하게 평가한다는 것이다.

Bowen, Burgstahler, and Daley(1987)도 Rayburn(1986)과 마찬가지로 회계이익의 구성요소인 영업현금흐름과 발생액의 주가관련성을 분석하였다. 발생액이 영업현금흐름에 비하여 주식수익률을 설명하는 데 있어서 추가적인 역할을 하는지를 살펴보기 위하여 다음의 회귀식을 추정하였다.

$$CSUR_{it} = \beta_0 + \beta_1 UE_{it} + \beta_2 UWCFO_{it} + \beta_3 UCFO_{it} + \beta_4 UCFAI_{it} + e_{it}$$

(3-33)

단, $CSUR_{it}$ = i기업의 t기 초과주식수익률(시장모형의 잔차를 표준화함)

UE_{it} = i기업의 t기 비기대이익(당기 이익에서 전기 이익을 차감하고 전기 이익의 절대값으로 나눔)

$UWCFO_{it}$ = i기업의 t기 비기대운전자본(당기 운전자본에서 전기 운전자본을 차감하고 전기 운전자본의 절대값으로 나눔)

$UCFO_{it}$ = i기업의 t기 비기대영업현금흐름(당기 영업현금흐름에서 전기 운전자본을 차감하고 전기 운전자본의 절대값으로 나눔)[12]

$UCFAI_{it}$ = i기업의 t기 비기대영업투자현금흐름(당기 영업투자현금흐름에서 전기 영업투자현금흐름을 차감하고 전기 영업투자현금흐름의 절대값으로 나눔)[13]

---

12) 영업현금흐름은 운전자본에서 유동발생액을 차감한 값이다.

13) 영업투자현금흐름은 영업현금흐름과 투자현금흐름을 합한 값이다.

위 식을 연도별로 추정하고 그 평균값을 보고한 Table 15에 의하면 비
기대이익의 회귀계수는 0.092, 비기대영업현금흐름의 회귀계수는 0.015로
유의하였으나 비기대운전자본과 비기대영업투자현금흐름의 회귀계수는
유의하지 않았다. 이는 주식시장참여자들의 영업현금흐름에 대한 평가가
좀더 우호적이라는 것으로 해석된다.

TABLE 15 Association Between Unexpected Returns and Unexpected Accrual and Cash Flow Data

Model (1) : $CSUR_{it} = \beta_0 + \beta_1 UE_{it} + \beta_2 UWCFO_{it} + \beta_3 UCFO_{it} + \beta_4 UCFAI_{it} + e_{it}$

| Year | Estimated Coefficients(t-statistics) | | | | | R^2 | F-ratio | F-ratio for H_0 : | |
	Intercept	UE	$UWCFO$	$UCFO$	$UCFAI$			$\beta_3 = \beta_4 = 0$	$\beta_1 = \beta_2 = 0$
1972	$-.389$	.028	.281	.077	.001	.26	8.32***	3.98	9.23***
	(-3.34)***	(0.75)	(2.11)**	(2.63)***	(0.89)				
1973	.167	.502	$-.190$	.04	.001	.26	8.18***	0.39	15.24***
	(1.18)	(4.20)***	(-0.84)	(0.71)	(0.53)				
1974	.149	.080	$-.038$	$-.001$	.012	.04	0.84	1.43	1.62
	(1.22)	(1.37)*	(-0.34)	(-0.08)	(1.43)*				
1975	$-.036$	.027	$-.004$	.004	$-.002$	.17	4.66**	8.30***	1.19
	(-0.32)	(1.30)*	(-0.84)	(4.02)***	(-0.73)				
1976	$-.060$	.085	$-.058$	$-.003$	$-.008$	.05	1.15	0.94	1.35
	(-0.62)	(1.14)	(-0.39)	(-0.39)	(-1.47)				
1977	$-.007$	.053	.043	.005	.001	.14	3.92**	1.17	6.58***
	(-0.09)	(2.66)***	(1.22)	(1.18)	(0.99)				
1978	$-.038$	.088	$-.130$	$-.002$	.001	.08	1.88	1.57	2.39
	(-0.34)	(1.88)**	(-0.78)	(-0.97)	(1.50)*				
1979	.000	.012	.201	.018	.003	.18	5.05***	1.24	7.64***
	(0.00)	(1.82)**	(2.84)***	(0.77)	(1.30)*				
1980	.069	.006	.031	$-.002$	.001	.02	0.57	0.22	0.91
	(0.55)	(0.23)	(1.26)	(-0.32)	(0.59)				
1981	$-.157$	.041	.040	.010	.001	.05	1.16	0.25	1.82
	(-1.23)	(1.77)**	(0.60)	(0.69)	(0.03)				
Mean[†]	$-.030$	.092	.018	.015	.001				
t-statistic	(-0.60)	(1.98)**	(0.40)	(1.81)*	(0.71)				

† Values in this row are the means of the ten yearly coefficients above. Significance levels are for one-tailed cross-temporal t-tests with nine degrees of freedom — except for the intercept which uses a two-tailed test.

  * Significant at the .10 level.
 ** Significant at the .05 level.
*** Significant at the .01 level.

출처 : Bowen, Burgstahler, and Daley (1987), p.744.

Jennings(1990)는 Rayburn(1986)과 Bowen, Burgstahler, and Daley(1987)의 결과를 직접 비교하기 위하여 식(3-33)을 Rayburn(1986)의 모형과 유사하게 다음과 같이 전환하고 각 회귀계수간 동일성을 분석하였다.

$$CSUR_{it} = \gamma_0 + \gamma_1 UCFO_{it} + \gamma_2 UCA_{it} + \gamma_3 UNCA_{it} + \gamma_4 UINV_{it} + e_{it} \quad (3\text{-}34)$$

단, $CSUR_{it} = i$기업의 t기 초과주식수익률
$\quad UCFO_{it} = i$기업의 t기 비기대영업현금흐름
$\quad UCA_{it} = i$기업의 t기 비기대유동발생액
$\quad UNCA_{it} = i$기업의 t기 비기대비유동발생액
$\quad UINV_{it} = i$기업의 t기 비기대순투자액

식 (3-33)과 (3-34)에 포함된 변수간의 관계와 회귀계수간의 관계는 다음과 같다.

$$UE = UWCFO + UNCA = UCFO + UCA + UNCA$$
$$\&\ \ UCFAI = UCFO + UINV$$
$$\gamma_1 = \beta_1 + \beta_2 + \beta_3 + \beta_4$$
$$\gamma_2 = \beta_1 + \beta_2$$
$$\gamma_3 = \beta_1$$
$$\gamma_4 = \beta_4$$

식(3-33)의 결과를 식(3-34)의 형태로 전환하여 분석한 결과 Jennings(1990)는 비기대영업현금흐름의 회귀계수(γ_1)만이 10% 수준에서 다른 회귀계수와 유의하게 다를 뿐 나머지 회귀계수간에는 유의한 차이가 없었다. 이는 주식시장참여자들이 비기대영업현금흐름에 대하여 약하지만 상대적으로 우호적인 평가를 내린다는 것을 뜻한다.

5. Dechow (1994)

Dechow(1994)는 발생주의 회계이익에서 발생액의 역할에 주목하였다. 발생주의는 현금주의에 비하여 손익귀속시기와 수익비용대응 문제를 완화시키는 역할을 한다.[14] 발생주의는 현금주의보다 회계논리상 우월한 것으로 보이는데 이를 주식시장참여자들도 유사하게 평가하는지를 분석하였다. 이를 위하여 발생주의 성과측정치인 회계이익과 현금주의 성과측정치인 영업현금흐름의 상대정보효과를 다음과 같이 비교하였다.

$$R_{it} = \alpha + \beta X_{it} + \epsilon_{it} \tag{3-35}$$

단, $R_{it} = i$기업의 t기 시장조정초과주식수익률
　　$X_{it} = i$기업의 t기 성과측정치(기초주가로 나눈 주당순이익 또는 주당영업현금흐름)

위 식의 독립변수로 순이익 또는 영업현금흐름을 각각 개별적으로 포함시켰을 때 모형설명력을 비교하였다.

Table 16에 보고된 결과에 따르면 순이익의 주가설명력이 영업현금흐름 또는 순현금흐름의 주가설명력에 비하여 컸다. 분기자료를 이용한 결과는 순이익의 주가설명력이 3.24%, 영업현금흐름의 주가설명력이 0.01%이고, 연차자료를 이용한 결과는 순이익의 주가설명력이 16.20%, 영업현금흐름의 주가설명력이 3.18%이었으며, 4년치 자료를 이용한 결과는 순이익의 주가설명력이 40.26%, 영업현금흐름의 주가설명력이 10.88%이었다. 즉, 주식시장참여자들은 영업현금흐름보다 순이익을 더 높이 평가하지만, 그러한 순이익의 상대적 우위는 변수의 측정기간이 늘어남에 따라 줄어들고 있다는 것을 알 수 있다.

---

14) 이에 관해서는 제6절 1. 발생주의와 현금주의에서 상세히 설명하였다.

TABLE 16 Tests comparing the association of earnings and the association of cash flows with stock returns(adjusted for market−wide movements) over varying measurement intervals ; $R_{it} = \alpha + \beta X_{it} + \epsilon_{it}$

	Independent variable (X)		
	Earnings (E)	Cash from operations (CFO)	Net cash flows (NCF)
Quarterly			
Intercept	−0.013	−0.008	−0.007
(t-statistic)	(10.40)	(−5.75)	(−5.51)
Coefficient	0.742	0.022	0.036
(t-statistic)	(25.71)	(1.70)	(1.61)
Adj. R^2(%)	3.24	0.01	0.01
		$R^2_{CFO}/R^2_E=0.003$	$R^2_{NCF}/R^2_E=0.003$
Annual			
Intercept	−0.084	−0.017	0.018
(t-statistic)	(−29.58)	(−5.87)	(6.86)
Coefficient	1.297	0.328	0.614
(t-statistic)	(72.65)	(29.98)	(26.31)
Adj. R^2(%)	16.20	3.18	2.47
		$R^2_{CFO}/R^2_E=0.20$	$R^2_{NCF}/R^2_E=0.15$
Four-year			
Intercept	−0.510	−0.199	0.081
(t-statistic)	(−29.42)	(−9.19)	(4.76)
Coefficient	1.686	0.675	1.56
(t-statistic)	(59.06)	(25.16)	(18.40)
Adj. R^2(%)	40.26	10.88	6.12
		$R^2_{CFO}/R^2_E=0.27$	$R^2_{NCF}/R^2_E=0.15$

Reported parameter estimates are from pooled regressions. R_{it} is the stock return adjusted for the CRSP value-weighted index for firm t calculated over the time interval t, where t is equal to one quarter, one year, or four years. E is earnings per share, CFO is cash from operations per share, and NCF is net cash flows per share. All variables are scaled by beginning-of-period price. The four-year values are the cumulated one-year values per share (after adjusting for the number of common shares outstanding) scaled by beginning-of-period price. The total number of observations is 19,733 for quarterly, 27,308 for annual, and 5,175 for four-year. Observations for the quarterly interval are from 1980 to 1989, the annual intervals from 1960 to 1989, and for the four-year interval from 1964 to 1989.
출처 : Dechow (1994), p.22.

6. Dechow, Kothari, and Watts (1998)

Dechow, Kothari, and Watts(1998)는 Dechow(1994)가 분석하였던 회계이익의 주요 구성요소인 영업현금흐름과 발생액 간 관계를 몇 가지 가정을 도입하여 모형화하였다. 이를 통하여 이익구성요소의 시계열 속성과 이들과 미래영업현금흐름의 관련성을 체계적으로 설명하였다.

    Dechow, Kothari, and Watts(1998)가 이익구성요소간 관계를 모형화하기 위하여 도입한 가정은 다음과 같다.

(1) 매출(S_t)은 랜덤워크과정을 따른다. 즉, $S_t = S_{t-1} + \epsilon_t$. 단, $\sigma^2(\epsilon_t) = \sigma^2$ & $\sigma(\epsilon_t,\ \epsilon_{t-1}) = 0$

(2) 매출채권(AR_t)은 매출에 비례한다. 즉, $AR_t = \alpha S_t$. 단, α는 외상매출 미회수율.

(3) 비용에는 매출에 비례하는 매출원가($COGS_t$)만 있다. 즉, $COGS_t = (1-\pi)S_t$. 단, π는 매출액순이익률.

(4) 재고자산(INV_t)은 목표재고와 편차로 구성되는데, 목표재고(target inventory)는 차기의 예상매출원가에 비례(γ_1)하고, 편차(deviation)는 목표수준에 맞추어 조정하는 속도(γ_2)와 관계있다. 즉, $INV_t = \gamma_1(1-\pi)S_t - \gamma_2\gamma_1(1-\pi)\epsilon_t$.[15] 재고매입액($P_t$)은 매출원가($COGS_t$)와 재고자산변화($\Delta INV_t$)의 합이므로 다음과 같다.
$$P_t = (1-\pi)S_t + \gamma_1(1-\pi)\epsilon_t - \gamma_1\gamma_2(1-\pi)\Delta\epsilon_t$$

(5) 매입채무(AP_t)는 재고매입액에 비례(β)한다. 즉,
$$AP_t = \beta P_t = \beta[(1-\pi)S_t + \gamma_1(1-\pi)\epsilon_t - \gamma_1\gamma_2(1-\pi)\Delta\epsilon_t].$$ 단, β는 외상매입의 미지급률.

---

15) 편차는 다음과 같다.
$$\gamma_2\gamma_1(1-\pi)[S_t - E_{t-1}(S_t)] = \gamma_2\gamma_1(1-\pi)[S_t - S_{t-1}] = \gamma_2\gamma_1(1-\pi)\epsilon_t$$
만일 $\gamma_2 = 0$이면 재고조정은 없다는 것을 의미한다.

위의 가정을 토대로 발생액(AC_t)과 영업현금흐름(CF_t)을 표시하면 다음과 같다.

$$AC_t = \Delta AR_t + \Delta INV_t - \Delta AP_t$$
$$= [\alpha + (1-\pi)\gamma_1 - \beta(1-\pi)]\epsilon_t - \gamma_1(1-\pi)[\beta + \gamma_2(1-\beta)]\Delta\epsilon_t$$
$$\quad - \beta\gamma_1\gamma_2(1-\pi)\Delta\epsilon_{t-1}$$
$$CF_t = E_t - AC_t = E_t - [\Delta AR_t + \Delta INV_t - \Delta AP_t]$$
$$= \pi S_t - [\alpha + (1-\pi)\gamma_1 - \beta(1-\pi)]\epsilon_t + \gamma_1(1-\pi)[\beta + \gamma_2(1-\beta)]\Delta\epsilon_t$$
$$\quad + \beta\gamma_1\gamma_2(1-\pi)\Delta\epsilon_{t-1}$$

위에서 $\gamma_1(1-\pi)[\beta + \gamma_2(1-\beta)]\Delta\epsilon_t$과 $\beta\gamma_1\gamma_2(1-\pi)\Delta\epsilon_{t-1}$은 목표재고의 조정 및 신용조건과 관련 있는 일시적 영업현금흐름 요소에 해당하는데, 실증적으로는 0에 가까울 것이므로 이들 두 항을 무시해도 큰 지장이 없다. 이들 두 항을 무시하고 발생액과 영업현금흐름을 표시하면 다음과 같다.

$$AC_t = [\alpha + (1-\pi)\gamma_1 - \beta(1-\pi)]\epsilon_t$$
$$CF_t = \pi S_t - [\alpha + (1-\pi)\gamma_1 - \beta(1-\pi)]\epsilon_t$$

이때 $[\alpha + (1-\pi)\gamma_1 - \beta(1-\pi)]\epsilon_t$의 각 항은 순서대로 매출채권회수기간 ($\alpha = AR_t/S_t$)에 재고자산보유기간($(1-\pi)\gamma_1 = INV_t/COGS_t$)을 가산하고 매입채무지급기간($\beta(1-\pi) = AP_t/P_t$)을 차감한 영업주기($\delta$)에 해당한다. 즉, $AC_t = \delta\epsilon_t$ & $CF_t = \pi S_t - \delta\epsilon_t$. 단, δ는 영업주기.

이상의 모형으로부터 영업현금흐름 및 발생액의 자기상관계수와 미래 영업현금흐름의 관계를 살펴보면 다음과 같다.

(1) 영업현금흐름변화와 발생액변화 간 상관계수 :

$$\rho(\Delta CF_t, \Delta AC_t) = \rho(\pi\epsilon_t - \delta\Delta\epsilon_t, \delta\Delta\epsilon_t) = \frac{\delta(\pi - 2\delta)}{\sqrt{2(\pi^2 + 2\delta^2 - 2\pi\delta)}}$$

영업현금흐름변화와 발생액변화 간 상관관계는 음(−)으로 예상된다. 그 이유는 통상 매출액순이익률(π)이 영업주기(2δ)보다 작기 때문이다.

(2) 영업현금흐름변화(ΔCF_t)의 자기상관계수 :

$$\rho(\Delta CF_t, \Delta CF_{t-1}) = \rho(\pi\epsilon_t - \delta\Delta\epsilon_t,\ \pi\epsilon_{t-1} - \delta\Delta\epsilon_{t-1})$$

$$= \frac{\delta(\pi - \delta)}{(\pi^2 + 2\delta^2 - 2\pi\delta)}$$

영업현금흐름변화의 시계열 속성은 매출액순이익률(π)과 영업주기(δ)에 의하여 결정된다. 즉, 매출액순이익률이 클수록 영업현금흐름변화의 자기상관계수는 커지는 반면에 영업주기가 길수록 영업현금흐름변화의 자기상관계수는 작아진다.

(3) 발생액변화(ΔAC_t)의 자기상관계수 :

$$\rho(\Delta AC_t, \Delta AC_{t-1}) = \rho(\delta\pi\Delta\epsilon_t,\ \delta\Delta\epsilon_{t-1}) = \frac{-\delta^2\sigma^2}{2\delta^2\sigma^2} = -0.5$$

발생액변화는 매출액순이익률이나 영업주기에 관계없이 평균회귀과정(mean reversion)을 따른다는 것을 의미한다.

(4) 당기이익과 당기영업현금흐름 및 미래영업현금흐름 간의 관계 :

$$CF_{t+1} - E_t = \pi S_{t+1} - \delta\epsilon_{t+1} - \pi S_t = (\pi - \delta)\epsilon_{t+1}$$

$$\sigma^2(CF_{t+1} - E_t) = (\pi - \delta)^2\sigma^2$$

$$CF_{t+1} - CF_t = \pi S_{t+1} - \delta\epsilon_{t+1} - \pi S_t + \delta\epsilon_t = (\pi - \delta)\epsilon_{t+1} + \delta\epsilon_t$$

$$\sigma^2(CF_{t+1} - CF_t) = [(\pi - \delta)^2 + \delta^2]\sigma^2$$

위의 비교를 살펴보면 당기이익과 당기영업현금흐름 중에서 어느 것이 미래영업현금흐름 예측에 유용한지를 알 수 있다. 예측오차의 기대치는 두 경우에 모두 0으로 같지만, 예측오차의 분산은 당기영업현금흐름의 예측오차 분산이 $\delta^2\sigma^2$만큼 더 크다. 따라서 미래영업현금흐름을 예측하는 데 당기이익이 더 우월하다고 할 수 있다.

보론 **3-A** | 측정오차와 회귀계수의 편의

변수의 측정오차가 전혀 없다고 가정할 때 종속변수(y_t)와 독립변수(x_t) 간의 관계는 다음과 같다.

$$y_t = \beta x_t + e_t \tag{3-A1}$$

단, $\sigma(x_t, e_t) = 0$

이때 회귀계수 β의 추정치 $b = \sigma(y_t, x_t)/\sigma^2(x_t) = \sigma(\beta x_t + e_t, x_t)/\sigma^2(x_t)$ $= \beta$이다. 즉, b는 β의 불편추정치이다.

1. 종속변수에 측정오차가 존재하는 경우

만일 종속변수(y_t)가 측정오차(u_t)를 포함하고 있다면 실제 측정한 종속변수는 $y_t^* = y_t + u_t$이다. 이를 위 식(3-A1)에 대입하면 $y_t = y_t^* - u_t = \beta x_t + e_t$ or $y_t^* = \beta x_t + u_t + e_t$로 표시할 수 있다. 이때 독립변수와 측정오차 간 상관관계가 없다면, 즉 $\sigma(x_t, u_t) = 0$이라면 회귀계수 추정치 b는 다음과 같이 계산되는데 β의 불편추정치로서 편의(bias)가 생기지 않는다는 것을 알 수 있다.

$$b = \sigma(y_t, x_t)/\sigma^2(x_t) = \sigma(\beta x_t + u_t + e_t, x_t)/\sigma^2(x_t) = \beta$$

즉, 종속변수의 측정오차가 독립변수와 상관관계가 없는 한 종속변수의 측정오차는 회귀계수에 영향을 미치지 않는다.

2. 독립변수에 측정오차가 존재하는 경우

만일 독립변수(x_t)에 측정오차(v_t)가 존재한다면 실제 측정한 독립변수는 $x_t^* = x_t + v_t$이다. 이를 위 식(3-A1)에 대입하면 $y_t = \beta x_t + e_t = \beta(x_t^* - v_t) + e_t$ $= \beta x_t^* + e_t - \beta v_t$로 표시할 수 있다. 이때 회귀계수 β의 추정치 b는 회귀식의 잔차와 측정오차 간 상관관계($\sigma(e_t, v_t)$) 및 독립변수와 측정오차 간 상관관계($\sigma(x_t, v_t)$)가 없다고 가정하더라도 다음과 같이 측정오차의 분산 비율만큼 하향편의(downward bias)가 생기게 된다.

$$b = \sigma(y_t, x_t^*)/\sigma^2(x_t^*) = \sigma(\beta x_t^* + e_t - \beta v_t, x_t^*)/\sigma^2(x_t + v_t)$$
$$= \beta + \sigma(e_t - \beta v_t, x_t + v_t)/\sigma^2(x_t + v_t)$$
$$= \beta - \beta \sigma^2(v_t)/\left\{\sigma^2(x_t) + \sigma^2(v_t)\right\} < \beta$$

즉, 독립변수의 측정오차는 회귀계수에 영향을 미친다.

이상의 논의를 요약하면 회귀식을 추정할 때 측정오차가 있는 변수를 종속변수로 함으로써 회귀계수의 편의를 줄일 수 있다. 이러한 이유로 선행연구에서는 역회귀식을 종종 사용하고 있다.

보론 3-B 역회귀식의 회귀계수

원래의 회귀식과 역회귀식의 회귀계수는 역의 관계에 있다. 다음의 두 회귀식을 보자. 식(3-B1)은 원래의 회귀식인 반면에 식(3-B2)는 역회귀식이다.

$$y_t = a_0 + a_1 x_t + u_t \qquad\qquad\qquad\qquad\qquad (3\text{-}B1)$$

$$x_t = b_0 + b_1 y_t + v_t \qquad\qquad\qquad\qquad\qquad (3\text{-}B2)$$

식(3-B1)에서 회귀계수는 $a_1 = \sigma(y_t,\ x_t)/\sigma^2(x_t)$이고, 식(3-B2)에서 회귀계수는 $b_1 = \sigma(y_t,\ x_t)/\sigma^2(y_t)$이므로 두 회귀계수간에는 다음의 관계가 성립한다.

$$a_1 \times b_1 = \frac{\{\sigma(y_t,\ x_t)\}^2}{\{\sigma(x_t) \times \sigma(y_t)\}^2} = (correlation\ coefficient)^2 = R^2 \qquad (3\text{-}B3)$$

즉, 두 회귀계수의 곱은 모형의 설명력과 같기 때문에 두 회귀계수는 역의 관계를 갖는다. 물론 아래에 보인 것처럼 두 모형의 설명력은 동일하다.

$$R^2(3\text{-}B1) = \frac{\sigma^2(y_t) - \sigma^2(u_t)}{\sigma^2(y_t)} = \frac{a_1^2 \sigma^2(x_t)}{\sigma^2(y_t)} = \frac{\{\sigma(y_t,\ x_t)\}^2}{\{\sigma(x_t) \times \sigma(y_t)\}^2}$$

$$R^2(3\text{-}B2) = \frac{\sigma^2(x_t) - \sigma^2(v_t)}{\sigma^2(x_t)} = \frac{b_1^2 \sigma^2(y_t)}{\sigma^2(x_t)} = \frac{\{\sigma(y_t,\ x_t)\}^2}{\{\sigma(x_t) \times \sigma(y_t)\}^2}$$

보론 3-C | Ohlson 모형의 도출과정

식(3-21a)는 식(3-20)에 (3-19a)를 대입하여 정리하면 구할 수 있다.

$$x_{t+1}^a = \omega x_t^a + \upsilon_t$$

$$x_{t+2}^a = \omega x_{t+1}^a + \upsilon_{t+1} = \omega(\omega x_t^a + \upsilon_t) + \gamma \upsilon_t = \omega^2 x_t^a + (\omega + \gamma)\upsilon_t$$

$$x_{t+3}^a = \omega x_{t+2}^a + \upsilon_{t+2} = \omega[\omega^2 x_t^a + (\omega+\gamma)\upsilon_t] + \gamma^2 \upsilon_t$$

$$= \omega^3 x_t^a + (\omega^2 + \omega\gamma + \gamma^2)\upsilon_t$$

$$P_t = y_t + \sum_{i=1}^n \frac{E_t[x_{t+i}^a]}{R_f^i} = y_t + \frac{x_{t+1}^a}{R_f} + \frac{x_{t+2}^a}{R_f^2} + \frac{x_{t+3}^a}{R_f^3} + \cdots$$

$$= y_t + \left[\frac{\omega x_t^a}{R_f} + \frac{\omega^2 x_t^a}{R_f^2} + \frac{\omega^3 x_t^a}{R_f^3} + \cdots\right]$$

$$+ \left[\frac{\upsilon_t}{R_f} + \frac{(\omega+\gamma)\upsilon_t}{R_f^2} + \frac{(\omega^2 + \omega\gamma + \gamma^2)\upsilon_t}{R_f^3} + \cdots\right]$$

$$= y_t + A + B$$

위에서 A와 B를 정리하면 다음과 같다.

$$A = \frac{\omega x_t^a}{R_f} + \frac{\omega^2 x_t^a}{R_f^2} + \frac{\omega^3 x_t^a}{R_f^3} + \cdots = \frac{\dfrac{\omega x_t^a}{R_f}}{1 - \dfrac{\omega}{R_f}} = \frac{\omega x_t^a}{R_f - \omega}$$

$$B = \frac{\upsilon_t}{R_f} + \frac{(\omega+\gamma)\upsilon_t}{R_f^2} + \frac{(\omega^2 + \omega\gamma + \gamma^2)\upsilon_t}{R_f^3} + \cdots$$

$$= \frac{\upsilon_t}{R_f} + \frac{(\omega+\gamma)\upsilon_t}{R_f^2} + \frac{(\omega^2 + \omega\gamma + \gamma^2)\upsilon_t}{R_f^3} + \cdots$$

$$= B_1 + B_2 + \cdots + B_k + \cdots$$

$$B_k = \frac{(\omega^{k-1} + \omega^{k-2}\gamma + \cdots + \omega\gamma^{k-2} + \gamma^{k-1})v_t}{R_f^k}$$

$$(\omega - \gamma)B_k = \frac{(\omega^k - \gamma^k)v_t}{R_f^k}$$

$$(\omega - \gamma)\sum_{k=1}^{\infty} B_k = \sum_{k=1}^{\infty} \frac{(\omega^k - \gamma^k)v_t}{R_f^k} = \frac{(\omega - \gamma)v_t}{R_f} + \frac{(\omega^2 - \gamma^2)v_t}{R_f^2} + \cdots$$

$$= \frac{\dfrac{\omega v_t}{R_f}}{1 - \dfrac{\omega}{R_f}} - \frac{\dfrac{\gamma v_t}{R_f}}{1 - \dfrac{\gamma}{R_f}} = \frac{\omega v_t}{R_f - \omega} - \frac{\gamma v_t}{R_f - \gamma}$$

$$= \frac{(\omega - \gamma)R_f v_t}{(R_f - \omega)(R_f - \gamma)}$$

$$B = \frac{R_f v_t}{(R_f - \omega)(R_f - \gamma)}$$

따라서

$$\begin{aligned} P_t &= y_t + A + B \\ &= y_t + \frac{\omega}{R_f - \omega}x_t^a + \frac{R_f}{(R_f - \omega)(R_f - \gamma)}v_t \end{aligned} \tag{3-21a}$$

그리고 식(3-21b)는 (3-21a)를 정리하여 구할 수 있다.

$$\begin{aligned} P_t &= y_t + \alpha_1 x_t^a + \alpha_2 v_t = y_t + \alpha_1(x_t - (R_f - 1)y_{t-1}) + \alpha_2 v_t \\ &= y_t + \alpha_1 x_t - \alpha_1(R_f - 1)(y_t + d_t - x_t) + \alpha_2 v_t \\ &= (\alpha_1 + \alpha_1(R_f - 1))x_t + (1 - \alpha_1(R_f - 1))y_t - \alpha_1(R_f - 1)d_t + \alpha_2 v_t \\ &= (\frac{k}{R_f - 1} + k)x_t + (1 - k)y_t - kd_t + \alpha_2 v_t \\ &= k((\frac{R_f}{R_f - 1})x_t - d_t) + (1 - k)y_t + \alpha_2 v_t \end{aligned} \tag{3-21b}$$

참고문헌

Ali, A. and P. Zarowin. 1992. The role of earnings levels in annual earnings-returns studies. *Journal of Accounting Research* 30 (2) : 286-296.

Ball, R. and P. Brown. 1968. An empirical evaluation of accounting income numbers. *Journal of Accounting Research* 6 (2) : 159-178.

Beaver, W. 1968. The information content of annual earnings announcements. *Journal of Accounting Research* 6 (supplement) : 67-92.

Beaver, W., R. Clarke, and W. Wright. 1979. The association between unsystematic security returns and the magnitude of earnings forecast error. *Journal of Accounting Research* 17 (2) : 316-340.

Beaver, W., R. Lambert, and D. Morse. 1980. The information content of security prices. *Journal of Accounting and Economics* 2 (1) : 3-28.

Beaver, W., R. Lambert, and S. Ryan. 1987. The information content of security prices: A second look. *Journal of Accounting and Economics* 9 (2) : 139-157.

Beaver, W. and D. Morse. 1978. What determines price-earnings ratios? *Financial Analysts Journal* 34 (4) : 65-76.

Bernard, V. and T. Stober. 1989. The nature and amount of information reflected in cash flows and accruals. *The Accounting Review*6 64 (4) : 624-652.

Biddle, G., G. Seow, and A. Siegel. 1995. Relative versus incremental information content. *Contemporary Accounting Research* 12 (1) : 1-23.

Bowen, R., D. Burgstahler, and L. Daley. 1987. The incremental information content of accrual versus cash flows. *Accounting Review* 62 (4) : 723-747.

Brown, P. and J. Kennelly. 1972. The informational content of quarterly earnings: An extension and some further evidence. *Journal of Business* 45 (3) : 403-415.

Collins, D.W. and S.P. Kothari. 1989. An analysis of intertemporal and cross-sectional determinants of earnings response coefficients. *Journal of Accounting and Economics* 11 (2-3) : 143-181.

Collins, D.W., E.L. Maydew, and I. S. Weiss. 1997. Changes in the value-relevance of earnings and book values over the past forty years. *Journal of Accounting and Economics* 24 (1) : 39-67.

Dechow, P.M. 1994. Accounting earnings and cash flows as measures of firm performance The role of accounting accruals. *Journal of Accounting and Economics* 18 (1) : 3-42.

Dechow, P.M., S.P. Kothari, and R.L. Watts. 1998. The relation between earnings and cash flows. *Journal of Accounting and Economics* 25 (2) : 133-168.

Easton, P. and T. Harris. 1991. Earnings as an explanatory variable for returns. *Journal of Accounting Research* 29 (1) : 19-36.

Easton, P. and M. Zmijewski. 1989. Cross-sectional variation in the stock market response to accounting earnings announcements. *Journal of Accounting and Economics* 11 (2-3) : 117-141.

Francis, J. and K. Schipper. 1999. Has financial statements lost their relevance? *Journal of Accounting Research* 37 (2) : 319-352.

Hagerman, R. L., M. E. Zmijewski, and P. Shah. 1984. The association between the magnitude of quarterly earnings forecast errors and risk-adjusted stock returns. *Journal of Accounting Research* 22 (2) : 526-540.

Jennings, R. 1990. A note on interpreting "incremental information content." *The Accounting Review* 65 (4) : 925-932.

Lo, K. and T. Lys. 2000. Bridging the gap between value relevance and information content. Working Paper. Available at SSRN: https://ssrn.com/abstract=253369.

Ohlson, J. 1995. Earnings, book values, and dividends in equity valuation. *Contemporary Accounting Research* 11 (2) : 661-687.

Ohlson, J. and P. Shroff. 1992. Changes versus levels in earnings as explanatory variables for returns : Some theoretical considerations. *Journal of Accounting Research* 30 (2) : 210-226.

Rayburn, J. 1986. The association of operating cash flow and accruals with security returns. *Journal of Accounting Research* 24 (Supplement) : 112-133.

Wilson, G. P. 1987. The incremental information content of the accrual and funds components of earnings after controlling for earnings. *The Accounting Review* 62 (2) : 293-322.

제 **4** 장

시장이상현상

시장효율성 가설(market efficiency hypothesis)은 주가가 특정시점에 이용가능한 모든 정보를 즉시 충분히 반영한다는 가설이다(Fama 1970). 이를 좀더 정확히 표현하면 주가는 특정정보를 충분히 반영하되 그 정보로부터 얻을 수 있는 효익이 그 정보를 얻는 데 필요한 비용을 초과하지 않는 수준까지 반영하는 것이다(Fama 1991). 시장이상현상(market anomalies)은 시장효율성 가설의 예상과 달리 주가가 특정시점에 이용가능한 정보에 대하여 지연반응하거나 불충분하게 반응하는 현상을 말한다. 선행연구에서 식별된 시장이상현상에는 여러 가지가 있지만 그중에서 회계정보와 직접 관련된 것은 이익공시 후 주가표류현상과 발생액시장이상현상이다.[1)]

시장이상현상을 분석하려면 주식시장에서 예상하지 못한 비기대회계정보에 대하여 반응하는 주식수익률이 정상수준을 초과하는지 여부를 정확히 측정해야 한다. 이를 위해서 회계정보와 주식수익률의 기대치를 반영하는 자산가격결정모형(capital asset pricing model)을 이용하여 비기대회계정보와 비정상주식수익률을 구해야 하는데 이러한 자산가격결정모형의 타당성 여부가 매우 중요한 이슈로 대두된다. 즉, 자산가격결정모형이 가격결정에 필수적인 위험요소(독립변수)를 적절히 반영하지 못함에 따라 정상주식수익률을 구하지 못한다면 그로부터 계산된 비정상주식수익률을 이용하여 특정정보에 대한 시장효율성 여부를 검증하는 것은 불완전할 가능성이 있다.

[1)] Fama and French(2008)는 선행연구에서 제기된 다양한 시장이상현상을 기업규모에 따라 비교분석한 결과를 제시하였다. 특히 극소규모(microcap) 주식이 숫자로는 전체 표본의 60%에 달하지만 시가총액은 겨우 3% 정도밖에 되지 않는다는 점을 제시하였다.

이익공시 후 주가표류현상

이익공시 후 주가표류현상(post earnings announcement drift)은 이익공시 후에
도 주가가 현재까지 움직이던 방향으로 일정기간 더 움직이는 현상이다.
시장효율성 가설에 의하면 이익이 공시될 때 주가는 주식시장참여자들의
예상을 벗어나는 비기대이익에 대하여 즉시 반응하고 더 이상 반응하지
않아야 한다.

이익공시 후 주가표류현상을 최초로 보고한 연구는 Ball and Brown
(1968)이다. Figure 1에 따르면 누적비정상수익률이 이익이 공시된 월에 가
장 크게 반응하지만 그 후에도 비기대이익의 부호와 일관된 방향으로 약
2개월간 더 표류하고 있다는 것을 알 수 있다.

1. Foster, Olsen, and Shevlin (1984)

Foster, Olsen, and Shevlin(1984)은 분기이익자료를 이용하여 이익공시 후 주
가표류현상을 분석하였다. 이에 필요한 예측오차(FE_i)를 이익에 기초한 두
가지와 주식수익률을 이용한 두 가지 모두 네 가지 방식으로 다음과 같이
계산하였다.

이익 기반 예측오차 :

$$\text{Model 1} : FE_i^1 = [Q_{i,t} - E(Q_{i,t})]/|Q_{i,t}| \tag{4-1}$$

$$\text{Model 2} : FE_i^2 = [Q_{i,t} - E(Q_{i,t})]/\sigma[Q_{i,t} - E(Q_{i,t})] \tag{4-2}$$

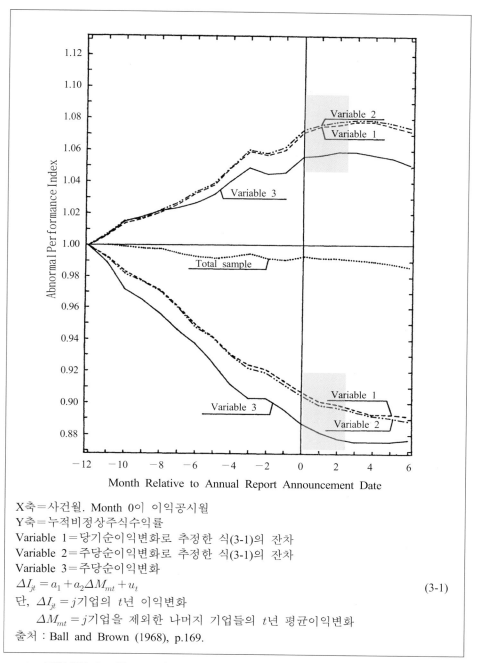

X축＝사건월. Month 0이 이익공시월
Y축＝누적비정상주식수익률
Variable 1＝당기순이익변화로 추정한 식(3-1)의 잔차
Variable 2＝주당순이익변화로 추정한 식(3-1)의 잔차
Variable 3＝주당순이익변화

$$\Delta I_{jt} = a_1 + a_2 \Delta M_{mt} + u_t \tag{3-1}$$

단, $\Delta I_{jt} = j$기업의 t년 이익변화

$\quad \Delta M_{mt} = j$기업을 제외한 나머지 기업들의 t년 평균이익변화

출처 : Ball and Brown (1968), p.169.

FIGURE 1 Abnormal Performance Indexes for Various Portfolios

주식수익률 기반 예측오차 :

$$\text{Model 3} : FE_i^3 = \Sigma_{t=-1,0}\, u_{i,t} / \sigma(u_{i,t}) \tag{4-3}$$

$$\text{Model 4} : FE_i^4 = [\Sigma_{t=-60,\,\cdots,\,0}\, u_{i,t} / 61] / \sigma(u_{i,t}) \tag{4-4}$$

단, $FE_i^m = i$기업의 m번째 예측오차

$Q_{i,t} = i$기업의 t분기 이익

$E(Q_{i,t}) = i$기업의 t분기 이익예측치

$u_{i,t} = i$기업의 t기 주식수익률에서 분기별 10분위수로 구분한 포트폴리오별 평균초과주식수익률

$\sigma(u_{i,t}) = $이익공시 사건기간 전 250일간($-251,\cdots,-2$) i기업의 주식수익률의 표준편차

식 (4-1)과 (4-2)에서는 이익예측치를 계산하기 위하여 두 가지 시계열 모형을 사용하였다. 하나는 $E(Q_{i,t}) = Q_{i,t-4} + \phi_i (Q_{i,t-1} - Q_{i,t-5}) + \delta_i$로 Foster(1977)에서 도출된 모형이고, 다른 하나는 계절성 랜덤워크 모형인 $E(Q_{i,t}) = Q_{i,t-4} + \delta_i$이다. 이때 1차차분변수($Q_{i,t-1} - Q_{i,t-5}$)의 자기회귀계수인 ϕ_i와 이익의 평균추세변화인 δ_i는 최근 20개 분기자료를 이용하여 추정하였다.

Foster, Olsen, and Shevlin(1984)은 예측오차의 크기에 따라 표본을 10분위로 나누고 각 분위에 속하는 포트폴리오별 초과주식수익률의 평균을 분석하였다. Table 1과 Figure 2에 제시된 결과를 요약하면 다음과 같다.

첫째, 이익공시기간에 반응한 대부분의 예측오차 포트폴리오의 평균 초과주식수익률이 유의할 뿐 아니라 예측오차의 부호 및 크기와 일관된 방향으로 움직였다.

둘째, 이익공시 후 기간(+1~+60)의 초과주식수익률은 이익 기반 예측오차로 구분한 포트폴리오(Model 1 & 2)에서는 유의한 반면에 주식수익률 기반 예측오차로 구분한 포트폴리오(Model 3 & 4)에서는 전혀 유의하지 않았다. 이러한 결과는 주식수익률에 기초한 예측오차가 더 바람직한 속성을 갖는다는 것을 뜻한다.

TABLE 1 Cumulative Average Residuals for Forecast Error Portfolios : All Observations Pooled[a]

Forecast Error Portfolio	Days[−1, 0]				Days[−60, 0]				Days[+1, +60]			
	Model 1	Model 2	Model 3	Model 4	Model 1	Model 2	Model 3	Model 4	Model 1	Model 2	Model 3	Model 4
1	−1.36*	−1.34*	−6.54*	−1.38*	−5.57*	−5.94*	−5.39*	−21.50*	−3.02*	−3.08*	0.04	0.17
2	−0.94*	−0.88*	−3.70*	−0.86*	−4.01*	−3.95*	−2.65*	−14.48*	−2.59*	−2.73*	0.40	0.47
3	−0.50*	−0.49*	−2.44*	−0.56*	−2.29*	−2.37*	−1.04*	−10.19*	−1.58*	−1.78*	0.06	0.42
4	−0.25*	−0.25*	−1.36*	−0.24*	−1.19*	−0.32*	−0.54*	−6.33*	−1.34*	−0.92*	−0.06	0.16
5	0.04	0.19	−0.50*	0.06	−0.18*	0.93	−0.25*	−2.55*	−0.48*	0.22	0.00	0.39
6	0.28	0.44*	0.34*	0.28	0.96*	1.51	0.92*	1.41	0.55*	0.79	0.14	−0.02
7	0.54*	0.73*	1.24*	0.52*	1.71*	2.38*	1.12*	5.52*	1.31*	1.32*	−0.02	0.07
8	0.90*	0.81*	2.38*	0.80*	3.41*	2.75*	1.99*	9.99*	2.46*	1.70*	0.03	−0.13
9	1.40*	1.03*	3.91*	1.18*	5.35*	3.78*	3.10*	15.20*	3.22*	2.21*	0.13	0.12
10	1.44*	1.26*	8.16*	1.65*	5.83*	4.83*	6.50*	26.73*	2.93*	3.23*	0.11	−0.37

Significance Testing

For Portfolio 1-5, * Indicates CAR<1st Percentile of Sample Distribution of $R_i - R_p$

For Portfolio 6-10, * Indicates CAR>99th Percentile of Sample Distribution of $R_i - R_p$

a. Model 1 forecast error $= (Q_{i,t} - E(Q_{i,t})) / \text{Abs}(Q_{i,t})$ where $E(Q_{i,t}) = Q_{i,t-4} + \phi_i(Q_{i,t-1} - Q_{i,t-5}) + \delta_i$.

Model 2 forecast error $= (Q_{i,t} - E(Q_{i,t})) / \sigma(Q_{i,t})$ where $E(Q_{i,t})$ as in Model 1.

Model 3 forecast error $= \sum_i \tilde{u}_{i,t} / \sigma(\tilde{u}_{i,t})$ where $\tilde{u}_{i,t} = \tilde{R}_{i,t} - \tilde{R}_{p,t}$; $t = -1$ to 0 ; $\tilde{R}_{p,t}$ = equally weighted mean daily return on the firm size decile that firm i falls into in the quarter examined ; $\sigma(\tilde{u}_{i,t})$ = standard deviation of the residual return estimated over 250 trading days prior to the [−1, 0] period.

Model 4 forecast error $= ((\sum_i \tilde{u}_{i,t} / 61) / \sigma(\tilde{u}_{i,t}))$ where $\tilde{u}_{i,t} = \tilde{R}_{i,t} - \tilde{R}_{p,t}$; $t = -60$ to 0 ; $\tilde{R}_{p,t}$ as in Model 3 ; $\sigma(\tilde{u}_{i,t})$ = standard deviation estimated over 250 trading days prior to the [−60, 0] period.

Residuals are calculated as $\tilde{u}_{i,t} = \tilde{R}_{i,t} - \tilde{R}_{p,t}$ where $\tilde{R}_{p,t}$ = equally weighted mean daily return on the firm size decile that firm i falls into the quarter examined.

출처 : Foster, Olsen, and Shevlin (1984), p.587.

Panel A : Model 1

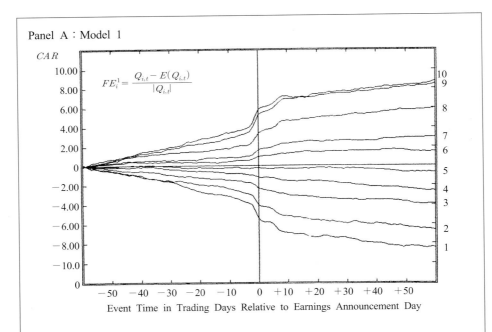

$$FE_i^1 = \frac{Q_{i,t} - E(Q_{i,t})}{|Q_{i,t}|}$$

Event Time in Trading Days Relative to Earnings Announcement Day

Panel B : Model 2

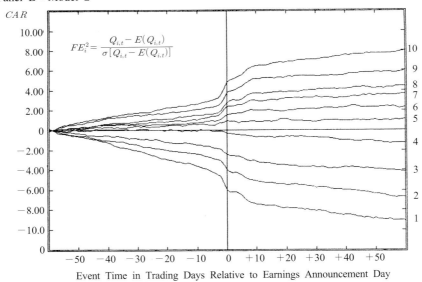

$$FE_i^2 = \frac{Q_{i,t} - E(Q_{i,t})}{\sigma[Q_{i,t} - E(Q_{i,t})]}$$

Event Time in Trading Days Relative to Earnings Announcement Day

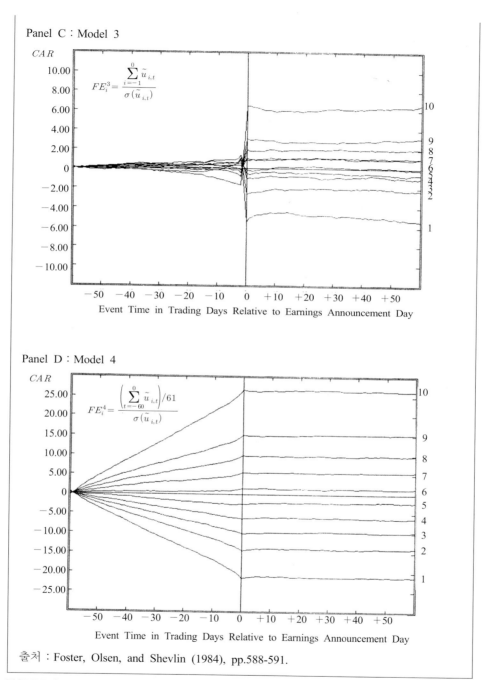

FIGURE 2 Behavior of CAR's over $[-60, +60]$ Trading Day Period Using $R_i - R_P$

또한 Foster, Olsen, and Shevlin(1984)은 예측오차의 크기가 이익공시 후 주가표류현상에 미치는 영향을 분석하기 위하여 다음의 회귀식을 추정하였다.

$$CAR_j = \alpha + \beta_1 FEP_j + \beta_2 FSQ_j + e_j \qquad (4\text{-}5)$$

단, CAR_j = j번째 포트폴리오의 누적초과주식수익률
$\quad FEP_j$ = j번째 포트폴리오의 예측오차의 10분위수(1∼10)
$\quad FSQ_j$ = j번째 포트폴리오의 기업규모의 5분위수(1∼5)

Table 2에 보고된 결과를 요약하면 다음과 같다.

첫째, 이익 기반 예측오차의 10분위수는 이익공시 후 기간의 누적초과주식수익률의 횡단면 변동의 84.2%(Model 1)와 81%(Model 2)를 설명하였다. 반면에 주식수익률 기반 예측오차(Model 3 & 4)의 10분위수는 이익공시 후 기간의 누적초과주식수익률과 유의한 관계를 보이지 않았다.

둘째, 기업규모의 5분위수는 이익공시 후 기간의 누적초과주식수익률의 횡단면 변동의 69.3%(Model 1)와 66.1%(Model 2)를 설명하였다.

셋째, 두 가지 변수를 동시에 포함한 분석에서는 이익공시 후 기간의 누적초과주식수익률의 횡단면 변동의 88.6%(Model 1)와 85%(Model 2)를 설명하였다.

이상의 결과는 이익공시 후 기간의 누적초과주식수익률을 설명하는 데 예측오차와 기업규모 중에서 예측오차의 역할이 상대적으로 더 크다는 것을 뜻한다.

TABLE 2 Regression Statistics for CAR_j as Dependent Variable and FEP_j and FSQ_j as Independent Variables[a]

	α	$t\cdot(\alpha)$	β_1	$t(\beta_1)$	β_2	$t(\beta_2)$	$ADJ\ R^2$
A. Model 1[b]							
[−1, 0]	−1.38	−17.23	0.27	20.96	—	—	.899
	1.37	9.13	—	—	−0.23	−9.49	.645
	−0.81	−4.28	0.23	12.53	−0.06	−3.28	.916
[−60, 0]	−6.30	−24.69	1.21	29.50	—	—	.947
	5.71	8.15	—	—	−0.97	−8.60	.598
	−5.14	−8.01	1.12	18.33	−0.12	−1.97	.950
[+1, +60]	−3.57	−14.22	0.65	16.20	—	—	.842
	3.31	9.46	—	—	−0.60	−10.56	.693
	−1.31	−2.39	0.48	9.11	−0.23	−4.44	.886
B. Model 2[b]							
[−1, 0]	−1.33	−10.82	0.26	13.32	—	—	.783
	1.47	9.65	—	—	−0.24	−9.98	.668
	−0.32	−1.15	0.18	6.94	−0.10	−3.92	.833
[−60, 0]	−5.71	−12.82	1.11	15.43	—	—	.829
	5.65	8.46	—	—	−0.96	−8.90	.615
	−3.01	−2.78	0.90	8.67	−0.28	−2.70	.849
[+1, +60]	−3.62	−12.65	0.67	14.48	—	—	.810
	3.38	8.85	—	—	−0.60	−9.83	.661
	−1.37	−2.08	0.49	7.82	−0.23	−3.70	.850
C. Model 3[b]							
[−1, 0]	−6.52	−15.29	1.21	17.57	—	—	.863
	5.50	7.20	—	—	−0.98	−7.95	.559
	−5.07	−4.65	1.09	10.50	−0.15	−1.44	.866
[−60, 0]	−4.90	−13.90	0.96	16.87	—	—	.853
	4.46	6.93	—	—	−0.74	−7.17	.507
	−4.46	−4.86	0.92	10.54	−0.04	−0.51	.850
[+1, +60]	0.08	0.58	−0.01	−0.22	—	—	.000
	0.04	0.28	—	—	0.01	0.12	.000
	0.11	0.29	−0.01	−0.20	−0.01	−0.08	.000
D. Model 4[b]							
[−1, 0]	−1.41	−11.73	0.28	14.28	—	—	.805
	1.45	8.63	—	—	−0.24	−8.99	.620
	−0.64	−2.21	0.22	7.82	−0.08	−2.89	.831
[−60, 0]	−25.32	−18.97	4.68	21.74	—	—	.906
	21.59	7.94	—	—	−3.85	−8.80	.609
	−18.22	−5.51	4.12	13.06	−0.73	−2.33	.914
[+1, +60]	0.30	1.60	−0.05	−1.55	—	—	.028
	−0.17	−0.87	—	—	−0.04	1.23	.010
	0.29	0.52	−0.04	−0.93	0.01	0.10	.008

a. Regression equation $\tilde{CAR}_j = \hat{\alpha} + \hat{\beta}_1 \cdot \tilde{FEP}_j + \hat{\beta}_2 \cdot \tilde{FSQ}_j + \tilde{e}_j$, where FEP_j=forecast error portfolio, FSQ=firm size quintile (see text for coding).

b. Model 1 forecast error $= (Q_{i,t} - E(Q_{i,t}))/\text{Abs}(Q_{i,t})$ where $E(Q_{i,t}) = Q_{i,t-4} + \phi_i(Q_{i,t-1} - Q_{i,t-5}) + \delta_i$.

Model 2 forecast error $= (Q_{i,t} - E(Q_{i,t}))/\sigma(Q_{i,t} - E(Q_{i,t}))$ where $E(Q_{i,t})$ as in Model 1.

Model 3 forecast error $= \sum_i \tilde{u}_{i,t}/\sigma(\tilde{u}_{i,t})$ where $\tilde{u}_{i,t} = \tilde{R}_{i,t} - \tilde{R}_{p,t}$; $t = -1$ to 0 ; $\tilde{R}_{p,t} =$ equally weighted mean daily return on the firm size decile that firm i falls into in the quarter examined ; $\sigma(\tilde{u}_{i,t}) =$ standard deviation of the residual return estimated over 250 trading days prior to the $[-1, 0]$ period.

Model 4 forecast error $= ((\sum_i \tilde{u}_{i,t}/61)/\sigma(\tilde{u}_{i,t})$ where $\tilde{u}_{i,t} = \tilde{R}_{i,t} - \tilde{R}_{p,t}$; $t = -60$ to 0 ; $\tilde{R}_{p,t}$ as in Model 3 ; $\sigma(\tilde{u}_{i,t}) =$ standard deviation estimated over 250 trading days prior to the $[-60, 0]$ period.

출처 : Foster, Olsen, and Shevlin (1984), p.597.

2. Bernard and Thomas (1990)

이익공시 후 주가표류현상이 시장효율성 가설에 반한다는 가장 유력한 증거는 Bernard and Thomas(1990)에 의하여 제시되었다. 특히 주식시장참여자들이 당기이익에 포함된 미래이익 정보를 적절히 반영하지 못한다는 점을 강조하였다.

Bernard and Thomas(1990)는 계절성 랜덤워크와 평균추세변화를 이용한 분기비기대이익을 최근 36개 분기비기대이익의 표준편차로 나눈 표준화비기대이익(standardized unexpected earnings : SUE)의 시계열 속성을 검토하였다. Table 3 Panel B에 보고된 것을 보면 Foster(1977)와 유사하게 1~3기 시차에서는 점차 감소하는 양(+)의 자기상관계수(0.34, 0.19, 0.06)가, 4기 시차에서는 음(−)의 자기상관계수(−0.24)가 관찰되었다.[2]

Bernard and Thomas(1990)는 만일 주식시장참여자들이 계절성 랜덤워크에 따른 이익예측에 기초하여 주가를 결정한다면 초과주식수익률의 시계열 패턴이 Table 3에 보고된 비기대이익의 시계열 패턴과 유사할 것이라는 가설을 검증하였다. 이를 위하여 표준화비기대이익의 크기에 따라

---

[2] 이러한 패턴은 Foster(1977)가 보고한 결과와 매우 유사하다. 제2장 Table 2 Panel A에 제시한 Foster(1977)의 결과에 따르면 계절성 랜덤워크($d=0$, $D=1$)에서 1~4기 시차의 자기상관계수는 0.445, 0.244, 0.128, −0.121이었다.

TABLE 3 Time-series behavior of quarterly earnings, 2,626 firms, 1974–1986.

Panel B : Autocorrelations in seasonally-differenced earnings and standardized unexpected earnings(SUE)[c]								
Lag	1	2	3	4	5	6	7	8
Mean of firm-specific autocorrelations								
Seasonally differenced earnings (as in panel A)	0.34	0.19	0.06	−0.24	−0.08	−0.07	−0.07	−0.06
SUEs	0.40	0.22	0.06	−0.21	−0.10	−0.09	−0.09	−0.08
SUE deciles	0.41	0.23	0.07	−0.18	−0.09	−0.09	−0.09	−0.08

a. Mean of firm-specific autocorrelations is calculated for each industry to obtain distribution of 37 autocorrelations at each lag. Only the 37 two-digit SIC industries that contain at least 20 members are represented here.
b. Small, medium, and large firms are in size deciles 1 to 4, 5 to 7, and 8 to 10, respectively, based on January 1 market values of equity for NYSE-AMEX firms.
c. SUEs are forecast errors from a seasonal random walk with trend, scaled by their standard deviation within the trend estimation period (up to 36 observations). SUE deciles are based on rankings within calender quarters.
출처 : Bernard and Thomas (1990), p.310.

표본을 10분위수로 구분하고 상하위 분위수에 속하는 두 집단의 이익공시 기간(−2~0) 초과주식수익률을 비교하였다. Table 4 Panel A에 제시된 결과에 따르면 호재(good news)집단의 초과주식수익률은 양(+)으로서 1~3기 시차에서 점차 감소하다가 4기 시차에서 음(−)으로 나타났다(순서대로 0.76, 0.44, 0.13, −0.22). 한편 악재(bad news)집단의 초과주식수익률은 3기 시차를 제외하고는 호재집단과 정반대의 패턴을 보였다. 즉, 1~2기 시차에서 점차 증가하는 음(−)의 초과주식수익률에서 3~4기 시차에서 양(+)의 초과주식수익률을 보였다(순서대로 −0.56, −0.26, 0.09, 0.43). 요약하면 초과주식수익률의 시계열 패턴이 표준화비기대이익의 시계열 패턴과 동일한 것을 알 수 있다.

　Bernard and Thomas(1990)는 이러한 결과가 주식시장참여자들이 주가를 결정할 때 매우 단순한 계절성 랜덤워크 이익예측모형에 기초하고 있으며, 그 결과 당기이익에 담겨 있는 미래이익 정보를 주가에 충분히 반영하지 못하기 때문이라고 해석하였다.

TABLE 4 Predictions of market reactions to future earnings announcements based on current earnings information, 2,463 firms, 1974–1986 (72,076 to 85,482 observations).[a]

Panel A : Three-day percentage abnormal return in quarter $t+k$, for portfolios based on earnings information from quarter t (t-statistics in parentheses)

Portfolio held (based on SUE decile of quarter t)	Holding period (relative to announcement for quarter $t+k$)	$t+1$	$t+2$	$t+3$	$t+4$	$t+5$	$t+6$	$t+7$	$t+8$
10(good news)	Three-day [−2, 0]	0.76	0.44	0.13	−0.22	−0.05	−0.04	0.01	−0.04
		(13.21)	(8.05)	(2.21)	(−4.11)	(−0.85)	(−0.76)	(0.21)	(−0.66)
1(bad news)	Three-day [−2, 0]	−0.56	−0.26	0.09	0.43	0.26	0.19	0.16	0.34
		(−8.04)	(−4.16)	(0.13)	(6.82)	(4.10)	(2.99)	(2.43)	(5.22)
Long in 10/short in 1	Three-day [−2, 0]	1.32	0.70	0.04	−0.66	−0.31	−0.23	−0.15	−0.38
		(14.63)	(8.46)	(0.45)	(−7.86)	(−3.68)	(−2.73)	(−1.70)	(−4.44)
	Alternative t-test[b]	(7.40)	(5.56)	(1.63)	(−3.38)	(−2.53)	(−2.01)	(−0.89)	(−1.73)

a. Standardized unexpected earnings (SUE) represent forecast errors from a seasonal random walk with drift, scaled by their estimation-period standard deviation. Earnings announcements are grouped into deciles, based on the distribution of SUE each calender quarter, to generate the SUE deciles used to form portfolios. Abnormal returns are the difference between daily returns for individual firms in the portfolio and returns for NYSE-AMEX firms of the same size decile.

b. Alternative t-test is conducted by calculating mean abnormal returns for each of 13 years, and dividing by the time-series standard error of that mean.

출처 : Bernard and Thomas (1990), p.316.

제 **2** 절 발생액시장이상현상

발생액시장이상현상(accrual anomaly)은 당기 발생액이 차기에 반전되는 시계열 속성에 따른 미래이익 정보를 주가에 적절히 반영하지 못하는 현상을 말한다. 발생액시장이상현상은 Sloan(1996)이 최초로 보고하였다.

1. Sloan (1996)

Sloan(1996)은 이익의 두 가지 구성요소인 영업현금흐름과 발생액의 미래이익에 대한 차별적 지속성을 주식시장참여자들이 주가에 적절히 반영하는지를 검증하였다. 먼저 시장효율성 가설에 의하면 특정시점에 이용가능한 정보집합에 대한 초과주식수익률의 기대치는 0이며, 새로운 정보로 인하여 시장의 예상을 벗어난 서프라이즈(surprise)에 대하여 반응하도록 되어 있다(식 4-6).

$$Abnormal\ Returns_{t+1} = r_{t+1} - E(r_{t+1}|\phi_t) = \beta(X_{t+1} - X_{t+1}^e) + \epsilon_{t+1}$$

$$(4\text{-}6)$$

단, $Abnormal\ Returns_t = t$기 초과주식수익률
  $r_{t+1} = t+1$기 주식수익률
  $E(r_{t+1}|\phi_t) = \phi_t$가 이용가능한 시점에 예상되는 $t+1$기 시장기대수익률
  $\phi_t = t$기말 이용가능한 정보집합
  $X_{t+1} = t+1$기 가치관련 정보
  $X_{t+1}^e = X_{t+1}$에 대한 합리적 예측치

위에서 $X_{t+1} - X_{t+1}^e$ 가 실제치와 기대치의 차이인 서프라이즈에 해당한다. 만일 위의 X를 순이익이라고 하면 식(4-6)은 Ball and Brown(1968)이 분석했던 것과 동일한 초과주식수익률과 비기대이익 간의 관계를 나타내

고, β는 이익반응계수에 해당한다.

　먼저 이익구성요소를 구분하지 않은 이익예측모형(식 4-7a)과 가격결정모형(식 4-7b)은 다음과 같다.

$$Earnings_{t+1} = \alpha_0 + \alpha_1 Earnings_t + v_{t+1} \tag{4-7a}$$

$$Abnormal\ Returns_{t+1} = \beta(Earnings_{t+1} - \alpha_0 - \alpha_1^* Earnings_t) \tag{4-7b}$$

단, $Earnings_t = t$기 순이익(평균총자산으로 나눔)
　　　$Abnormal\ Returns_t = t$기 규모조정 초과주식수익률

　식(4-7a)에서 α_1은 실제 자료로부터 추정된 당기이익과 차기이익 간의 지속성을 나타낸다. 식(4-7b)에서 α_1^*는 주식시장참여자들이 주가를 결정하는 과정에서 사용한 지속성 기대치이다. 시장효율성 가설에 의하면 식 (4-7a)와 (4-7b)에서 $\alpha_1 = \alpha_1^*$이 되어야 한다.

　다음으로 이익구성요소를 발생액과 영업현금흐름으로 구분한 이익예측모형(식 4-8a)과 가격결정모형(식 4-8b)은 다음과 같다.

$$Earnings_{t+1} = \gamma_0 + \gamma_1 Accruals_t + \gamma_2 Cashflows_t + v_{t+1} \tag{4-8a}$$

$$\begin{aligned} Abnormal\ Returns_{t+1} = \beta(Earnings_{t+1} &- \gamma_0 - \gamma_1^* Accruals_t \\ &- \gamma_2^* Cashflows_t) \end{aligned} \tag{4-8b}$$

단, $Earnings_t = t$기 순이익(평균총자산으로 나눔)
　　　$Accruals_t = t$기 발생액(평균총자산으로 나눔)
　　　$Cashflows_t = t$기 영업현금흐름(평균총자산으로 나눔)
　　　$Abnormal\ Returns_t = t$기 규모조정 초과주식수익률

　식(4-8a)에서 γ_1과 γ_2는 실제 자료로부터 추정된 당기이익구성요소와 차기이익 간의 지속성을 나타낸다. 식(4-8b)에서 γ_1^*와 γ_2^*는 주식시장참여자들이 주가를 결정하는 과정에서 사용한 지속성 기대치이다. 시장효율성 가설에 의하면 $\gamma_1 = \gamma_1^*$, $\gamma_2 = \gamma_2^*$이 되거나 식(4-8a)에서 관찰된 회귀계수의 크기와 일관된 방향으로 식(4-8b)의 회귀계수가 관찰되어야 한다. 만일

$\gamma_1 < \gamma_2$ 라면 $\gamma_1^* < \gamma_2^*$ 의 관계가 성립해야 한다.

Sloan(1996)은 위의 이익예측모형과 가격결정모형을 Mishkin(1983)이 사용한 동시반복 가중비선형 최소자승법(iterative weighted non-linear least squares)으로 추정하였다. 이때 카이스퀘어 분포를 따르는 다음의 우도비 통계량 (likelihood ratio statistic)을 이용하여 검증하였다.

$$\chi^2(q) \sim 2n \log(SSR^c / SSR^u) \qquad\qquad (4\text{-}9)$$

단, q=시장효율성에 의한 제약조건의 수

  n=관측치의 수

  SSR^c=제약조건(식 (4-7a) & (4-7b)에서는 $\alpha_1 = \alpha_1^*$, 식 (4-8a) & (4-8b)에서는 $\gamma_1 = \gamma_1^*$, $\gamma_2 = \gamma_2^*$)을 부여한 가중시스템 수식의 잔차자승합

  SSR^u=제약조건을 부여하지 않은 가중시스템수식의 잔차자승합

제약조건을 부여하여 추정한 회귀식의 잔차자승합(SSR^c)과 그렇지 않은 경우의 회귀식의 잔차자승합(SSR^u) 간의 차이가 클수록 시장이 효율적이라는 귀무가설($\alpha_1 = \alpha_1^*$ 또는 $\gamma_1 = \gamma_1^*$, $\gamma_2 = \gamma_2^*$)이 기각될 가능성이 커진다.

먼저 Table 5 Panel A에 보고된 식 (4-7a)와 (4-7b)를 추정한 결과를 보면 이익예측모형에서 당기이익의 회귀계수는 0.841이고, 주가결정모형에서 당기이익의 회귀계수는 0.840으로 나타났다. 우도비 검증에 따르면 두 회귀계수는 통계적으로 유의한 차이를 보이지 않았다. Panel B의 10분위수를 이용한 회귀분석의 결과도 이와 마찬가지라는 것을 알 수 있다. 이 결과는 당기이익과 차기이익 간 관계가 주가에 적절히 반영되고 있다는 것을 의미한다.

한편 Table 6 Panel A에 보고된 식 (4-8a)와 (4-8b)를 추정한 결과에 의하면 이익예측모형에서 당기 발생액과 영업현금흐름의 회귀계수는 각각 0.765와 0.855이고, 주가결정모형에서 당기 발생액과 영업현금흐름의 회귀계수는 각각 0.911과 0.826으로 나타났다. 우도비 검증에 따르면 이익예측모형의 두 회귀계수와 주가결정모형의 두 회귀계수는 통계적으로 유의한 차이를 보였다.

이러한 결과는 차기이익에 대한 당기 발생액의 지속성(0.765)이 영업
현금흐름의 지속성(0.855)보다 낮음에도 불구하고 주식시장참여자들은 이
와 반대로 당기 발생액의 낮은 지속성과 당기 영업현금흐름의 높은 지속
성을 주가에 적절히 반영하지 못하고 있다는 것을 의미한다.

TABLE 5 Results from Nonlinear Generalized Least Squares Estimation of the Stock
Price Reaction to Information in Current Earnings about Future Earnings
Sample Consists of 40,679 Firm—years between 1962 and 1991[a]

$$Earnings_{t+1} = \alpha_0 + \alpha_1 Earnings_t + \upsilon_{t+1}$$
$$Abnormal\ Returns_{t+1} = \beta(Earnings_{t+1} - \alpha_0 - \alpha_1^* Earnings_t) + \epsilon_{t+1}$$

Panel A : Regressions using actual values of financial statement variables		
Parameter	Estimate	Asymptotic standard error
α_1	0.841	0.003
α_1^*	0.840	0.009
β	1.920	0.032
Test of market efficiency :	$\alpha_1 = \alpha_1^*$	
Likelihood ratio statistic	0.007	
Marginal significance level	0.933	
Panel B : Regressions using decile rankings of financial statement variables		
Parameter	Estimate	Asymptotic standard error
α_1	0.783	0.003
α_1^*	0.775	0.009
β	0.082	0.001
Test of market efficiency :	$\alpha_1 = \alpha_1^*$	
Likelihood ratio statistic	0.783	
Marginal significance level	0.376	

a. The firm characteristics are computed as follows :
   Earnings=income from continuing operations divided by average total assets.
   Abnormal returns are computed by taking the raw buy-hold return, inclusive of dividends and
   any liquidating distributions and subtracting the buy-hold return on a size matched,
   value-weighted portfolio of firms. The size portfolios are based on market-value of equity
   deciles of NYSE and AMEX firms.
   The decile rankings and decile returns are supplied by CRSP.
   The return cumulation period begins four months after the fiscal year-end of the year in
   which the financial variables are measured.
출처 : Sloan (1996), p.304.

TABLE 6 Results from Nonlinear Generalized Least Squares Estimation of the Stock Price Reaction to Information in the Accrual and Cash Flow Components of Current Earnings about Future Earnings Sample Consists of 40,679 Firm–years between 1962 and 1991[a]

$$Earnings_{t+1} = \gamma_0 + \gamma_1 Accruals_t + \gamma_2 Cashflows_t + v_{t+1}$$

$$Abnormal\ Return_{t+1} = \beta(Earnings_{t+1} - \gamma_0 - \gamma_1^* Accruals_t - \gamma_2^* Cashflows_t) + e_{t+1}$$

Panel A : Regressions using actual values of financial statement variables

Parameter	Estimate	Asymptotic standard error
γ_1	0.765	0.004
γ_1^*	0.911	0.014
γ_2	0.855	0.003
γ_2^*	0.826	0.010
β	1.894	0.032

Test of market efficiency : $\gamma_1 = \gamma_1^*$ and $\gamma_2 = \gamma_2^*$
Likelihood ratio statistic 180.91
Marginal significance level 0.000

Panel B : Regressions using decile rankings of financial statement variables

Parameter	Estimate	Asymptotic standard error
γ_1	0.565	0.004
γ_1^*	0.675	0.014
γ_2	0.838	0.004
γ_2^*	0.747	0.014
β	0.063	0.001

Test of market efficiency : $\gamma_1 = \gamma_1^*$ and $\gamma_2 = \gamma_2^*$
Likelihood ratio statistic 203.75
Marginal significance level 0.000

a. The firm characteristics are computed as follows :
  Accruals＝the change in non-cash current assets, less the change in current liabilities (exclusive of short-term debt and taxes payable), less depreciation expense, all divided by average total assets.
  Earnings＝income from continuing operations divided by average total assets.
  Cash flows＝the difference between earnings and accruals (as defined above).
  Abnormal returns are computed by taking the raw buy-hold return, inclusive of dividends and any liquidating distributions and subtracting the buy-hold return on a size matched, value-weighted portfolio of firms. The size portfolios are based on market-value of equity deciles of NYSE and AMEX firms.
The decile rankings and decile returns are supplied by CRSP.
The return cumulation period begins four months after the fiscal year-end of the year in which the financial variables are measured.
출처 : Sloan (1996), p.305.

Sloan(1996)은 이상의 결과를 이용하여 초과수익을 얻을 수 있는지를 분석하였다. 이를 위하여 당기 발생액의 크기에 따라 10등분하고 최소분위 포트폴리오 주식을 매수하고 최대분위 포트폴리오 주식을 매도하는 헤지포트폴리오 투자전략에 의한 규모조정 초과주식수익률(size adjusted returns)을 계산하였다. Table 7에 보고된 결과에 의하면 $t+1$기초에 포트폴리오를 구성하여 1년간 보유했을 때의 규모조정 초과주식수익률은 최소분위 포트폴리오에서 4.9%, 최대분위 포트폴리오에서 -5.5%가 되어 헤지포트폴리오에서 10.4%가 획득되었다. 규모조정 초과주식수익률 대신에 Jensen alpha를 이용한 경우에도 유사한 결과를 보이고 있다.

TABLE 7 Time–series Means of Equal Weighted Portfolio Abnormal Stock Returns Sample Consists of 40,679 Firm–years Between 1962 and 1991[a]

Portfolio Accrual Ranking	Size Adjusted Returns[b]			Jensen Alphas[c]		
	year $t+1$	year $t+2$	year $t+3$	year $t+1$	year $t+2$	year $t+3$
Lowest	0.049	0.016	0.007	0.039	0.007	0.001
	(2.65)**	(1.17)	(0.55)	(2.01)*	(0.40)	(0.08)
2	0.028	0.019	0.006	0.020	0.022	0.012
	(3.60)**	(1.65)	(0.68)	(1.68)	(1.53)	(1.06)
3	0.024	0.012	-0.006	0.018	0.014	-0.006
	(3.84)**	(2.27)*	(-0.86)	(1.70)	(1.28)	(-0.72)
4	0.012	0.001	0.020	0.017	0.002	0.017
	(1.66)	(0.05)	(2.72)*	(2.09)*	(0.17)	(1.29)
5	0.001	0.002	0.006	0.010	0.004	0.014
	(0.03)	(0.22)	(0.86)	(0.87)	(0.38)	(1.12)
6	0.010	0.005	0.016	0.006	0.002	0.003
	(1.43)	(0.72)	(1.90)	(0.57)	(0.24)	(0.43)
7	-0.002	0.003	-0.006	0.004	0.006	0.005
	(-0.22)	(0.60)	(-0.83)	(0.39)	(0.97)	(0.56)
8	-0.021	-0.002	-0.001	0.011	-0.004	0.002
	(-3.03)**	(-0.31)	(-0.01)	(-1.17)	(-0.39)	(0.16)
9	-0.035	-0.018	-0.015	-0.028	-0.012	-0.012
	(-3.70)**	(-2.52)*	(-1.60)	(-3.04)**	(-1.36)	(-1.15)
Highest	-0.055	-0.032	-0.022	-0.064	-0.040	-0.036
	(-3.98)**	(-2.25)*	(-1.61)	(-4.68)**	(-2.87)**	(-2.47)*
Hedge[d]	0.104	0.048	0.029	0.104	0.048	0.038
	(4.71)**	(3.15)**	(1.64)	(4.42)**	(2.41)*	(1.62)

Portfolios are formed annually by assigning firms into deciles based on the magnitude of accruals in year t. The values in parentheses are t-statistics based on the time-series of the annual portfolio abnormal stock returns.

a. Accruals is the change in non-cash current assets, less the change in current liabilities (exclusive of short-term debt and taxes payable), less depreciation expense, all divided by average total assets.

b. The size-adjusted returns are computed by taking the raw buy-hold return, inclusive of dividends and any liquidating distributions and subtracting the buy-hold return on a size matched, value-weighted portfolio of firms. The size portfolios are based on market-value of equity deciles of NYSE and AMEX firms. The decile rankings and decile returns are supplied by CRSP. The return cumulation period begins four months after the fiscal year-end of the year in which the level of operating accruals is measured. The return cumulation period begins four months after the fiscal year-end.

c. The Jensen alpha is the estimated value of α from $(R_{pt} - R_{ft}) = \alpha_p + \beta_p(R_{mt} - R_{ft}) + \epsilon_{pt}$, where R_{pt} denotes the raw buy-hold return to portfolio p in year t, inclusive of dividends and liquidating distributions. R_{ft} is the risk free rate, measured using the contemporaneous annual T-bill yield. R_{mt} is the market return, estimated by cumulating CRSP monthly returns on the equal-weighted NYSE/AMEX index. The return cumulation period begins four months after the fiscal year-end.

d. The hedge portfolio consists of a long position in the lowest accrual portfolio and an offsetting short position in the highest accrual portfolio.

 * Denotes significance at the 0.05 level using a two-tailed t-test.
 ** Denotes significance at the 0.01 level using a two-tailed t-test.

출처 : Sloan (1996), p.307.

2. Xie (2001)

Xie(2001)는 발생액을 정상발생액(또는 비재량적 발생액)과 비정상발생액(또는 재량적 발생액)으로 구분하여 각 요소의 시장이상현상을 분석하였다. 이익조정문헌에 따르면 비정상발생(abnormal accruals)은 경영자의 기회주의적 재량권과 관련된 요소이기 때문에 발생액의 나머지 요소와 차별화된다는 것은 널리 알려져 있다. 이에 착안하여 Xie(2001)는 Sloan(1996)이 보고한 발생액시장이상현상이 비정상발생액과 관련 있는지를 살펴보았다.

Xie(2001)는 Sloan(1996)의 방법론을 준용하되 발생액을 정상발생액(normal accruals)과 비정상발생액(abnormal accruals)으로 구분하고, 다음과 같이 이익예측모형과 가치평가모형 회귀식을 추정하였다.

$$EARN_{t+1} = \gamma_0 + \gamma_1 CFO_t + \gamma_2 NAC_t + \gamma_3 ABNAC_t + v_{t+1} \tag{4-10a}$$

$$SIZEAJR_{t+1} = \alpha + \beta(EARN_{t+1} - \gamma_0 - \gamma_1^* CFOs_t - \gamma_2^* NAC_t$$
$$- \gamma_3^* ABNAC_t) + \epsilon_{t+1} \tag{4-10b}$$

단, $EARN_t = t$기 순이익(기초총자산으로 나눔)

$CFO_t = t$기 영업현금흐름(기초총자산으로 나눔)

$NAC_t = t$기 정상발생액(기초총자산으로 나눔), 즉 연도–산업별로 추정한 Jones (1991) 모형의 예측치

$ABNAC_t = t$기 비정상발생액(기초총자산으로 나눔), 즉 연도–산업별로 추정한 Jones(1991) 모형의 잔차

$SIZEAJR_t = t$기 규모조정 초과주식수익률

Table 8에 보고된 결과에 의하면 이익예측모형에서 차기이익에 대한 회귀계수는 영업현금흐름(0.73)이 가장 컸고, 정상발생액(0.70), 비정상발생액(0.57)의 순서로 나타났다. 반면에 가치평가모형에서는 정상발생액의 회귀계수(0.78)가 가장 컸고, 비정상발생액(0.69), 영업현금흐름(0.67)의 순서로 관찰되었다. 즉, Sloan(1996)과 유사하게 영업현금흐름에서는 과소평가가 나타났고, 정상발생액과 비정상발생액에서는 과대평가가 나타났다. 특히 비정상발생액의 과대평가가 상대적으로 더 심한 것을 알 수 있다.

TABLE 8 Nonlinear Generalized Least Squares Estimation (the Mishkin Test) of the Market Pricing of Cash from Operations, Normal Accruals, and Abnormal Accruals with Respect to Their Implications for One-Year-Ahead Earnings

Panel A : Market Pricing of Earnings Components with Respect to Their Implications for One-Year-Ahead Earnings

$$EARN_{t+1} = \gamma_0 + \gamma_1 CFO_t + \gamma_2 NAC_t + \gamma_3 ABNAC_t + \upsilon_{t+1} \tag{2}$$

$$SIZEAJR_{t+1} = \alpha + \beta(EARN_{t+1} - \gamma_0 - \gamma_1^* CFO_t - \gamma_2^* NAC_t - \gamma_3^* ABNAC_t) + \epsilon_{t+1} \tag{3}^a$$

Forecasting Coefficients			Valuation Coefficients		
Parameter	Estimate	Asymptotic Std. Error	Parameter	Estimate	Asymptotic Std. Error
$\gamma_1(CFO)$	0.73	0.004	$\gamma_1^*(CFO)$	0.67	0.013
$\gamma_2(NAC)$	0.70	0.007	$\gamma_2^*(NAC)$	0.78	0.024
$\gamma_3(ABNAC)$	0.57	0.005	$\gamma_3^*(ABNAC)$	0.69	0.018

Panel B : Tests of Rational Pricing of Earnings Components

Null Hypotheses	Likelihood Ratio Statistic	Marginal Significance Level
$CFO : \gamma_1^* = \gamma_1$	23.15[b]	<0.0001
$NAC : \gamma_2^* = \gamma_2$	11.62	<0.001
$ABNAC : \gamma_3^* = \gamma_3$	42.11	<0.0001
$NAC, ABNAC : \gamma_2^* = \gamma_3$ and $\gamma_2 = \gamma_3$	277.28	<0.0001
$CFO, NAC, ABNAC : \gamma_1^* = \gamma_1$ and $\gamma_2^* = \gamma_2$ and $\gamma_3^* = \gamma_3$	147.78	<0.0001

a. Equations (2) and (3) are jointly estimated using an iterative generalized nonlinear least squares estimation procedure based on 56,692 observations during 1971-1992. Due to missing values for the dependent variables, the number of observations used is 51,579.

b. $2NLn(SSR^c/SSR^u) = 2 \times 51,579 \times Ln(30,546.905/30,540.051) = 23.15$.

Variables definitions :

$EARN_t$ =income before extraordinary items(Compustat item #18) ;

CFO_t =cash from operations(Compustat item #308). For firms before 1988, $CFO_t = FFO_t$ (Compustat item #110) $- \Delta CA_t$(Compustat item #4) $+ \Delta CASH_t$(Compustat item #1) $+ \Delta CL_t$(Compustat item #5) $- \Delta STDEBT_t$(Compustat item #34) ;

$ACCR_t$ =total accruals= $EARN_t - CFO_t$;

$ABNAC_t$ =abnormal accruals=residual values of the Jones(1991) model estimated in cross-section for each two-digit SIC code and year combination ;

NAC_t =normal accruals=predicted values of the Jones(1991) model estimated in cross-section for each two-digit SIC code and year combination ;

$RETURN_t$ =buy-and-hold returns over a 12-month period ending three months after the fiscal year end ; and

$SIZEAJR_t$ =size-adjusted abnormal returns＝the difference between a firm's annual buy-and-hold returns and the buy-and-hold returns for the same 12-month period on the market-capitalization-based portfolio decile to which the firm belongs.

All variables except $RETURN_t$ and $SIZEAJR_t$ are deflated by beginning-of-year total assets(Compustat item #6).

c. Panel B reports mean (median) firm-specific contemporaneous correlations, based on 52,180 firm-year observations from the original sample. The reduction in observations is due to requiring at least five consecutive observations in a firm's time-series.

출처 : Xie (2001), p.363.

3. Fairfield, Whisenant, and Yohn (2003)

Fairfield, Whisenant, and Yohn(2003)은 발생액이 회계이익을 구성하는 요소인 동시에 순영업자산(net operating assets)의 구성요소라는 점에 주목하였다. 기업이 신규투자를 할 때 투자수익률이 높은 프로젝트에 먼저 투자하고, 추가로 투자가 진행되면서 투자수익률이 그보다 낮은 프로젝트에 투자함에 따라 한계수익률이 전반적으로 체감하는 결과를 초래한다. 또한 투자의 결과로 보유하고 있는 순영업자산에 대한 보수적인 회계처리로 인하여 순영업자산이 증가할수록 미래 수익성이 낮아지게 된다.

　　Fairfield, Whisenant, and Yohn(2003)은 발생액이 이익의 구성요소일 뿐 아니라 순영업자산의 구성요소이므로 Sloan(1996)이 발견한 발생액의 낮은 지속성이 무엇 때문에 관찰되는지는 명확하지 않다고 주장하였다. 이를 분석하기 위하여 순영업자산을 다음과 같이 발생액과 장기순영업자산(long-term net operating assets)으로 나누었다.

- 발생액(ACC)
  ＝운전자본변화($GrWC$)
  　－감가상각비와 무형자산상각비($DEPAMORT$)
- 운전자본변화($GrWC$)
  ＝매출채권변화(ΔAR)＋재고자산변화(ΔINV)

$+$기타유동자산변화$(\Delta OTHERCA) -$매입채무변화(ΔAP)

$-$기타유동부채변화$(\Delta OTHERCL)$

- 순영업자산변화$(GrNOA)$

$=$발생액$(ACC) +$장기순영업자산변화$(GrLTNOA)$

- 장기순영업자산변화$(GrLTNOA)$

$=$유형자산변화$(\Delta PPE) +$무형자산변화$(\Delta INTANG)$

$+$기타비유동자산$(\Delta OTHERLTA)$

$-$기타비유동부채$(\Delta OTHERLTL)$

그리고 이들의 차기이익에 대한 지속성과 초과주식수익률에 미치는 영향을 다음과 같이 이익예측모형과 가치평가모형을 추정하여 살펴보았다.

$$ROA_{t+1} = \beta_0 + \beta_1 GrLTNOA_t + \beta_2 ACC_t + \beta_3 ROA_t + e_{t+1} \tag{4-11a}$$

$$BHAR_{t+1} = \alpha + \theta(ROA_{t+1} - \beta_0 - \beta_1^* GrLTNOA_t - \beta_2^* ACC_t - \beta_3^* ROA_t)$$
$$+ \epsilon_{t+1} \tag{4-11b}$$

단, $ROA_t = t$기 총자산이익률(순이익을 평균총자산으로 나눔)

$GrLTNOA_t = t$기 장기순영업자산(평균총자산으로 나눔)

$ACC_t = t$기 발생액(평균총자산으로 나눔)

$BHAR_t = t$기 규모조정 초과주식수익률

위의 식을 추정한 결과를 보고한 Table 9 Panel A에 따르면 이익예측모형에서 당기 총자산이익률(ROA_t)을 통제한 후 장기순영업자산$(GrLTNOA_t)$과 발생액(ACC_t)의 회귀계수는 각각 -0.04와 -0.06이었다.

또한 가치평가모형에서 당기 총자산이익률(ROA_t)을 통제한 후 장기순영업자산$(GrLTNOA_t)$과 발생액(ACC_t)의 회귀계수는 각각 0.03과 0.05이었다. 이익예측모형의 회귀계수와 가치평가모형의 회귀계수 간 비교에 의하면 장기순영업자산$(-0.04$ 대 $0.03)$과 발생액$(-0.06$ 대 $0.05)$ 모두 유의하게 과대평가되는 것으로 나타났다. 그러나 각 모형 내에서 두 변수의

TABLE 9 Nonlinear Generalized Least Squares Estimation (the Mishkin Test) of the Market Pricing of Growth in Net Operating Assets and ROA with Respect to Their Implications for One–Year–Ahead ROA (tests of H2)

Forecasting Equation :

$$ROA_{t+1} = \beta_0 + \beta_1 GrLTNOA_t + \beta_2 ACC_t + \beta_3 ROA_t + e_{t+1} \qquad (4\text{-}11a)$$

Valuation Equation :

$$BHAR_{t+1} = \alpha + \theta(ROA_{t+1} - \beta_0 - \beta_1^* GrLTNOA_t - \beta_2^* ACC_t - \beta_3^* ROA_t) + \epsilon_{t+1} \qquad (4\text{-}11b)$$

Panel A : Market Pricing of Growth in Net Operating Assets and ROA with Respect to Their Implications for One-Year-Ahead ROA

Forecasting Coefficients			Valuation Coefficients		
Parameter (variable)	Estimate	Asymptotic Std. Error	Parameter (variable)	Estimate	Asymptotic Std. Error
$\beta_1(GrLTNOA)$	-0.04	0.003	$\beta_1^*(GrLTNOA)$	0.03	0.009
$\beta_2(ACC)$	-0.06	0.004	$\beta_2^*(ACC)$	0.05	0.011
$\beta_3(ROA)$	0.79	0.004	$\beta_3^*(ROA)$	0.73	0.011

Panel B : Tests of Rational Pricing of Current $GrLTNOA$, ACC, and ROA

Null Hypotheses	Likelihood Ratio Statistic[b]	Marginal Significance Level
$GrLTNOA, ACC, ROA$: $\beta_1^*=\beta_1$ and $\beta_2^*=\beta_2$ and $\beta_3^*=\beta_3$	143.41	<0.001
$GrLTNOA$: $\beta_1^*=\beta_1$	14.55	<0.001
ACC : $\beta_2^*=\beta_2$	75.01	<0.001
ROA : $\beta_3^*=\beta_3$	67.41	<0.001
$GrLTNOA, ACC$: $\beta_1^*=\beta_2^*$ and $\beta_1=\beta_2$	1.72	0.423

∗ Number of observations=32,961 firm-years from 1964 to 1993. The variables are defined as :

ROA_{t+1} = return on assets, defined as operating income after depreciation and amortization at time $t+1$ divided by average total assets at time $t+1$;

ROA_t = return on assets, defined as operating income after depreciation and amortization at time t divided by average total assets at time t ;

ACC_t = accruals, defined as the change in current operating assets minus the change in current operating liabilities (exclusive of tax liabilities) minus depreciation and amortization expense, divided by average total assets ;

CFO_t = cash flows from operations, defined as ROA minus ACC ;

$GrNOA_t$ = the one-year growth in net operating assets, where net operating assets equals operating assets minus operating liabilities, divided by average total assets ;

$GrWC_t$ = the one-year growth in noncash working capital, where working capital is defined as current operating assets minus current operating liabilities, divided by average total assets ;

$DEPAMORT_t$ = current period depreciation and amortization expense (shown as a negative value), divided by average total assets ; and

$GrLTNOA_t =$ one-year growth in long-term net operating assets, divided by average total assets.

a. Equations (2) and (3) are jointly estimated using an iterative generalized nonlinear least squares estimation procedure based on 32,961 firm-years from 1964 to 1993.

b. The likelihood ratio statistics for the full model $[2n \log(SSR^c/SSR^u)] = 2 \times 32,961 \times \mathrm{Ln}$ $(13,007.848/12,979.580) = 143.41$

출처 : Fairfield, Whisenant, and Yohn (2003), p.365.

회귀계수간 차이(이익예측모형 : -0.04 대 -0.06 ; 가치평가모형 : 0.03 대 0.05)는 유의하지 않았다.

이러한 결과는 Sloan이 보고한 발생액시장이상현상은 그보다 더 일반적인 성장 관련 시장이상현상의 특수한 사례라고 해석하였다.

4. Kraft, Leone, and Wasley (2007)

Sloan(1996) 이후 발생액시장이상현상을 분석한 연구의 대부분은 Mishkin (1983)이 사용한 동시반복 일반화비선형 최소자승법(iterative generalized non-linear least squares), 소위 Mishkin 검정을 주된 방법론으로 사용하였다. 그러나 Kraft, Leone, and Wasley(2007)는 Mishkin 검정이 생략변수문제 (omitted variable problem)를 안고 있으며, 그에 기초한 편의로 인하여 귀무가설을 잘못 기각할 수 있다는 점을 지적하였다.

Kraft, Leone, and Wasley(2007)는 다음의 식을 이용하여 생략변수문제를 설명하였다.

$$Earnings_{t+1} = \gamma_0 + \gamma_1 ACC_t + \gamma_2 CFO_t + \gamma_3 Z_t + v_{t+1} \tag{4-12a}$$

$$R_{t+1} = \beta(Earnings_{t+1} - \gamma_0^* - \gamma_1^* ACC_t - \gamma_2^* CFO_t - \gamma_3 Z_t) + \epsilon_{t+1} \tag{4-12b}$$

단, $Earnings_t = t$기 순이익(총자산으로 나눔)

$ACC_t = t$기 발생액(총자산으로 나눔)

$CFO_t = t$기 영업현금흐름(총자산으로 나눔)

$Z_t = t$기 발생액과 상관관계를 갖는 생략변수

$R_t = t$회계연도 종료 후 4개월 후부터 12개월간 누적시킨 주식수익률

위 식을 추정할 때 Z_t를 생략하면 회귀계수 γ_1, γ_1^*는 편의를 갖는데 이를 무시하고 Mishkin 검정을 수행하면 두 회귀식간 발생액 회귀계수의 차이($c_1^* - c_1$)는 생략변수 Z_t에 대한 가격결정오류가 없을 때(즉, $\gamma_3^* = \gamma_3$)에만 의미를 갖는다. Z_t와 ACC_t 간에 다음의 관계가 있다고 하자.

$$Z_t = b_{30} + b_{31} ACC_t + e_t \tag{4-13}$$

이를 식 (4-12a)와 (4-12b)에 대입하여 정리하면 회귀계수간 관계를 다음과 같이 표시할 수 있다.

$$c_1 = \gamma_1 + b_{31}\gamma_3$$
$$c_1^* = \gamma_1^* + b_{31}\gamma_3^*$$
$$c_1^* - c_1 = (\gamma_1^* - \gamma_1) + b_{31}(\gamma_3^* - \gamma_3)$$

위 관계를 살펴보면 이익예측모형(식 4-12a)과 가격결정모형(식 4-12b)의 회귀계수의 차이가 가설대로 발생액에 대한 가격결정오류($\gamma_1^* \neq \gamma_1$) 때문인지, 아니면 생략변수에 대한 가격결정오류($\gamma_3^* \neq \gamma_3$) 때문인지를 식별할 수 없다.

이러한 문제를 확인하기 위하여 식 (4-12a)와 (4-12b)에 생략변수의 역할을 할 것으로 예상되는 변수를 추가하고 회귀식을 추정한 결과를 Table 10에 보고하였다. 먼저 Panel A에 제시된 이익예측모형에서 $\gamma_1 = 0.53$이고, 가격결정모형에서 $\gamma_1^* = 0.62$이며, 두 회귀계수간 차이는 10% 미만의 수준에서 유의하였다. 또한 주가가 \$5 이상인 집단만을 대상으로 한 분석결과를 보면 이익예측모형에서 $\gamma_1 = 0.59$이고, 가격결정모형에서 $\gamma_1^* = 0.66$이며, 두 회귀계수간 차이는 통상적인 수준에서 유의하지 않았다. 이는 생략변수

TABLE 10　Mishkin Test : Year-by-Year-Accruals, Cash Flows and Additional Explanatory Variables

The table reports results of nonlinear maximum likelihood estimation of the following equations (firm subscripts omitted) :

Forecasting equation :

$$E_{t+1} = \gamma_0 + \gamma_1 ACC_t + \gamma_2 CFO_t + \gamma_3 R_t + \gamma_4 SALES_t + \gamma_5 \Delta SALES_t + \gamma_6 CAPEX_t$$
$$+ \gamma_7 \Delta CAPEX_t + \Sigma \gamma_k Size\, Decile_t + \Sigma \gamma_k B/P Decile_t + \Sigma \gamma_k Price\, Decile_t + \nu_{t+1}$$

Returns equation :

$$R_{t+1} = \beta \left(E_{t+1} - \gamma_0 - \gamma_1^* ACC_t + \gamma_2^* CFO_t - \gamma_3^* R_t - \gamma_4^* SALES_t - \gamma_5^* \Delta SALES_t - \gamma_6^* CAPEX_t \right.$$
$$\left. - \gamma_7^* \Delta CAPEX_t - \Sigma \gamma_k^* Size\, Decile_t - \Sigma \gamma_k^* B/P Decile_t - \Sigma \gamma_k^* Price\, Decile_t \right) + \epsilon_{t+1}$$

Panel A reports mean coefficients from annual estimations where t-statistics are computed using the mean and standard deviation of the annual estimates.

All variables used in the estimations in panel A, except R_{t+1}, are winsorized at the 1st and 99th percentiles. The estimation procedure used in panel B is the same as that in panel A, except that R_{t+1} is also winsorized in panel B.

To save space, parameter estimates for the decile indicator variables are not reported. The sample period is 1974-2003. See table 1 for variable definitions. Values in parentheses are t-statistics. *, **, and *** denote significance at the 10%, 5%, and 1% levels, respectively (two-tailed test).

Panel A : Year-by-year with additional explanatory variables						
	All Firms			Price > $5		
Variable	Mean Coefficient Forecasting Equation (t-Stat.)	Mean Coefficient Pricing Equation (t-Stat.)	Difference in Mean Coefficient between the Forecasting and Pricing Equation (t-Stat.)	Mean Coefficient Forecasting Equation (t-Stat.)	Mean Coefficient Pricing Equation (t-Stat.)	Difference in Mean Coefficient between the Forecasting and Pricing Equation (t-Stat.)
Intercept	0.00 (−0.92)	−0.07*** (−3.32)	0.07*** (3.16)	0.01* (1.79)	−0.04** (−2.36)	0.05*** (3.00)
ACC_t	0.53*** (32.33)	0.62*** (12.09)	−0.09* (−1.86)	0.59*** (35.30)	0.66*** (14.80)	−0.07 (−1.62)

TABLE 10   (continued)

Panel A : Year-by-year with additional explanatory variables

	All Firms			Price > $5		
Variable	Mean Coefficient Forecasting Equation (t-Stat.)	Mean Coefficient Pricing Equation (t-Stat.)	Difference in Mean Coefficient between the Forecasting and Pricing Equation (t-Stat.)	Mean Coefficient Forecasting Equation (t-Stat.)	Mean Coefficient Pricing Equation (t-Stat.)	Difference in Mean Coefficient between the Forecasting and Pricing Equation (t-Stat.)
CFO_t	0.63***	0.51***	0.11***	0.67***	0.54***	0.13***
	(35.99)	(12.89)	(3.04)	(42.88)	(13.82)	(3.09)
R_t	0.03***	0.03***	0.00	0.04***	0.03***	0.01
	(13.61)	(4.11)	(−0.32)	(18.88)	(3.16)	(1.34)
$SALES_t$	0.00*	−0.01	0.00	0.00*	0.00	0.00
	(−1.98)	(−1.16)	(0.53)	(−1.78)	(−0.52)	(−0.26)
$\Delta SALES_t$	0.02***	0.00	0.01	0.01***	−0.01	0.02**
	(6.71)	(0.31)	(1.54)	(3.65)	(−1.23)	(2.22)
$CAPEX_t$	−0.02*	0.09*	−0.11**	−0.04***	0.03	−0.07**
	(−1.72)	(2.04)	(−2.38)	(−4.02)	(0.89)	(−2.28)
$\Delta CAPEX_t$	−0.04***	−0.01	−0.03	−0.04***	0.01	−0.05
	(−3.17)	(−0.26)	(−0.63)	(−3.75)	(0.32)	(−1.47)
NOA_t	0.01***	0.01	0.00	0.01**	0.02	−0.01
	(3.78)	(0.77)	(−0.09)	(2.62)	(0.85)	(−0.46)
ACC_{t-1}	0.09***	0.16***	−0.07**	0.06***	0.11***	−0.05
	(7.09)	(5.84)	(−2.50)	(3.92)	(2.99)	(−1.11)
CFO_{t-1}	0.13***	0.13***	0.00	0.10***	0.09***	0.01
	(11.88)	(5.45)	(−0.07)	(7.40)	(4.47)	(0.47)
β		1.88			2.28	
		(14.13)			(18.52)	
Average firms per year	3,650			2,147		
Average likelihood ratio across years	155			145		

출처 : Kraft, Leone, and Wasley (2007), p.1103.

문제가 발생액시장이상현상의 추론에 영향을 줄 수 있다는 것을 의미한다.

　　Kraft, Leone, and Wasley(2007)는 이러한 문제로 Mishkin 검정이 최소자승법에 비하여 추가적인 장점이 있는지에 의문을 제기하고 두 방법에 따른 추정결과를 비교하였다. 최소자승법을 적용할 때 식(4-12b)를 간략히 정리하기 위하여 Z_t를 제외한 채 위의 식(4-12a)를 식(4-12b)에 대입하면 다음과 같다.

$$
\begin{aligned}
R_{t+1} &= \beta(Earnings_{t+1} - \gamma_0^* - \gamma_1^* ACC_t - \gamma_2^* CFO_t - \gamma_3 Z_t) + \epsilon_{t+1} \\
&= \beta(\gamma_0 + \gamma_1 ACC_t + \gamma_2 CFO_t + \gamma_3 Z_t + v_{t+1} - \gamma_0^* - \gamma_1^* ACC_t \\
&\quad - \gamma_2^* CFO_t - \gamma_3 Z_t) + \epsilon_{t+1} \\
&= \beta(\gamma_0 - \gamma_0^*) + \beta(\gamma_1 - \gamma_1^*) ACC_t + \beta(\gamma_2 - \gamma_2^*) CFO_t + \beta v_{t+1} \\
&\quad + \epsilon_{t+1} \\
&= \phi_0 + \phi_1 ACC_t + \phi_2 CFO_t + u_{t+1}
\end{aligned}
\tag{4-14}
$$

　　위에서 $\phi_1 = \beta(\gamma_1 - \gamma_1^*)$인 것을 감안하면 $\phi_1 > 0$은 $\gamma_1 > \gamma_1^*$으로 해석할 수 있다.

　　Table 11에 보고한 식 (4-12a), (4-12b) 및 (4-14)를 추정한 결과에 의하면 최소자승법과 Mishkin 검정의 결과는 질적으로 동일하다는 것을 확인할 수 있다. 최소자승법에 의한 발생액의 회귀계수는 −0.132이었다. Mishkin 검정의 이익예측모형에서 발생액의 회귀계수는 0.714이고, 가격결정모형에서 발생액의 회귀계수는 0.799로 Sloan(1996)과 마찬가지로 과대평가되고 있다. 특히 $\phi_1 = \beta(\gamma_1 - \gamma_1^*)$의 관계가 성립하고 있다는 것을 확인할 수 있다.

TABLE 11 Comparison between OLS and Mishkin Test

This table reports results from the following OLS regression (firm subscripts omitted) :

$$R_{t+1} = \phi_0 + \phi_1 ACC_t + \phi_2 CFO_t + \sum \phi_k SizeDecile_t + u_t$$

and the nonlinear maximum likelihood estimation of the following equations (firm subscripts omitted) :
Forecasting equation :

$$E_{t+1} = \gamma_0 + \gamma_1 ACC_t + \gamma_2 CFO_t + \sum \gamma_k SizeDecile_t + \nu_{t+1}$$

Returns equation :

$$R_{t+1} = \beta \left(E_{t+1} - \gamma_0 - \gamma_1^* ACC_t + \gamma_2^* CFO_t - \sum \gamma_k^* SizeDecile_t \right) + \epsilon_{t+1}$$

Variable	OLS		Mishkin		
	Pooled Coefficient (t-Stat.)	Pooled Coefficient Forecasting Equation (t-Stat.)	Pooled Coefficient Pricing Equation (t-Stat.)	Difference between Coefficients in the Forecasting and Pricing Equations (t-Stat.)	$\gamma_{OLS} = \beta(\gamma_k - \gamma_t^*)$
Panel A : All firms					
Intercept	0.141^{***}	-0.004	-0.095	0.091^{***}	0.141
	(25.95)	(−5.34)	(−25.97)	(24.41)	
ACC_t	-0.132^{***}	0.714	0.799	-0.085^{***}	−0.132
	(−5.43)	(215.91)	(51.73)	(−5.41)	
CFO_t	0.182^{***}	0.819	0.701	0.118^{***}	0.182
	(12.91)	(425.82)	(76.9)	(12.7)	
β(Mishkin)			1.542		
N(firm-year observations)	111,809		111,809		
F-statistic(OLS)/ likelihood ratio(Mishkin)	106.89		1,079		
Adj. R^2(OLS)	0.90%				
Panel B : Stock price > \$5					
Intercept	0.102^{***}	0.003	-0.05	0.053^{***}	0.102
	(19.66)	(4.83)	(−18.2)	(18.83)	
ACC_t	-0.067^{**}	0.725	0.76	-0.035^{**}	−0.067
	(−2.29)	(193.73)	(51.86)	(2.31)	
CFO_t	0.333^{***}	0.826	0.653	0.173^{***}	0.332
	(18.48)	(355.13)	(68.84)	(17.75)	
β(Mishkin)			1.919		
N(firm-year observations)	65,411		65,411		
F-statistic(OLS)/likelihood ratio(Mishkin)	53.49		1,257		
Adj. R^2(OLS)	0.80%				

Panel A reports results for the full sample and panel B reports results for the restricted sample (stock price > \$5.00). The coefficients from the OLS equation are related to the coefficient from the MT in the following way, $\gamma_{OLS} = \beta(\gamma_k - \gamma_k^*)$, where γ_{OLS} is the coefficient from the OLS regression, γ_k is the coefficient from the MT's forecasting equation, γ_k^* is the coefficients from the MT's pricing equation, and β is the scalar on unexpected earnings in the MT's pricing equation. The coefficient on ACC_t in the OLS is equal to $\beta(\gamma_1 - \gamma_1^*)$ and that on cash flow is equal to $\beta(\gamma_2 - \gamma_2^*)$. The final column of each panel reports $\gamma_{OLS} = \beta(\gamma_k - \gamma_k^*)$ for each of these variables. Tests of the difference in the coefficients in the pooled sample using the MT are based on a Wald statistic, which is distributed χ^2 with one degree of freedom. For ease of interpretation we take the square root of the Wald statistic, which is equivalent to a t-statistic (see Maddala [1992]). All variables used in the estimations, except R_{t+1}, are winsorized at the 1st and 99th percentiles. To save space, parameter estimates for the decile indicator variables are not reported in the table. The sample period is 1974-2003. See table 1 for variable definitions. Values in parentheses are t-statistics. ** and *** denote significance at the 5% and 1% levels, respectively (two-tailed test). 출처 : Kraft, Leone, and Wasley (2007), p.1109.

5. Collins and Hribar (2000)

Collins and Hribar(2000)는 (1) Sloan(1996)의 발생액시장이상현상이 분기자료에서도 나타나는지와 (2) 발생액시장이상현상과 이익공시 후 주가표류현상이 서로 관련 있는 현상인지를 분석하였다. 이를 위하여 Sloan(1996) 모형의 분기버전에 해당하는 다음의 식을 추정하였다.

이익예측모형 :
$$Q_{t+1} = Q_{t-3} + \alpha_0 + \alpha_1(Q_t - Q_{t-4}) + \delta + \upsilon_{t+1} \tag{4-15a}$$

가격결정모형 :
$$CSAR_{t+1} = \beta_0 + \beta_1[Q_{t+1} - Q_{t-3} - \alpha_0 - \alpha_1^*(Q_t - Q_{t-4})] + \epsilon_{t+1} \tag{4-15b}$$

이익구성요소예측모형 :
$$Q_{t+1} = Q_{t-3} + \gamma_0 + \gamma_1 Accruals_t + \gamma_2 CFO_t - \alpha_1 Q_{t-4} + \upsilon_{t+1} \tag{4-16a}$$

가격결정모형 :
$$CSAR_{t+1} = \beta_0 + \beta_1[Q_{t+1} - Q_{t-3} - \gamma_0 - \gamma_1^* Accruals_t$$
$$- \gamma_2^* CashFlow_t + \alpha_1^* Q_{t-4}] + \epsilon_{t+1} \tag{4-16b}$$

단, $Q_t = t$분기 순이익(총자산으로 나눔)

$Accruals_t = t$분기 발생액(총자산으로 나눔)

$CashFlow_t = t$분기 영업현금흐름(총자산으로 나눔)

$CSAR_t = t$분기 재무제표공시 후 종료 후 규모위험조정 누적초과주식수익률[3]

Collins and Hribar(2000)는 주식시장참여자들이 Foster(1977) 모형에 기초하여 분기이익을 예측한다고 가정하고, Mishkin(1983) 검정을 수행하였다.[4] 식 (4-15a)와 (4-15b)는 Sloan(1996)의 식 (4-7a)와 (4-7b)의 분기버전에 해당하고, 식 (4-16a)와 (4-16b)는 Sloan(1996)의 식 (4-8a)와 (4-8b)의 분기버전에 해당한다. 만일 시장이 효율적이라면 식 (4-15a)와 (4-15b)에서 $\alpha_1 = \alpha_1^*$의 관계가 성립하고, 식 (4-16a)와 (4-16b)에서 $\gamma_1 = \gamma_1^*$ & $\gamma_2 = \gamma_2^*$의 관계가 성립할 것으로 예상하였다.

반면에 주식시장참여자들이 최근 분기이익의 미래 분기이익에 대한 과소가치평가오류, 즉 이익공시 후 주가표류현상이 존재한다면 식 (4-15a)와 (4-15b)에서 $\alpha_1 > \alpha_1^*$의 관계가 성립할 것으로 예상하였다. 또한 만일 주식시장참여자들이 최근 분기이익구성요소의 미래 분기이익에 대한 가치평가오류, 즉 영업현금흐름의 과소가치평가오류 및 발생액의 과대가치평가오류가 존재한다면 식 (4-16a)와 (4-16b)에서 $\gamma_1 < \gamma_1^*$ & $\gamma_2 > \gamma_2^*$의 관계가 성립할 것으로 예상하였다.

Table 12에 보고된 결과를 요약하면 다음과 같다.

첫째, Panel A의 식 (4-15a)와 (4-15b)의 추정결과에서 $\alpha_1 = 0.306$ & $\alpha_1^* = 0.093$으로 분기이익에 시계열 지속성을 주식시장참여자들이 유의하게 과소평가($\alpha_1 > \alpha_1^*$)하는 것으로 나타났다. 이는 이익공시 후 주가표류현상이 여전히 유의하게 존재하는 것을 의미한다.

---

3) 주식수익률의 누적기간은 t분기 이익공시 후 18일째부터 $t+2$분기 이익공시 후 17일째까지 123거래일 동안이다.

4) Foster(1977) 모형은 추세와 계절성을 함께 고려한 차분($Q_t - Q_{t-4}$)이 1차자기회귀과정을 따르는 $ARIMA(1, 0, 0) \times (0, 1, 0)_{s=4}$를 말한다. 이에 관하여는 제2장에서 자세히 설명하였다.

TABLE 12 Results from non-linear generalized least-squares estimation of the stock price reaction to information in current financial statement information. $CSAR$ is the cumulative size and risk adjusted return following the release of financial statements ; Q_{t+1} equals earnings for quarter i ; Accruals equals earnings minus cash from operations ; CashFlow equals cash from operations as reported on the statement of cash flows. Variables are scaled by average total assets to ensure cross-sectional comparability

Panel A : Post-earnings announcement drift specification

$$Q_{t+1} = Q_{t-3} + \alpha_0 + \alpha_1(Q_t - Q_{t-4}) + v_{t+1}$$

$$CSAR_{t+1} = \beta_0 + \beta_1[Q_{t+1} - Q_{t-3} - \alpha_0 - \alpha_1^*(Q_t - Q_{t-4})] + \epsilon_{t+1}$$

Parameter	Estimate	Asymptotic Std. Error
α_1	0.306	0.005
α_1^*	0.093	0.033
β_1	1.819	0.001

Test of market efficiency	$\alpha_1 = \alpha_1^*$
Likelihood ratio statistic	43.55
Marginal significance level	0.001

Panel B : Decomposition of current earnings into accrual and cash flow components

$$Q_{t+1} = Q_{t-3} + \gamma_0 + \gamma_1 Accruals_t + \gamma_2 CashFlow_t - \alpha_1 Q_{t-4} + v_{t+1}$$

$$CSAR_{t+1} = \beta_0 + \beta_1(Q_{t+1} - Q_{t-3} - \gamma_0 - \gamma_1^* Accruals_t - \gamma_2^* CashFlow_t + \alpha_1^* Q_{t-4}) + \epsilon_{t+1}$$

Parameter	Estimate	Asymptotic Std. Error
γ_1	0.234	0.006
γ_1^*	0.295	0.037
γ_2	0.247	0.006
γ_2^*	0.134	0.037
α_1	0.301	0.007
α_1^*	0.092	0.042
β_1	1.776	0.058

Test of market efficiency	$\gamma_1 = \gamma_1^*$ and $\gamma_2 = \gamma_2^*$
Likelihood ratio statistic	113.44
Marginal significance level	0.001

출처 : Collins and Hribar (2000), p.111.

둘째, Panel B의 식 (4-16a)와 (4-16b)의 추정결과에서는 $\gamma_1 = 0.234$, $\gamma_1^* = 0.295$, $\gamma_2 = 0.247$, $\gamma_2^* = 0.134$로 관찰되었다. 즉, 분기발생액의 지속성 ($\gamma_1 = 0.234$)은 분기영업현금흐름의 지속성($\gamma_2 = 0.247$)보다 작았지만 주식시장에서는 이와 반대로 분기발생액의 지속성을 과대평가($\gamma_1^* = 0.295$)하고, $\gamma_2 > \gamma_2^*$의 분기영업현금흐름의 지속성을 과소평가($\gamma_2^* = 0.134$)하는 것으로 확인되었다.

이상의 결과는 이익공시 후 주가표류현상과 발생액시장이상현상이 서로 독립적이며, 다른 시장이상현상이라는 것을 의미한다.

참고문헌

Ball, R. and P. Brown. 1968. An empirical evaluation of accounting income numbers. *Journal of Accounting Research* 6 (2) : 159-178.

Bernard, V. and J. Thomas. 1990. Evidence that stock prices do not fully reflect the implications of current earnings for future earnings. *Journal of Accounting and Economics* 13 (4) : 305-341.

Collins, D. W. and P. Hribar. 2000. Earnings-based and accrual-based market anomalies : One effect of two? *Journal of Accounting and Economics* 29 (1) : 101-123.

Fama, E. 1970. Efficient capital markets : A review of theory and empirical work. *Journal of Finance* 25 (2) : 383-417.

Fama, E. 1991. Efficient capital markets : II. *Journal of Finance* 46 (5) : 1575-1617.

Fama, E. and K. French. 2008. Dissecting anomalies. *Journal of Finance* 63 (4) : 1653-1678.

Foster, G. 1977. Quarterly accounting data : Time-series properties and predictive-ability results. *The Accounting Review* 52 (1) : 1-21

Foster, G., C. Olsen, and T. Shevlin. 1984. Earnings releases, anomalies, and the behavior of security returns. *The Accounting Review* 59 (4) : 574-603.

Kraft, A., A. J. Leone, and C. E. Wasley. 2007. Regression-based tests of the market pricing of accounting numbers : The Mishkin test and ordinary least squares. *Journal of Accounting Research* 45 (5) : 1081-1114.

Mishkin, F. 1983. *A Rational Expectations Approach to Macroeconomics : Testing Policy Effectiveness and Efficient Market Models.* University of Chicago Press for the National Bureau of Economic Research.

Sloan, R. 1996. Do stock prices fully reflect information in accruals and cash flows about future earnings? *The Accounting Review* 71 (3) : 289-315.

Xie, H. 2001. The mispricing of abnormal accruals. *The Accounting Review* 76 (3) : 357-373.

제 5 장

이익조정, 발생액품질 및 수익비용대응원칙

회계기준은 경영자로 하여금 기업의 경제적 실질을 가능한 한 정확하게 측정하여 정보이용자에게 보고하도록 하려는 목적을 갖고 있다(Dechow, Ge, and Schrand 2010). 경영자 입장에서도 정보이용자에게 자신의 사적 정보를 충실히 제공함으로써 낮은 자본비용으로 자금을 조달할 수 있다. 그러나 회계기준에서 경영자에게 허용한 재량권이 기회주의적으로 행사될 때 경영자의 사적 정보의 혜택은 사라지고, 기회주의적 정보에 의한 비용이 가중될 가능성이 있다. Jones(1991) 이후 많은 연구에서 이러한 경영자의 기회주의적 재량권 행사로 인한 이익조정의 결정요인 또는 경제적 결과를 분석하였다.

일반적으로 인정된 회계기준에서는 기업성과를 측정함에 있어서 발생주의를 채택하고 있다. 현금주의(cash basis)에서는 현금을 수취할 때 수익을 기록하고, 현금을 지급할 때 비용을 기록한다. 반면에 발생주의(accrual basis)에서는 재화나 용역을 제공할 때 수익을 인식하고, 수익을 획득하기 위하여 소비된 자원을 비용으로 인식한다. 기업이 정보이용자에게 제공하는 재무제표 중 손익계산서에 표시되는 회계이익과 현금흐름표에 표시되는 영업현금흐름이 각각 발생주의와 현금주의 두 가지 손익인식기준을 대표하는 측정치에 해당한다. 제3장에서 살펴본 바와 같이 Dechow(1994)는 이들 두 가지 측정치의 주가관련성을 비교하였는데 영업현금흐름보다는 회계이익의 주가관련성이 높다는 결과를 보고하였다.[1] 이는 영업현금흐름의 시차 문제와 대응 문제를 완화시키는 역할을 하는 발생액이 포함된 회계이익을 주식시장에서 더 높게 평가한다는 것을 뜻한다.

선행연구에서 중요하게 다룬 회계기준 및 발생주의에 관한 이슈로는 (1) Jones(1991)가 분석한 경영자의 기회주의적 재량권으로 인한 이익조정, (2) Dechow and Dichev(2002)가 발생액품질 관점에서 살펴본 발생액과 영업현금흐름 간의 매핑 관계와 (3) Dichev and Tang(2008)이 분석한 수익비용간 대응 관계 등을 들 수 있다.

---

[1] Dechow(1994)에 관해서는 제3장에서 자세히 설명하였다.

제 **1** 절 ┃ 이익조정

이익조정(earnings management)은 경영자가 사적 이익을 위하여 재무보고과정에 의도적으로 개입하는 것을 말한다(Schipper 1989). 현금주의와 달리 발생주의에서는 손익인식에 경영자의 재량권을 허용하고 있다. 대부분의 선행연구에서는 이러한 경영자의 재량권이 기회주의적으로 행사됨으로써 야기되는 결과를 분석하기 위하여 이익조정측정치를 사용하였다. 그 대표적인 대용치로 재량적 발생액(discretionary accruals)을 사용하였다. 많은 연구에서 재량적 발생액을 추정하는 모형을 제시하였으나 이하에서는 그중에서 가장 널리 인용되는 모형인 Jones(1991) 모형, Dechow, Sloan, and Sweeney(1995)의 수정 Jones 모형과 Kothari, Leone, and Wasley(2005)의 성과대응모형을 중심으로 검토하였다.[2]

Roychowdhury(2006)는 이익조정을 분석한 기존의 선행연구들이 발생액을 이용한 이익조정에만 초점을 맞춘 데 대하여 현금흐름, 제조원가 및 재량적 지출 등을 이용한 이익조정에 관한 증거를 제시하였다. 이러한 이익조정은 실제 영업활동의 효과를 더 잘 보여준다는 관점에서 실제활동이익조정 또는 실물활동이익조정(real activities manipulation)이라고 한다.

그리고 McVay(2006)는 경영자가 손익항목의 분류변경을 통하여 이익조정을 시도한다는 결과를 제시하였다. 분류변경(classification shifting)은 비록 당기순이익에는 영향을 미치지 않지만 영업비용의 일부를 특별항목(special items)으로 변경함으로써 영업이익을 상향조정하는 것을 말한다.

---

2) Jones(1991) 모형과 Dechow, Sloan, and Sweeney(1995)의 수정 Jones 모형은 기업별 시계열 자료를 이용한 모형이다. 그러나 상당수의 연구에서는 이들 모형을 연도별–산업별 횡단면으로 추정하기도 하였다(DeFond and Jiambalvo 1994; Subramanyam 1996).

1. 초창기 이익조정 연구

이익조정을 분석한 초창기 연구에서는 특정모형에 의하지 않고 총발생액이나 발생액변화 등을 이용하여 분석하였다. 이러한 연구의 대표적인 예로 Healy(1985)와 DeAngelo(1986)가 있다.

Healy(1985)는 경영자보상과 이익조정 간의 관계를 분석하였다. 이전의 연구에서는 경영자가 보상을 더 받기 위하여 상향이익조정만을 꾀한다는 가정하에 분석을 수행하였다. 반면에 Healy(1985)는 개별기업의 경영자 보상계약을 검토하여 보상의 상한(upper bound)과 하한(lower bound)이 존재하는 경우에 언제나 상향이익조정이 행해지는 것이 아니라는 결과를 보였다. 특히 예상이익이 상한선을 뛰어넘거나 하한선에 미달하는 경우에는 차기 보상을 더 받기 위하여 이익을 하향조정하기도 한다는 결과를 보고하였다. 이 분석에서 Healy(1985)는 이익조정측정치로 총발생액을 사용하였다. 사건연도의 총발생액은 재량적 요소가 포함된 것이고, 추정기간의 총발생액은 재량적 요소가 포함되지 않은 비재량적 요소로 간주하였다.

DeAngelo(1986)는 경영자매수(management buyouts) 상황에서 주식을 낮은 가격으로 매수할 목적으로 매수 직전 기간에 이익을 하향조정하는지를 분석하였다. 실증분석결과에 의하면 매수 직전 하향이익조정의 유의한 증거는 발견하지 못했다. 이 분석에서 DeAngelo(1986)는 당기 총발생액에서 전기 총발생액을 차감한 총발생액변화를 이익조정측정치로 사용하였다. 이 변수는 사건연도에는 하향이익조정이 포함되지만 사건연도 직전연도에는 이익조정이 없다는 가정을 토대로 하고 있다.

2. Jones (1991)

Jones(1991)는 미국 국제무역위원회(International Trade Commission)가 수입관세규제결정에 수익성을 고려한다는 점에 주목하였다. 해외로부터의 수입으로 손해를 보게 되는 미국 내 생산업체들이 이익을 의도적으로 감소시켜 수입관세규제의 혜택을 보는지를 분석하였다. 이를 위하여 다음의 모형을 추정하였다.

$$TA_{it}/A_{it-1} = \alpha_i[1/A_{it-1}] + \beta_{1i}[\Delta REV_{it}/A_{it-1}] + \beta_{2i}[PPE_{it}/A_{it-1}] + \epsilon_{it}$$

$$(5-1)$$

단, $TA_{it} = i$기업 t기 총발생액
$A_{it} = i$기업 t기말 총자산
$\Delta REV_{it} = i$기업 t기 매출변화
$PPE_{it} = i$기업 t기말 유형자산

위 식에 독립변수로 매출변화와 유형자산을 포함시킨 이유를 살펴보면 총발생액은 유동발생액과 비유동발생액으로 구성되는데, 유동발생액은 매출과 밀접한 관계를 갖고 있기 때문에 매출변화(ΔREV_{it})를 포함시켰다. 그리고 비유동발생액 중에서는 감가상각비가 차지하는 비중이 크기 때문에 유형자산(PPE_{it})을 포함시켰다.

위 식을 수입관세규제 완화를 신청한 연도를 사건연도(event year)로 하여 직전연도까지의 자료를 이용하여 기업별로 회귀계수를 추정하였다. 추정회귀계수를 사건연도의 독립변수에 적용하여 비재량적 발생액을 구한 뒤 실제 발생액과의 차이를 재량적 발생액으로 추정하였다. 만일 미국 내 생산업체들이 수입관세규제 완화결정을 이끌어내기 위해 이익을 감소시킨다면 재량적 발생액이 음(−)으로 나타날 것으로 예상하였다.

Table 1에 보고된 사건연도 전후의 재량적 발생액의 크기와 유의수준을 보면 직전사건연도(Year −1)와 직후사건연도(Year +1)의 표본기업의 재량적 발생액은 0과 유의하게 다르지 않았다. 반면에 사건연도(Year 0)에는 재량적 발생액이 유의한 음(−)으로 나타났다. 이는 미국 내 생산업체들이 수입관세규제에서 유리한 결정을 받기 위하여 이익을 감소시키는 것을 의미한다.

TABLE 1 Individual Firm Standardized Prediction Errors (V_{ip}) and Related Test Statistics (Z_{Vp}) from the Total Accruals Regression Models Estimated over the Period Prior to Year -1[a]

Firm Number	V_{ip}		
	Year -1[b]	Year 0	Year $+1$
1	0.534	-0.369	-0.519
2	-1.218	-0.921	-1.806
3	-0.623	-0.812	0.546
4	-0.514	-0.502	0.012
5	0.097	-0.041	0.067
6	-0.114	-0.515	-0.426
7	-0.211	0.293	-1.552
8	-0.128	0.293	-0.609
9	-0.115	-0.414	0.603
10	1.641	-1.397	-2.055
11	-0.795	0.331	-0.738
12	0.117	-0.749	0.781
13	0.894	-1.890	-0.976
14	0.224	-2.004	-0.783
15	-0.203	-0.218	0.171
16	0.405	-0.622	0.181
17	0.328	-0.339	-0.062
18	-0.772	-1.479	1.795
19	-0.216	-0.548	-0.483
20	1.006	-0.248	0.165
21	-1.805	-0.222	0.252
22	0.089	-2.318	-0.534
23	-0.501	-2.794	-0.234
Z_{Vp} statistic[c]	-0.372	-3.459	-1.228

a. V_{ip} is computed as $u_{ip}/[s_i(1+C_{ip}^{-1})]$, where $C_{ip}=[X_p(X'X)^{-1}X_P']$ in which X is the matrix of independent variables for the estimation period, X_p is the matrix for the prediction period, u_{ip} is the prediction error, p is the prediction year, and s_i is the standard error from estimates of the following regression model :

$$TA_{it}/A_{it-1}=\alpha_i[1/A_{it-1}]+\beta_{1i}[\Delta REV_{it}/A_{it-1}]+\beta_{2i}[PPE_{it}/A_{it-1}]+\epsilon_{it}$$

where :

$TA_{it}=$ total accruals in year t for firm i ;

$\Delta REV_{it}=$ revenues in year t less revenues in year $t-1$ for firm i ;

$PPE_{it}=$ gross property, plant, and equipment in year t for firm i ;

$A_{it-1}=$ total assets in year $t-1$ for firm i ;

$\epsilon_{it} =$ error term in year t for firm i ;

$i = 1, \cdots, N$ firm index ($N = 23$) ;

$t = 1, \cdots, T_i$ year index for the years included in the estimation period for firm i.

The composition of total accruals (TA_t) is as follows : $TA_t = [\Delta Current\ Assets_t\ (4) - \Delta Cash_t\ (1)] - [\Delta Current\ Liabilities_t\ (5)] - Depreciation\ and\ Amortization\ Expense_t$ (14), where the change (Δ) is computed between time t and time $t-1$; $Compustat$ data item numbers are indicated parenthetically. The regression equations are estimated over all available years prior to year -1.

b. Year 0 is the year the ITC completed its investigation, whereas year -1 is the previous year and year $+1$ is the subsequent year. Year 0 for the footwear industry is 1984.

c. The Z_{Vp} statistic is calculated as $\sum_{i=1}^{N} V_{ip} \left[\sum_{i=1}^{N} (T_i - 3)(T_i - 5) \right]^{-5}$, where T_i is the number of years in the estimation period.

출처 : Jones (1991), p.215.

Jones(1991) 모형은 매출과 유형자산은 단기간에 쉽게 조정할 수 없다는 가정에 기초하고 있다. 그러나 이 가정은 다소 비현실적이라는 비난을 받고 있다. 발생액 중에서 매출변화와 비례하지 않는 항목은 모형설계상 자동적으로 재량적 발생액으로 분류되기 때문이다. 또한 기업이 보유하고 있는 유형자산의 내용연수가 다양할수록 감가상각비와 유형자산의 단순관계로부터 추정된 재량적 발생액의 측정오차 가능성이 존재한다.

3. Dechow, Sloan, and Sweeney (1995)

Dechow, Sloan, and Sweeney(1995)는 매출 중에서 외상매출은 현금매출과 달리 경영자의 기회주의적 재량권 행사의 수단으로 이용될 수 있기 때문에 Jones(1991) 모형으로 추정한 재량적 발생액에 측정오차가 포함될 수 있다는 점을 지적하였다. 이에 따라 다음과 같은 수정 Jones 모형을 제안하였다.

$$TA_t = \alpha_1 (1/A_{t-1}) + \alpha_2 (\Delta REV_t - \Delta REC_t) + \alpha_3 PPE_t + \epsilon_t \qquad (5\text{-}2)$$

단, $TA_t = t$기 총발생액(기초총자산으로 나눔)

$A_t = t$기말 총자산

$\Delta REV_t = t$기 매출변화(기초총자산으로 나눔)

$\Delta REC_t = t$기 매출채권변화(기초총자산으로 나눔)

$PPE_t = t$기말 유형자산(기초총자산으로 나눔)

TABLE 2   Results of Tests for Earnings Management Using Alternative Models to Measure Discretionary Accruals. Comparison of the Jones and Modified Jones Models on the SEC Sample Stratified by the Source of the Alleged Earnings Overstatement. Sample of 32 Firms Targeted by the SEC in Accounting and Auditing Enforcement Releases(AAERs) between 1982 and 1992.

Model	Mean	Standard Deviation	Lower Quartile	Median	Upper Quartile
Panel A : Sample consists of 18 firms managing revenues					
Jones Model : earnings management Z-statistic=1.56	0.005	0.185	−0.030	0.038	0.095
Modified Jones Model : earnings management Z-statistic=3.88[**]	0.091	0.288	0.009	0.074	0.183
Panel B : Sample consists of 14 firms not managing revenues					
Jones Model : earnings management Z-statistic=3.80[**]	0.310	0.482	−0.017	0.122	0.513
Modified Jones Model : earnings management Z-statistic=4.31[**]	0.274	0.368	−0.005	0.118	0.515

Notes :

Earnings management represents the estimated coefficient on PART, $(\hat{b}_i)$, from firm-specific regressions of $DAP_{it} = \hat{a}_i + \hat{b}_i PART_{it} + e_{it}$; where DAP is the measure of discretionary accruals produced by each of the models and PART is an indicator variable equal to 1 in a year in which earnings management is hypothesized to occur in response to the stimulus identified by the researcher and 0 otherwise.

[**] Significantly different from zero at the 1 percent level using a two-tailed test.

출처 : Dechow, Sloan, and Sweeney (1995), p.222.

매출을 구성하는 외상매출(매출채권)을 제외하지 않은 채 추정된 재량적 발생액에 측정오차가 포함되기 때문에 먼저 위 식을 추정할 때에는 식(5-1)의 Jones(1991) 모형으로 추정하여 회귀계수를 구하였다. 그 후 사건연도에 매출변화로부터 매출채권변화를 제외한 변수($\Delta REV_t - \Delta REC_t$)에 추정회귀계수를 적용하여 재량적 발생액을 추정하였다.

증권거래위원회(SEC)의 감리에서 이익을 과대보고한 32개 표본기업에 대한 Jones 모형과 수정 Jones 모형 간 성과를 비교한 결과를 Table 2에 제시하였다. 먼저 Panel A의 매출조정표본(18개 기업)에 대한 비교에서 Jones 모형은 유의한 이익조정을 발견해내지 못한 반면에 수정 Jones 모형은 유의한 이익조정을 발견하였다. 한편 Panel B의 매출조정 외의 표본(12개 기업)에 대한 비교에서 Jones 모형과 수정 Jones 모형 모두 유의한 이익조정을 발견하였다. 이러한 결과는 매출채권변화를 추가로 감안한 수정 Jones 모형의 성과가 상대적으로 우월하다는 것을 보여주었다.

4. Kothari, Leone, and Wasley (2005)

Kothari, Leone, and Wasley(2005)는 Jones 모형이나 수정 Jones 모형을 포함한 기존의 재량적 발생액 추정모형이 극단적인 성과를 보고한 기업에서는 모형의 변별력이 높지 않다는 한계점을 지적하였다. 특히 이익조정에 영향을 미치는 변수가 기업성과와 관련이 있는 경우에는 이러한 한계점을 완화하는 방법으로 성과대응(performance matched) 재량적 발생액을 사용할 것을 제안하였다.

성과대응 재량적 발생액은 첫째, 연도별-산업별로 총자산이익률의 크기가 가장 비슷한 성과대응 기업-년을 식별하고, 둘째, Jones 모형 또는 수정 Jones 모형으로 추정한 재량적 발생액으로부터 성과대응 기업-년의 재량적 발생액을 차감한 측정치를 제안하였다. 이에 추가하여 기존의 모형 대신에 다음과 같이 성과를 추가로 통제한 모형을 제시하였다.[3]

$$TA_{it} = \delta_0 + \delta_1(1/ASSETS_{it-1}) + \delta_2 \Delta SALES_{it} + \delta_3 PPE_{it} + \delta_4 ROA_{it(t-1)}$$
$$+ v_{it} \tag{5-3a}$$

$$TA_{it} = \delta_0 + \delta_1(1/ASSETS_{it-1}) + \delta_2(\Delta SALES_{it} - \Delta AR_{it}) + \delta_3 PPE_{it}$$
$$+ \delta_4 ROA_{it(t-1)} + v_{it} \tag{5-3b}$$

단, $TA_{it} = i$기업 t기 총발생액(기초총자산으로 나눔)

$ASSETS_{it} = i$기업 t기말 총자산

$\Delta SALES_{it} = i$기업 t기 매출변화(기초총자산으로 나눔)

$PPE_{it} = i$기업 t기말 유형자산(기초총자산으로 나눔)

$ROA_{it} = i$기업 t기 총자산이익률

식 (5-3a)와 (5-3b)는 기존의 Jones 모형 또는 수정 Jones 모형에 당기 또는 전기 총자산이익률(ROA)을 추가로 통제하고, 연도별-산업별 횡단면으로 추정한 회귀식으로부터 재량적 발생액을 추정하는 모형이다.

발생액의 자기상관관계는 주로 비재량적 발생액에 의하여 나타나는 것이기 때문에 재량적 발생액이 적절히 추정되면 재량적 발생액의 자기상관관계가 약해지는 것이 당연하다. 재량적 발생액의 시계열 자기상관관계를 분석한 Table 3에 의하면 총자산이익률이나 총발생액의 시계열 자기상관관계는 매우 크고 유의한 반면에 재량적 발생액의 자기상관관계는 상대적으로 매우 약한 것을 알 수 있다.

한편 Table 4 Panel A에 보고된 귀무가설 기각률을 모형별로 비교한 결과에 의하면 전체표본(All Firms)을 대상으로 했을 때 대부분의 재량적 발생액 추정 모형의 기각률이 제1종 오류 5%에 근접하고 있다. 그러나 순자산-주가비율, 매출성장률, 순이익-주가비율, 기업규모 또는 영업현금흐름의 크기로 나눈 집단별 비교에서는 성과대응 재량적 발생액의 귀무가설 기각률이 다른 모형에 비하여 제1종 오류 5%에 더 근접하고 있어서 상대적으로 우수한 것으로 관찰되었다.

---

3) Kothari, Leone, and Wasley(2005)는 식(5-3)뿐 아니라 연도별-산업별로 총자산이익률의 크기가 가장 비슷한 성과대응 기업-년을 식별한 후 Jones 모형 또는 수정 Jones 모형으로 추정한 재량적 발생액으로부터 성과대응 기업-년의 재량적 발생액을 차감한 측정치를 제안하였다.

TABLE 3

Serial correlation in ROA, total accruals and various discretionary accrual measures for the entire sample and select subsamples. The table reports the mean value of the slope coefficient of the following annual regression : $X_{it} = \alpha + \beta X_{it-1} + \epsilon_{it}$, where $X_{it}(X_{it-1})$ is the value (lagged value) of the particular variable of interest (i.e., ROA, total accruals, Jones model discretionary accruals, Modified-Jones model discretionary accruals, performance-matched Jones model accruals or performance-matched Modified-Jones Model accruals). Results are reported for the full sample (All firms) and subsamples based on book-to-market, sales growth, earnings-to-price ratio, firm size and operating cash flow. The sub-samples are firm-year observations from the lower and upper quartiles of the firms ranked on each partitioning variable at the end of the year t. The performance-matched discretionary accrual measures are constructed by matching each treatment firm to a control firm based on assets in period t or $t-1$. Firm-year accrual observations are constructed from the COMPUSTAT Industrial Annual and Research files from 1963 throught 1999. We exclude observations if they do not have sufficient data to construct the accrual measures described below or if the absolute value of total accruals scaled by total assets is greater than one. We eliminate observations where there are fewer than ten observations in a two-digit industry code for a given year and where a performance-matched firm cannot be obtained. The underlying accrual models (Jones and Modified Jones) include a constant term. All variables are winsorized at the 1st and 99th percentiles. The final sample size is 122,798.

Variable[a]	All firms	Book/Market		Sales Growth		E/P Ratio		Size		Oper. Cash Flows	
		High	Low	High	Low	High	Low	Large	Small	High	Low
ROA	0.738**	0.549**	0.779**	0.687**	0.664**	0.411**	0.428**	0.763**	0.661**	0.361**	0.402**
Total accruals	0.189**	0.056**	0.256**	0.273**	0.031	0.114**	0.074	0.356**	0.098**	0.292**	0.058
Jones model accruals	0.001	−0.053**	0.029	−0.065	−0.077**	−0.057**	0.019	0.131**	−0.102*	0.051**	−0.005
Modified-Jones model accruals	0.015*	−0.043**	0.052**	−0.075	−0.072*	−0.045**	0.020	0.137**	−0.091*	0.063**	−0.004
Performance-matched Jones ROA$_{t-1}$	−0.025**	−0.037**	−0.033	−0.002	−0.046	−0.057**	0.066	0.023*	−0.044**	−0.006	0.059
Performance-matched Jones ROA$_t$	−0.006	−0.047*	−0.001	0.003	−0.049**	−0.036**	−0.069**	0.080**	−0.048**	0.028	−0.051**
Performance-matched modified-Jones ROA$_{t-1}$	−0.023**	−0.036*	−0.033	−0.012	−0.041	−0.057**	0.072	0.025*	−0.040**	−0.004	0.066
Performance-matched modified-Jones ROA$_t$	−0.002	−0.046*	0.012	0.007	−0.047*	−0.030*	−0.063**	0.080*	−0.046**	0.031*	−0.048**

**, * denotes that t-statistics are significant at 0.01 and 0.05, respectively. t-tests are adjusted for autocorrelation using the Newey-West(1987) correction with 5 lags.

a. Return on Assets (ROA) is net income (COMPUSTAT data item 18) scaled by lagged total assets. Total accruals is defined as the change in non-cash current assets minus the change in current liabilities excluding the current portion of long-term debt minus depreciation and amortization [with reference to COMPUSTAT data items, $TA=(\Delta Data4 - \Delta Data1 - \Delta Data5 + \Delta Data34 - Data14)/lagged\ Data6]$. Discretionary accruals from the Jones model are estimated for each industry and year as follows : $TA_{i,t}=\alpha_0+\alpha_1/ASSETS_{i,t-1}+\alpha2\Delta SALES_{i,t}+\alpha3PPE_{i,t}+\epsilon_{it}$, where $TA_{i,t}$ (Total Accruals) is as defined above, $\Delta SALES_{i,t}$ is change in sales scaled by lagged total assets ($ASSETS_{i,t-1}$), and $PPE_{i,t}$ is net property, plant and equipment scaled by $ASSETS_{i,t-1}$. Discretionary accruals from the modified-Jones model are estimated for each industry and year as for the Jones model except that the change in accounts receivable is subtracted from the change in sales. Discretionary accruals from the Jones Model (modified-Jones model) with ROA are similar to the Jones model (modified-Jones model) except for the inclusion of current or lagged year's ROA as an additional explanatory variable. For performance matched discretionary accruals, we match firms on ROA in period t or $t-1$. To obtain a performance-matched Jones model discretionary accrual for firm i we subtract the Jones model discretionary accrual of the firm with the closest ROA that is in the same industry as firm i. A similar approach is used for the modified Jones model.

출처 : Kothari, Leone, and Wasley (2005), p.181.

TABLE 4

A Comparison of the Type I error rates of alternative discretionary accrual measures for the full sample and upper and lower quartiles of sub-samples formed on the basis of book-to-market ratio, sales growth, earnings-to-price (EP) ratio, firm size and operating cash flow measured at the end of year t. The table reports the percentage of 250 samples of 100 firms each where the null hypothesis of zero discretionary accrual is rejected at the 5% level (upper and lower one-tailed tests). The significance of the mean discretionary accrual in each sample is based on a cross-sectional t-test. Performance-matched discretionary accrual measures are constructed by matching each treatment firm with a control firm based on return on assets in period t or $t-1$. Firm-year accrual observations are constructed from the COMPUSTAT Industrial Annual and Research files from 1963 through 1999. We exclude observations if they do not have sufficient data to construct the accrual measures if the absolute value of total accruals scaled by total assets is greater than one. We eliminate observations where there are fewer than ten observations in a two-digit industry code for a given year and where a performance-matched firm cannot be obtained. The underlying accrual models (Jones and Modified Jones) include a constant term. All variables are winsorized at the 1st and 99th percentiles. The final sample size is 122,798.

Panel A. H_A : Accruals < 0^a (Figures in bold (bold italic) signify rejection rates that significantly exceed (fall below) the 5% nominal significance level of the test and indicate that such tests are biased against (in favor of) the null hypothesis)

	All firms	Book-to-Market		Sales Growth		EP Ratio		Size		Oper. Cash Flows	
		High	Low	High	Low	High	Low	Large	Small	High	Low
Rejection rates for the Jones model :											
Cross sectional within-industry	4.0	8.4	12.8	1.2	18.8	1.2	68.0	2.0	25.6	2.4	34.4
ROA$_{t-1}$ included as a regressor	6.4	4.4	14.8	1.6	14.0	4.4	42.0	5.6	12.4	9.2	25.2
Performance matched on ROA$_{t-1}$	8.4	2.4	11.2	0.4	8.4	4.8	19.2	9.6	6.0	12.8	12.8
ROA$_t$ included as a regressor	4.4	4.4	12.4	2.0	12.0	9.2	20.0	6.8	23.2	16.0	6.4
Performance matched on ROA$_t$	4.4	6.4	8.0	2.8	5.2	8.4	3.2	14.4	10.4	17.6	1.2
Rejection rates for the modified-Jones model :											
Cross sectional within-industry	4.4	14.0	10.4	0.0	46.4	0.8	74.8	2.0	32.0	0.4	40.8
ROA$_{t-1}$ included as a regressor	7.6	8.0	12.4	0.0	36.8	3.6	50.8	4.8	17.6	3.2	30.0
Performance matched on ROA$_{t-1}$	7.6	2.8	8.8	0.0	19.2	5.2	24.8	8.8	9.6	7.6	13.2
ROA$_t$ included as a regressor	4.8	8.4	8.4	0.0	38.4	10.4	24.0	7.6	27.6	12.8	9.2
Performance matched on ROA$_t$	4.4	6.4	8.4	1.2	14.0	9.2	4.4	14.4	10.4	18.0	1.2

a. Discretionary accruals from the Jones model are estimated for each industry and year as follows : $TA_{i,t} = \alpha_0 + \alpha_1/ASSETS_{i,t-1} + \alpha_2 \Delta SALES_{i,t} + \alpha_3 PPE_{i,t} + \epsilon_{it}$, where TA_{it} (Total Accruals) is defined as the change in non-cash current assets minus the change in current liabilities excluding the current portion of long-term debt minus depreciation and amortization [with reference to COMPUSTAT data items, $TA = (\Delta Data4 - \Delta Data1 - \Delta Data5 + \Delta Data34 - Data14)/lagged\ Data6]$, $\Delta SALES_{i,t}$ is change in sales scaled by lagged total assets ($ASSETS_{i,t-1}$), and $PPE_{i,t}$ is net property, plant and equipment scaled by $ASSETS_{i,t-1}$. Discretionary accruals from the Jones Model (Modified-Jones Model) with ROA are similar to the Jones Model (Modified-Jones Model) except for the inclusion of current or lagged year's ROA as an additional explanatory variable. For performance matched discretionary accruals, we match firms on ROA in period t or $t-1$. To obtain a performance-matched Jones model discretionary accrual for firm i we subtract the Jones model discretionary accrual of the firm with the closest ROA that is in the same industry as firm i. A similar approach is used for the modified Jones model.

출처 : Kothari, Leone, and Wasley (2005), p.182.

5. Roychowdhury (2006)

Roychowdhury(2006)는 기존의 발생액 이익조정과 구별되는 이익조정수단으로 영업활동을 통한 이익조정에 초점을 맞춘 실제이익조정을 분석하였다. 이러한 실제이익조정수단으로 다음과 같은 예를 제시하고 그에 따른 가설을 예측하였다.

(1) 가격할인 또는 신용조건 완화를 이용한 일시적 매출 증가 :
   (예상) 이익조정동기가 강한 집단에서는 통제집단에 비하여 가격할인으로 영업활동현금흐름이 작을 것으로 예상된다. 그러나 재량적 비용의 삭감은 영업활동현금흐름에 긍정적인 영향을 줄 수도 있기 때문에 전반적 영향은 뚜렷하지 않을 수도 있다.

(2) 과잉생산을 통한 매출원가 감소 :
   (예상) 이익조정동기가 강한 집단에서는 통제집단에 비하여 과잉생산에 따라 제조원가가 클 것이다.

(3) 재량적 지출 삭감 :
   (예상) 이익조정동기가 강한 집단에서는 통제집단에 비하여 재량적 지출 삭감이 클 것으로 예상된다.

위의 예상을 검증하기 위하여 영업활동현금흐름, 제조원가 및 재량적 지출의 정상/비정상 요소를 분리할 필요가 있다. Roychowdhury(2006)는 재량적 발생액을 추정하는 것과 유사한 논리에 따라 다음의 회귀식을 추정하여 정상/비정상 요소를 구분하였다.

$$CFO_t / A_{t-1} = \alpha_0 + \alpha_1 (1/A_{t-1}) + \beta_1 (S_t / A_{t-1}) + \beta_2 (\Delta S_t / A_{t-1}) + \epsilon_t$$

(5-4a)

$$COGS_t / A_{t-1} = \alpha_0 + \alpha_1 (1/A_{t-1}) + \beta (S_t / A_{t-1}) + \epsilon_t$$ 　　　　　(5-4b)

$$\Delta INV_t/A_{t-1} = \alpha_0 + \alpha_1(1/A_{t-1}) + \beta_1(\delta S_t/A_{t-1}) + \beta_2(\delta S_{t-1}/A_{t-1}) + \epsilon_t$$

$$(5\text{-}4c)$$

$$PROD_t/A_{t-1} = \alpha_0 + \alpha_1(1/A_{t-1}) + \beta_1(S_t/A_{t-1}) + \beta_2(\Delta S_t/A_{t-1})$$
$$+ \beta_3(\Delta S_{t-1}/A_{t-1}) + \epsilon_t \qquad (5\text{-}4d)$$

$$DISEXP_t/A_{t-1} = \alpha_0 + \alpha_1(1/A_{t-1}) + \beta(S_{t-1}/A_{t-1}) + \epsilon_t \qquad (5\text{-}4e)^{[4]}$$

단, $CFO_t = t$기 영업활동현금흐름
$A_t = t$기말 총자산
$S_t = t$기 매출
$\Delta S_t = t$기 매출변화$(S_t - S_{t-1})$
$COGS_t = t$기 매출원가
$\Delta INV_t = t$기 재고자산변화$(INV_t - INV_{t-1})$
$PROD_t = t$기 제조원가(매출원가와 재고자산변화의 합계)
$DISEXP_t = t$기 재량적 비용(연구개발비, 광고선전비 및 판매관리비의 합계)

위의 식으로부터 비정상 영업활동현금흐름, 비정상 제조원가 및 비정상 재량적 비용을 추정하고 이들 변수가 가설의 예상대로 실제활동이익조정수단으로 이용되는지를 분석하였다. 다만, 식(5-4d)의 제조원가는 식(5-4b)의 매출원가 추정식과 식(5-4c)의 재고자산변화 추정식의 회귀계수를 이용하여 추정하였다.

Roychowdhury(2006)는 실제활동이익조정동기가 상대적으로 강할 것으로 의심되는 집단으로 소액이익집단(이익을 기초총자산으로 나눈 값이 0과 0.005 사이에 놓인 기업-년)을 선정하였다. 이익조정 의심집단($Suspect\_NI$)과 나머지 집단에 대하여 다음의 회귀식을 추정하였다.

$$Y_t = \alpha + \beta_1(SIZE)_{t-1} + \beta_2(MTB)_{t-1} + \beta_3(Net\ income)_t$$
$$+ \beta_4(Suspect\_NI)_t + \epsilon_t \qquad (5\text{-}5)$$

---

4) 식 (5-4a)와 (5-4d)에 적용한 논리와 일관되려면 식(5-4e)를 추정할 때에도 t기 매출(S_t)을 독립변수로 포함시켜야 한다. 하지만 Roychowdhury(2006)에 따르면 t기 매출(S_t)을 상향조정하는 경우 t기 재량적 지출을 삭감하지 않더라도 식(5-4e)의 잔차항에 해당하는 비정상적 재량적 비용이 지나치게 작아지는 문제가 생기기 때문에 t기 매출(S_t) 대신에 $t-1$기 매출(S_{t-1})을 포함시키고 있다.

단, Y_t = t기 비정상 영업활동현금흐름, 비정상 제조원가 또는 비정상 재량적 비용

$SIZE_t$ = t기말 시가총액의 자연대수값

MTB_t = t기 순자산의 시장가치와 장부가치 비율

$Net\ income_t$ = t기 산업평균을 차감한 (특별항목반영전)순이익

$Suspect\_NI_t$ = 이익을 기초총자산으로 나눈 값이 0과 0.005 사이에 있으면 1, 그렇지 않으면 0인 더미변수

위에서 비정상 영업활동현금흐름, 비정상 제조원가 또는 비정상 재량 적 비용 등이 이익조정 의심집단과 나머지 집단 간에 유의하게 다르다면 이익조정 의심집단 더미변수의 회귀계수(β_4)가 0과 유의하게 다를 것이다.

Table 5에 보고된 결과를 보면 먼저 종속변수가 비정상 영업활동현금 흐름일 때 이익조정 의심집단($Suspect\_NI_t$)의 회귀계수는 −0.0169로 유

TABLE 5 Comparison of suspect firm−years with firms in the vicinity of zero earnings

	Abnormal CFO	Abnormal discretionary expenses	Abnormal production costs
Intercept	−0.0092**	0.0032	−0.0001
	(−7.81)	(0.59)	(−0.59)
SIZE	−0.0022**	0.0195**	0.0034**
	(2.49)	(8.12)	(3.69)
MTB	0.0003	0.0042**	−0.0037**
	(0.74)	(4.83)	(−3.36)
Net income	0.2203**	−0.1811*	−0.1074**
	(7.39)	(−1.92)	(−3.62)
SUSPECT_NI	−0.0169**	−0.0178**	0.0275**
	(−3.73)	(−2.21)	(2.94)

* Significant at the 10% level.

** Significant at the 5% level.

This table reports the results of Fama-Macbeth regressions, over a period of fifteen years from 1987 to 2001. The total sample includes 10,958 observations. The regressions being estimated are of the form.

$$Y_t = \alpha + \beta_1(SIZE)_{t-1} + \beta_2(MTB)_{t-1} + \beta_3(Net\ income)_t + \beta_4(SUSPECT\_NI)_t + \epsilon_t$$

Each column presents the results of the above regression for a different dependent variable, whose name appears at the top of the respective column. T-statistics are calculated using standard errors corrected for autocorrelation using the Newey-West procedure. They are reported in parentheses. Please see Appendix A for variable descriptions.

출처 : Roychowdhury (2006), p.356.

의하였다. 즉 이익조정 의심집단의 비정상 영업활동현금흐름이 다른 집단
에 비하여 유의하게 작다는 것을 뜻한다. 다음으로 종속변수가 비정상 재
량적 비용일 때 이익조정 의심집단($Suspect\_NI_t$)의 회귀계수는 -0.0178로
유의하였다. 즉, 이익조정 의심집단에서 재량적 비용의 삭감 정도가 더 크
다는 의미이다. 마지막으로 종속변수가 비정상 제조원가일 때 이익조정
의심집단($Suspect\_NI_t$)의 회귀계수는 0.0275로 유의하였다. 즉, 이익조정
의심집단은 다른 집단보다 제조원가가 크다는 것을 의미한다.

6. McVay (2006)

McVay(2006)는 재량적 발생액 또는 실물활동을 이용한 이익조정 외에 손
익항목의 분류변경을 통한 이익조정을 분석하였다. 선행연구에 따르면 영
업이익은 영업외이익보다 더 지속적이며, 투자자들은 주가를 결정할 때 영
업외이익보다 영업이익을 더 높게 평가하는 것으로 알려져 있다(Lipe 1986 ;
Bradshaw and Sloan 2002). 기존의 이익조정과 달리 분류변경(classification
shifting)을 이용한 이익조정은 최종 당기순이익에는 영향을 미치지 않지만
손익계산서의 이익구성을 변경함으로써 기업에 유리한 경제적 결과를 얻
으려는 동기에서 수행된다.

    McVay(2006)는 이러한 논의를 토대로 하여 비기대영업이익을 높이려
는 동기에서 경영자들은 영업비용을 특별항목으로 분류변경하는지를 분석
하였다.[5] 또한 이러한 분류변경은 시계열상 지속적이지 않을 것이므로 차
기에는 반전될 것으로 예상하였다. 이를 분석하기 위한 모형은 다음과 같다.

$$UE\_CE_t = \alpha_0 + \alpha_1\%SI_t + \epsilon_t \tag{5-6a}$$

---

[5] Fan, Barua, Crady, and Thomas(2010)는 분기이익의 분류변경 이익조정이 존재한다는 결과
를 보고하였고, Barua, Lin, and Sbaraglia(2010)는 중단영업손익을 이용한 분류변경 이익
조정이 존재한다는 증거를 제시하였다.

$$UE\_\Delta CE_{t+1} = \eta_0 + \eta_1 \%SI_t + \nu_{t+1} \tag{5-6b}$$

단, $UE\_CE_t = t$기 비기대영업이익

$UE\_\Delta CE_{t+1} = t+1$기 비기대영업이익변화($UE\_CE_{t+1} - UE\_CE_t$)

$\%SI_t = t$기 특별항목$*(-1)$[6]

가설의 예상대로 영업비용을 특별항목으로 분류변경하는 금액이 클수록 비기대영업이익이 증가한다면 식(5-6a)에서 $\alpha_1 > 0$으로 예상된다. 또한 t기에 분류변경으로 증가한 비기대영업이익이 $t+1$기에 반전된다면 식(5-6b)에서 $\eta_1 < 0$으로 예상된다. 위에서 UE_CE_t와 $UE\_\Delta CE_{t+1}$은 다음의 예측모형으로부터 추정된 예측치를 실제치에서 차감한 값을 사용하였다.

$$CE_t = \beta_0 + \beta_1 CE_{t-1} + \beta_2 ATO_t + \beta_3 ACCRUALS_{t-1} + \beta_4 ACCRUALS_t$$
$$+ \beta_5 \Delta SALES_t + \beta_6 NEG\_\Delta SALES_t + \epsilon_t \tag{5-7a}$$

$$\Delta CE_t = \phi_0 + \phi_1 CE_{t-1} + \phi_2 \Delta CE_{t-1} + \phi_3 \Delta ATO_t + \phi_4 ACCRUALS_{t-1}$$
$$+ \phi_5 ACCRUALS_t + \phi_6 \Delta SALES_t + \phi_7 NEG\_\Delta SALES_t + \nu_t \tag{5-7b}$$

단, $CE_t = t$기 영업이익(매출에서 매출원가와 판매관리비를 차감한 값을 매출로 나눔)

$\Delta CE_t = t$기 비기대영업이익변화($CE_t - CE_{t-1}$)

$ATO_t = t$기 총자산회전율(매출을 평균순영업자산으로 나눔)

$ACCRUALS_t = t$기 총발생액(당기순이익에서 영업현금흐름을 차감한 값을 매출로 나눔)

$\Delta SALES_t = t$기 매출변화(($SALES_t - SALES_{t-1}$)$/SALES_{t-1}$)

$NEG\_\Delta SALES_t = \Delta SALES_t < 0$이면 1, 그렇지 않으면 0인 더미변수

Table 6에 제시된 가설검정결과를 보면 예상대로 표본의 종류에 관계없이 $\alpha_1 > 0$으로 유의하였다. 즉, 영업비용을 분류변경하여 특별항목이 증가할수록 비기대영업이익이 증가하였다. 그리고 표본의 종류에 관계없이

---

6) $\%SI_t$가 클수록 이익이 작아지도록 정의하였다.

$\eta_1 < 0$으로 유의하였다. 이는 t기 분류변경으로 증가한 비기대영업이익이 $t+1$기에 반전하고 있음을 보여주는 증거이다.

TABLE 6 Regression of Unexpected Core Earnings and Future Unexpected Change in Core Earnings on Special Items as a Percentage of Sales

Independent Variables	Predicted Sign	Dependent Variable= UE_CE_t		
		All Compustat Firms	Non-Zero Income-Decreasing Special Items	Income-Decreasing Special Items≥5% of Sales
Intercept		0.000 (0.26)	0.003 (2.18)	−0.000 (−0.07)
$\%SI_t$	+	0.022 (4.61)	0.017 (3.06)	0.022 (2.39)
Adjusted R^2		0.03%	0.04%	0.06%

Independent Variables	Predicted Sign	Dependent Variable= $UE\_\Delta CE_{t+1}$		
		All Compustat Firms	Non-Zero Income-Decreasing Special Items	Income-Decreasing Special Items≥5% of Sales
Intercept		0.001 (2.45)	0.001 (5.42)	0.010 (3.47)
$\%SI_t$	−	−0.010 (−2.24)	−0.018 (−3.67)	−0.025 (−3.20)
Adjusted R^2		0.01%	0.05%	0.11%
Number of Observations		76,901	23,743	8,043
Standard Deviation of $\%SI_t$		0.114	0.193	0.286

The sample consists of 76,901 firm-year observations, t-statistics are shown in parentheses. Unexpected Core Earnings in year t (UE_CE_t) and Unexpected Change in Core Earnings from year t to $t+1$ ($UE\_\Delta CE_{t+1}$) are the differences between reported and predicted Core Earnings and Change in Core Earnings, respectively, where the predicted values are calculated using the coefficients from models (1) and (2) (shown below), estimated by fiscal year and industry and excluding firm i :

$$CE_t = \beta_0 + \beta_1 CE_{t-1} + \beta_2 ATO_t + \beta_3 ACCRUALS_{t-1} + \beta_4 ACCRUALS_t + \beta_5 \Delta SALES_t + \beta_6 NEG\_\Delta SALES_t + \epsilon_t \qquad (1)$$

$$\Delta CE_t = \phi_0 + \phi_1 CE_{t-1} + \phi_2 \Delta CE_{t-1} + \phi_3 \Delta ATO_t + \phi_4 ACCRUALS_{t-1} + \phi_5 ACCRUALS_t + \phi_6 \Delta SALES_t + \phi_7 NEG\_\Delta SALES_t + \nu_t \qquad (2)$$

CE_t is Core Earnings, calculated as (Sales$_t$ − Cost of Goods Sold$_t$ − Selling, General, and Administrative Expenses$_t$)/Sales$_t$ where Cost of Goods Sold and Selling, General, and

Administrative Expenses exclude Depreciation and Amortization, as determined by Compustat. ATO_t is the asset turnover ratio, defined as $Sales_t/((NOA_t + NOA_{t-1})/2)$, where NOA is Net Operating Assets, and is defined in Table 1, Panel B. $ACCRUALS_t$ is Operating Accruals, calculated as [(Net Income before Extraordinary Items−Cash From Operations)/ Sales].

$\Delta SALES_t$ is the percentage change in sales from year $t-1$ to t $(Sales_t - Sales_{t-1})/$ $(Sales_{t-1})$. $NEG\_\Delta SALES_t$ is $\Delta SALES_t$ if $\Delta SALES_t$ is negative, and 0 otherwise. $\%SI_t$ is income-decreasing special items as reported by Compustat (where positive specials item are income-decreasing and income-increasing special items are set to zero) scaled by sales, both in year t.

All variables are winsorized at 1 percent and 99 percent.

See Table 1, Panel B, for Compustat data item numbers.

출처 : McVay (2006), p.518.

제 2 절 발생액품질

1. Dechow and Dichev (2002)

일반적으로 동일 기간의 발생액과 영업현금흐름 간에는 음(−)의 관계가 존재한다. 외상매출을 예로 들면 t기 발생액은 t기말 매출채권잔액에서 $t-1$기말 매출채권잔액을 차감한 금액인 데 대하여 t기 영업현금흐름은 $t-1$기말 매출채권회수액을 포함한다. 즉, $t-1$기말 매출채권잔액이 클수록 t기 발생액은 작아지고 t기 영업현금흐름은 커진다. 이로 인하여 둘간에 음(−)의 관계가 성립한다. 간접법에 따른 영업현금흐름을 산출할 때 영업활동 관련 유동자산증가액을 차감하고 영업활동 관련 유동부채증가액을 가산한다. 또한 유동자산의 증가는 발생액을 증가시키지만 유동부채의 증가는 발생액을 감소시킨다는 점을 감안하면 동일 기간의 영업현금흐름과 발생액 간에는 음(−)의 관계가 존재한다는 것을 어렵지 않게 추론할 수 있다.

발생주의에서는 수익과 비용을 인식하는 기간과 현금을 주고받는 기간의 차이를 수정분개로 조정한다. 수정분개의 유형에는 (1) 먼저 현금을 수취하거나 지급한 후에 이익에 반영되는 선수수익, 선급비용 등 이연분개 (deferral entries)에 해당하는 유형과 (2) 먼저 이익에 반영된 후에 현금을 수취하거나 지급하는 미수수익, 미지급비용 등 발생분개(accrual entries)에 해당되는 유형의 두 가지가 있다.

첫째, 이연분개의 예를 살펴본다. 선수수익은 t기에 현금을 수취할 때 "(차) 현금 / (대) 선수수익"으로 회계처리하고, $t+1$기에 수익이 가득될 때 "(차) 선수수익 / (대) 수익"으로 회계처리한다. $t+1$기에 수익이 가득될 때의 "수익"은 $t+1$기 발생액에 포함된다. 이 때문에 t기 현금과 $t+1$기 선수수익 관련 발생액 간에 양(+)의 관계가 성립한다. 이와 유사하게 선급비용은 t기에 현금을 지급했을 때 "(차) 선급비용 / (대) 현금"으로 회계처리하고, $t+1$기에 수익창출력이 소멸되어 비용으로 전환될 때 "(차) 비용 / (대) 선급비용"으로 회계처리한다. 비용으로 전환될 때의 "비용"은 발생액에 포함된다. 이 때문에 t기 현금과 $t+1$기 선급비용 관련 발생액 간에도 양(+)의 관계가 성립한다.

둘째, 발생분개의 예를 살펴본다. 미수수익은 t기에 수익이 가득되었을 때 "(차) 미수수익 / (대) 수익"으로 회계처리하고, $t+1$기에 현금을 수취했을 때 "(차) 현금 / (대) 미수수익"으로 회계처리한다. t기에 수익이 가득되었을 때의 "수익"은 발생액에 포함된다. 이 때문에 t기 미수수익 관련 발생액과 $t+1$기 현금 간에 양(+)의 관계가 성립한다. 이와 유사하게 미지급비용은 t기에 비용이 발생할 때 "(차) 비용 / (대) 미지급비용"으로 회계처리하고, $t+1$기에 현금을 지급할 때 "(차) 미지급비용 / (대) 현금"으로 회계처리한다. 지급할 의무를 비용으로 기록할 때의 "비용"은 발생액에 포함된다. 이 때문에 t기 미지급비용 관련 발생액과 $t+1$기 현금 간에도 양(+)의 관계가 성립한다.

Dechow and Dichev(2002)는 이러한 수정분개의 틀 속에서 발생액과 영업현금흐름 간의 관계에 주목하여 발생액품질(accrual quality)을 측정하고자 다음의 회귀식을 추정하였다.

$$\Delta WC_t = b_0 + b_1 CFO_{t-1} + b_2 CFO_t + b_3 CFO_{t+1} + \epsilon_t \tag{5-8}$$

단, $\Delta WC_t = t$기 운전자본발생액(평균총자산으로 나눔)
$CFO_t = t$기 영업현금흐름(평균총자산으로 나눔)

위 식에서 영업현금흐름과 발생액 간의 매핑관계가 수정분개의 예에서 살펴본 것처럼 완전하다면 $b_1 = b_3 = 1$ & $b_2 = -1$일 것이다. 그러나 현금수취/지급액과 손익에 반영되는 금액이 일치하지 않거나 변수측정오류가 존재하는 등의 이유로 영업현금흐름과 발생액 간의 실제 매핑관계가 완전하지 않을 수 있다.[7] 이 경우 회귀계수 추정치에 편의가 생기게 되어 $0 < b_1 = b_3 < 1$ & $-1 < b_2 < 0$일 것으로 예상하는 동시에 잔차항의 변동성이 클 것으로 예상하였다. 위 회귀식의 잔차의 변동성이 클수록 발생액의 품질이 감소한다고 보았다.

식(5-8)을 기업별 시계열 자료를 이용하여 추정한 결과를 보고한 Table 7 Panel A에 의하면 $b_1 = 0.17$, $b_2 = -0.62$ & $b_3 = 0.09$로 나타났고, 산업별 횡단면 자료를 이용하여 추정한 결과를 보고한 Table 7 Panel B에 의하면 $b_1 = 0.19$, $b_2 = -0.51$ & $b_3 = 0.15$로 나타났으며, 시계열 및 횡단면 자료를 통합하여 분석한 Table 7 Panel C에 의하면 $b_1 = 0.19$, $b_2 = -0.51$ & $b_3 = 0.18$로 관찰되었다. 이러한 결과로부터 영업현금흐름과 운전자본발생액 간 동시(contemporaneous) 관계는 음($-$)이고, 시차(lagged) 관계는 양($+$)이라는 것을 확인할 수 있다.

한편 식(5-8)을 기업별 시계열 자료로 추정했을 때 잔차의 표준편차, 즉 발생액품질과 기업특성변수 간의 관계를 분석한 Table 8 Panel C의 결과 (4)에 의하면, 손실빈도(*Prop. Negative Earnings*)가 클수록, 매출변동성(*Std. Sales*)이 클수록, 운전자본절댓값(*Average* |ΔWC|)이 클수록, 기업규모(*Log Total Assets*)가 작을수록 발생액품질이 떨어지는 것으로 나타났다.

---

7) 현금수취/지급액과 손익반영금액이 일치하지 않는 경우는 (1) t기 매출채권(손익반영금액)의 일부가 $t+1$기에 전액 회수되지 않는 경우와 (2) t기에 비용처리된 충당부채(손익반영금액)와 다른 금액이 $t+1$기에 현금으로 지급되는 경우가 있다. 이러한 경우에는 영업현금흐름과 발생액 간의 매핑관계가 불완전하게 되고, 잔차의 변동성이 증가한다.

TABLE 7 Regressions of the Change in Working Capital on Past, Current, and Future Cash Flow from Operations for Firm—Years between 1987 to 1999

$$\Delta WC_t = b_0 + b_1 CFO_{t-1} + b_2 CFO_t + b_3 CFO_{t+1} + \epsilon_t$$

	Intercept	b_1	b_2	b_3	Adjusted R^2
Panel A : Firm-Specific Regressions (1,725 firms)					
Mean	0.04	0.17	−0.62	0.09	0.47
(t-statistic)	(23.03)	(19.38)	(−57.06)	(10.38)	
Lower quartile	0.001	−0.02	−0.91	−0.10	0.23
Median	0.04	0.14	−0.65	0.09	0.55
Upper quartile	0.08	0.35	−0.35	0.28	0.80
Panel B : Industry-Specific Regressions (136 industries)					
Mean	0.03	0.19	−0.51	0.15	0.34
(t-statistic)	(16.09)	(21.10)	(−35.77)	(15.33)	
Lower quartile	0.01	0.11	−0.63	0.08	0.22
Median	0.03	0.18	−0.52	0.15	0.34
Upper quartile	0.04	0.26	−0.40	0.23	0.45
Panel C : Pooled Regression (15,234 firm-year observations)					
Coefficient	0.03	0.19	−0.51	0.18	0.29
(t-statistic)	(39.43)	(32.12)	(−78.29)	(29.18)	

The t-statistics in Panel A are determined based on the distribution of the 1,725 coefficients obtained from the firm-specific regressions requiring a minimum of eight observations per firm. T-statistics in Panel B are determined based on the distribution of the 136 coefficients obtained from three-digit SIC grouping regressions requiring a minimum of 50 observations per grouping.

Variables definitions :
  Cash flow from operations (CFO)
    =item 308 from the Compustat Statement of Cash Flows ;
  Change in working capital (ΔWC)
    = $\Delta AR + \Delta Inventory - \Delta AP - \Delta TP + \Delta Other\ Assets$ (net), where AR is accounts receivable, AP is accounts payable, and TP is taxes payable ;
  Earnings before long-term accruals ($Earn$) = $CFO + \Delta WC$;
  Earnings before extraordinary items ($Prof$) = Compustat item 123 ; and
  Accruals = $Prof - CFO$
All variables are scaled by average total assets.
출처 : Dechow and Dichev (2002), p.44.

TABLE 8 Descriptive Statistics and the Correlation between Quality of Working Capital Accruals(sresid) and Selected Firm Characteristics for 1,725 Firms between 1987 to 1999

Panel C : Regressions Where the Dependent Variable is the Standard Deviation of the Residuals (sresid) and the Independent Variables are Firm Characteristics ($n=1,725$)

		Intercept	Std. Dev. *Earn*	Std. Dev. ΔWC	Std. Dev. *CFO*	Adj. R^2
(1)	Coefficient	0.004	0.462			0.67
	(t-statistic)	(9.29)	(58.63)			
(2)	Coefficient	0.001		0.480	0.008	0.57
	(t-statistic)	(1.34)		(29.32)	(0.56)	
(3)	Coefficient	-0.002	0.317	0.257		0.76
	(t-statistic)	(-4.10)	(36.73)	(26.17)		

		Intercept	Prop. Negative Earnings	Std. Dev. Sales	Average $|\Delta WC|$	Average Op. Cycle	Log (Total Assets)	Adj. R^2
(4)	Coefficient	0.012	0.049	0.005	0.334	0.00	-0.001	0.61
	(t-statistic)	(6.03)	(21.62)	(2.63)	(21.79)	(0.07)	(-5.22)	

The standard deviation of the residuals (sresid) is calculated based on the residuals from the following firm-specific regressions :

$$\Delta WC_t = b_0 + b_1 CFO_{t-1} + b_2 CFO_t + b_2 CFO_{t+1} + \epsilon_t$$

where :

Cash flow from operations (*CFO*)
  = item 308 from the Compustat Statement of Cash Flows ;
Change in working capital (ΔWC)
  = $\Delta AR + \Delta Inventory - \Delta AP - \Delta TP + \Delta Other\ Assets$ (net), where AR is accounts receivable, AP is accounts payable, and TP is taxes payable ; and
Earnings before long-term accruals (*Earn*) = $CFO + \Delta WC$

All variables are scaled by average assets.

The standard deviations of Sales, *Earn*, *CFO*, and ΔWC are calculated at a firm level. Operating cycle is equal to 360/(Sales Average AR) + 360/(Cost of Goods Sold)/(Average Inventory). Proportion of earnings that are negative is calculated as the number of firm-years with negative earnings divided by the total number of firm-years for each firm. For this table, we use a log(Total Assets) specification to correct for right-tail skewness in assets.

출처 : Dechow and Dichev (2002), p.48.

2. Bushman, Lerman, and Zhang (2016)

Bushman, Lerman, and Zhang(2016)은 Dechow and Dichev(2002) 모형의 회귀계수의 추세변화를 분석하였다. 이를 위하여 다음의 회귀식을 추정하였다.[8]

$$TACC_{i,t} = \beta_0 + \beta_1 CFO_{i,t-1} + \beta_2 CFO_{i,t} + \beta_3 CFO_{i,t+1} + e_{i,t} \qquad (5\text{-}9)$$

단, $TACC_{i,t} = i$기업의 t기 총발생액(평균총자산으로 나눔)
　　 $CFO_{i,t} = i$기업의 t기 영업현금흐름(평균총자산으로 나눔)

위 식을 연도별로 추정하고 회귀계수와 모형설명력의 추세변화를 분석하기 위하여 다음의 회귀식을 추정하였다.

$$\beta_1(CFO_{i,t-1}) = b_0 + b_1 Time + \epsilon \qquad (5\text{-}10\text{a})$$

$$\beta_2(CFO_{i,t}) = b_0 + b_1 Time + \epsilon \qquad (5\text{-}10\text{b})$$

$$\beta_3(CFO_{i,t+1}) = b_0 + b_1 Time + \epsilon \qquad (5\text{-}10\text{c})$$

$$Adj.R^2 = b_0 + b_1 Time + \epsilon \qquad (5\text{-}10\text{d})$$

단, $CFO_{i,t} = i$기업의 t기 영업현금흐름(평균총자산으로 나눔)
　　 $Time = $연도(1964, $\cdots$, 2014)
　　 $Adj.R^2 = $식(5-9)의 연도별 수정설명력

위에서 b_1이 양(+)이면 식 (5-10a)~(5-10d)의 회귀계수 또는 모형설명력이 시간의 경과에 따라 증가한다는 것을 의미한다.

식 (5-10a)~(5-10d)를 추정한 결과를 보고한 Figure 1과 Table 9 Panel B에 따르면 영업현금흐름의 회귀계수는 시차에 관계없이 모두 시간의 경과에 따라 증가하였다. 즉, 식 (5-10a)~(5-10c)의 연도변수의 회귀계수를

---

[8] Dechow and Dichev(2002)는 운전자본발생액을 종속변수로 사용한 반면에 Bushman, Lerman, and Zhang(2016)은 총발생액을 종속변수로 사용하였다.

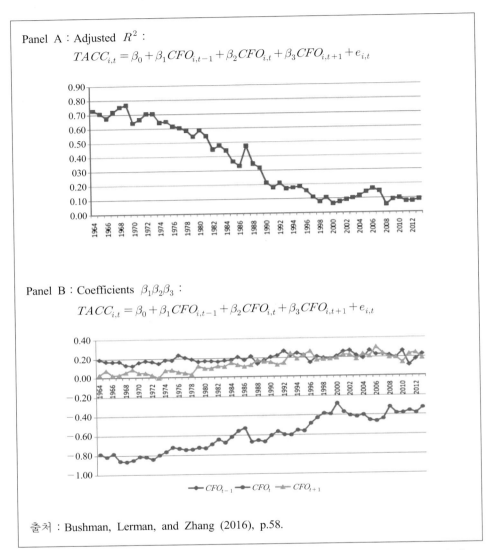

FIGURE 1   The relation between accruals and past, current, and future cash flows over time : Dechow and Dichev [2002]. $TACC_{i,t}$ is firm i's total accruals. $CFO_{i,t}$ is firm i's cash flows from operations. The full sample includes 159,932 firm−year observations with nonmissing $TACC_{i,t}$, $CFO_{i,t-1}$, $CFO_{i,t}$, and $CFO_{i,t+1}$ from 1964 to 2013. Each year, all variables are winsorized at 1% and 99%.

TABLE 9 The Relation Between Accruals and Past, Current, and Future Cash Flows over Time : Dechow and Dichev [2002]

Panel B : Regression results for time trends in $\beta(CFO)$ and Adj. R^2

$\beta_1(CFO_{i,t-1}) = b_0 + b_1\,Time + \epsilon$

$\beta_2(CFO_{i,t}) = b_0 + b_1\,Time + \epsilon$

$\beta_3(CFO_{i,t+1}) = b_0 + b_1\,Time + \epsilon$

$Adj.R^2 = b_0 + b_1\,Time + \epsilon$

Regression	b_0 (t-stat)	b_1 (t-stat)	R^2	Fitted Value Year 1965	Fitted Value Year 2011
$\beta_1(CFO_{i,t-1})$	0.164 (17.47)	0.001 (3.75)	0.210	0.164	0.214
$\beta_2(CFO_{i,t})$	−0.871 (−56.22)	0.011 (20.87)	0.899	−0.871	−0.321
$\beta_3(CFO_{i,t+1})$	0.026 (2.49)	0.005 (12.48)	0.760	0.026	0.276
Adj. R^2	0.763 (36.17)	−0.016 (−22.16)	0.909	0.763	−0.037

$TACC_{i,t}$ is firm i's total accruals. $CFO_{i,t}$ is firm i's cash flows from operations. Time is the number of years since 1964. $\beta_1(CFO_{i,t-1})$, $\beta_2(CFO_{i,t})$, $\beta_3(CFO_{i,t+1})$, and Adj. R^2 are the coefficient estimates and the adjusted R^2, respectively, from the Dechow and Dichev [2002] model $TACC_{i,t} = \beta_0 + \beta_1 CFO_{i,t-1} + \beta_2 CFO_{i,t} + \beta_3 CFO_{i,t+1} + e_{i,t}$ estimated annually. The sample includes 159,932 firm-year observations with nonmissing $TACC_{i,t}$, $CFO_{i,t-1}$, $CFO_{i,t}$, and $CFO_{i,t+1}$ from 1964 to 2013. Each year, all variables are winsorized at 1% and 99%. In panel B, t-statistics in parentheses are adjusted for Newey-West autocorrelations of three lags.
출처 : Bushman, Lerman, and Zhang (2016), p.56.

순서대로 보면 각각 0.001, 0.011, 0.005인데 동일 기간의 발생액과 영업현금흐름 간의 관계를 보여주는 β_2의 추세변화의 정도(식 5-10b의 b_1)가 상대적으로 훨씬 큰 것으로 나타났다.

특히 동일 기간의 발생액과 영업현금흐름 간의 음(−)의 관계가 점차 누그러지고 있다는 것은 영업현금흐름의 변동성을 완화시키는 것으로 알려진 발생액의 역할이 변화하고 있다는 것으로 해석된다. 반면에 모형설명력은 시간의 경과에 따라 점차 감소하였다. 이는 발생액과 영업현금흐름 간 매핑관계가 점차 약해지고 있다는 것을 뜻한다.

제 3 절 | 수익비용대응원칙

1970년대 이후 회계이익 측정에 관한 접근법이 손익계산서 중심에서 재무상
태표 중심으로 변화가 일어났다. 손익계산서를 중심으로 한 전통적인 접근
법에서는 수익과 비용을 대응시킨 결과물로 회계이익을 산출하였다. 반면에
재무상태표를 중심으로 한 접근법에서는 일정기간 순자산의 변화(기말순자
산과 기초순자산의 차이)로 회계이익을 계산하였다. 또한 지난 40~50년간
기업의 경제환경 및 산업구조가 급격히 변화해 왔는데 이러한 변화가 수익
과 비용 간의 대응에 유의한 영향을 미친 것으로 볼 수 있다.

1. Dichev and Tang (2008)

Dichev and Tang(2008)은 회계기준의 변화와 기업이 처한 경제환경 및 산
업구조의 변화에 주목하여 시간의 경과에 따른 수익비용대응의 추세변화를
분석하였다. 이를 위하여 다음의 회귀식을 추정하였다.

$$Revenues_t = \alpha + \beta_1 Expenses_{t-1} + \beta_2 Expenses_t + \beta_3 Expenses_{t+1} + e_t$$

(5-11)

단, $Revenues_t = t$기 매출(평균총자산으로 나눔)
$Expenses_t = t$기 비용(평균총자산으로 나눔)

위 식에서 수익과 비용의 대응이 완전하게 이루어진다면 $\beta_1 = \beta_3 = 0$
& $\beta_2 = 1$일 것이다. 그러나 고정비 비중 증가, 원가추정의 어려움 등 불가
피한 요소, 경영자의 재량권, 회계기준의 보수성 등 다양한 이유 때문에
수익비용의 대응은 완전한 수준에 도달하기 어렵다. 그 결과 위 식의 회귀
계수는 0 또는 1과 유의하게 다를 가능성이 높다.

위 식을 연도별로 추정한 결과를 보고한 Figure 2와 Table 10의 결과에 의하면 t기 매출과 t기 비용 간 동시관계(β_2)는 시간의 경과에 따라 감소하는 추세를 보인 반면에 t기 매출과 $t-1$기와 $t+1$기 비용 간 비동시관계 (β_1 & β_3)는 점차 증가하는 추세를 보이고 있다. 특히 1967~1985년 기간과 1986~2003년 기간의 회귀계수의 크기를 비교했을 때 세 가지 회귀계수 모두 두 기간간의 차이가 유의한 것으로 나타났다. 이러한 결과는 동일 기간의 수익과 비용의 대응이 시간의 경과에 따라 더 악화되고 있음을 보여주고 있다.

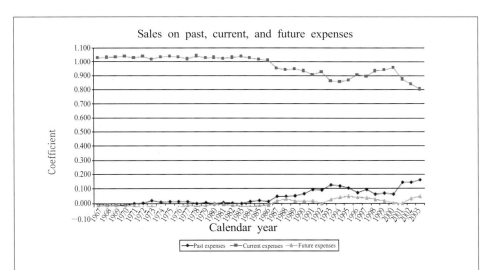

The figure plots the five-year moving average (the average for the current and previous four years) of slope coefficients of regression of current revenues on past, current, and future expenses from year 1967 to year 2003. *Earnings* is earnings before extraordinary items (Compustat item 18) deflated by average assets (Item 6). *Revenues* is net revenues (Compustat item 12) deflated by average assets. $Revenues_t$ is net revenues (Compustat item 12) deflated by average assets for the current period. $Expenses_t$ is the difference between *Revenues* and *Earnings* for the current period. $Expenses_{t-1}$ is the difference between *Revenues* and *Earnings* for the previous period. $Expenses_{t+1}$ is the difference between *Revenues* and *Earnings* for the next period. For each sample year, the regression of current revenues on past, current, and future expenses is run on a cross-sectional basis.
출처 : Dichev and Tang (2008), p.1438.

FIGURE 2 Coefficient in Regression of Revenues on Past, Current, and Future Expenses over 1967-2003

TABLE 10 Regression of *Revenues* on Previous, Current, and Future *Expenses*

Model : $Revenues_t = \alpha + \beta_1^* Expenses_{t-1} + \beta_2^* Expenses_t + \beta_3^* Expenses_{t+1}$

Year	Coefficient on Past *Expenses* (β_1)	Coefficient on Current *Expenses* (β_2)	Coefficient on Future *Expenses* (β_3)
Mean 1967 to 1985	0.007	1.031	−0.020
Mean 1986 to 2003	0.101	0.882	0.034
Difference	0.094	−0.149	0.055
p-value on difference	<0.001	<0.001	0.002

Earnings is earnings before extraordinary items (Compustat item 18) deflated by average assets (Item 6). *Revenues$_t$* is net revenues (Compustat item 12) deflated by average assets for the current period. *Expenses$_t$* is the difference between *Revenues* and *Earnings* for the current period. *Expenses$_{t-1}$* is the difference between *Revenues* and *Earnings* for the previous period. *Expenses$_{t+1}$* is the difference between *Revenues* and *Earnings* for the next period. The regression is run on a cross-sectional basis each year. The slope coefficients on past, current, and future expenses are reported in the table. p-value on the difference is obtained from a two-tailed *t*-test.
출처 : Dichev and Tang (2008), p.1437.

수익비용대응의 악화가 이익변동성에 미치는 영향을 살펴보기 위하여 최근 5년간 이익의 표준편차($Vol(Earnings)$)와 그 구성요소에 해당하는 매출의 표준편차($Vol(Revenues)$), 비용의 표준편차($Vol(Expenses)$), 매출과 비용 간 상관계수($Corr(Revenues, Expenses)$) 등의 추세변화를 Figure 3과 Table 11에 보고하였다.[9]

이익변동성은 급격히 증가하는 추세(전반기 0.014 대 후반기 0.021)를 보인 데 반하여 매출변동성(전반기 0.101 대 후반기 0.093)과 비용변동성의 변화(전반기 0.094 대 후반기 0.088)는 그리 급격하지 않았다. 대신에 매출과 비용 간 상관계수의 변화(전반기 0.973 대 후반기 0.914)가 두드러졌다. 즉, 이익변동성의 증가는 매출과 비용 간 상관관계가 약해지면서 나타난 결과이다. 고정비는 단기적으로 매출과의 상관관계가 약한 비용에 속하는데, 산업

---

[9] $Earnings = Revenues - Expenses$이므로

$$\sigma^2(Earnings) = \sigma^2(Revenues - Expenses)$$
$$= \sigma^2(Revenues) + \sigma^2(Expenses) - \sigma^2(Revenues, Expenses)$$

의 관계가 성립한다.

Panel A : Volatility for the One-Year Sample

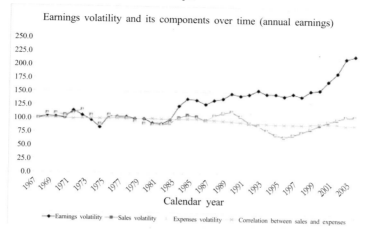

Earnings volatility and its components over time (annual earnings)

Calendar year

Earnings volatility　Sales volatility　Expenses volatility　Correlation between sales and expenses

Panel B : Volatility for the Two-Year Sample

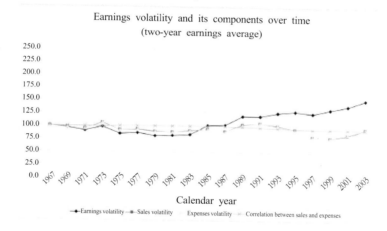

Earnings volatility and its components over time
(two-year earnings average)

Calendar year

Earnings volatility　Sales volatility　Expenses volatility　Correlation between sales and expenses

Panel A plots the normalized earnings volatility, revenues volatility, expenses volatility, and the correlation between revenues and expenses. Panel B plots the normalized two-year earnings volatility, two-year revenues volatility, two-year expenses volatility, and the correlation between two-year revenues and two-year expenses.

The sample starts from 1967 and ends on 2003. In order to limit the sample to economically substantial firms, we pick up the largest 1,000 firms for each year in the sample where volatility in two-year earnings, volatility in two-year revenues, and volatility in two-year expenses are available.

Earnings is earnings before extraordinary items (Compustat item 18) deflated by average assets (Item 6). *Revenues* is net revenues (Compustat item 12) deflated by average assets. *Expenses* is the difference between *Revenues* and *Earnings*.

$Vol(Earnings)$ is earnings volatility, which is calculated by taking the standard deviation of the deflated earnings for the most recent five years. $Vol(Revenues)$ is revenues volatility, which is calculated by taking the standard deviation of the deflated revenues for the most recent five years. $Vol(Expenses)$ is expenses volatility, which is calculated by taking the standard deviation of the deflated expenses for the most recent five years. $Corr(Revenues, Expenses)$ is the correlation between revenues and expenses, which is calculated as the correlation between the deflated revenues and the deflated expenses for the most recent five years. $Two\text{-}Year\ Earnings$ are calculated as the average of deflated earnings for the current and previous periods. $Two\text{-}Year\ Revenues$ and $Expenses$ are calculated analogously. $Vol(Two\text{-}Year\ Earnings)$ is volatility in two-year earnings, which is calculated by taking the standard deviation of two-year earnings for the most recent five non-overlapping two-year periods. $Vol(Two\text{-}Year\ Earnings)$ and $Vol(Two\text{-}Year\ Expenses)$ is calculated analogously. $Corr(Two\text{-}Year\ Revenues,\ Two\text{-}Year\ Expenses)$ is calculated analogously for the most recent five non-overlapping two-year periods. Normalize all volatility and correlation variables by their values for the beginning year of 1967.
출처 : Dichev and Tang (2008), p.1442.

FIGURE 3 Earnings Volatility and Its Components over Time

TABLE 11 Volatility of Earnings and Its Components over Time

Mean 1967 to 1985	0.014	0.101	0.094	0.973
Mean 1986 to 2003	0.021	0.093	0.088	0.914
Difference	0.007	−0.008	−0.005	−0.059
p-value on Difference	<0.001	<0.057	0.140	<0.001

Earnings is earnings before extraordinary items (Compustat item 18) deflated by average assets (Item 6). $Revenues$ is net revenues (Compustat item 12) deflated by average assets. $Expenses$ is the difference between $Revenues$ and $Earnings$. $Vol(Earnings)$ is earnings volatility, which is calculated by taking the standard deviation of the deflated earnings for the most recent five years. $Vol(Revenues)$ and $Vol(Expenses)$ are defined analogously. $Corr(Revenues, Expenses)$ is the correlation between revenues and expenses, which is calculated as the correlation between the deflated revenues and the deflated expenses for the most recent five years. $Two\text{-}Year\ Earnings$ are calculated as the average of deflated earnings for the current and previous periods. $Two\text{-}Year\ Revenues$ and $Expenses$ are defined analogously. $Vol(Two\text{-}Year\ Earnings)$ is calculated by taking the standard deviation of two-year earnings for the most recent five non-overlapping two-year periods. $Vol(Two\text{-}Year\ Revenues)$ and $Vol(Two\text{-}Year\ Expenses)$ are defined analogously. $Corr(Two\text{-}Year\ Revenues,\ Two\text{-}Year\ Expenses)$ is the correlation between two-year revenues and two-year expenses, which is calculated as the correlation between two-year revenues and two-year expenses for the most recent five non-overlapping two-year periods. p-value on the difference is obtained from a two-tailed t-test.
출처 : Dichev and Tang (2008), p.1440.

환경의 변화로 고정비 비중이 커지면서 매출과 비용 간 상관관계가 약해지는 결과가 나타난 것으로 볼 수 있다.

　Dichev and Tang(2008)은 매출에서 매출채권과 선수금을 제외한 현금매출을 구하고 현금매출에서 영업현금흐름을 차감한 현금비용간의 관계를 다음의 회귀식을 이용하여 추가로 분석하였다.

$$Cash\ Revenues_t = \alpha + \beta_1 Cash\ Expenses_{t-1} + \beta_2 Cash\ Expenses_t$$
$$+ \beta_3 Cash\ Expenses_{t+1} + e_t \qquad (5\text{-}12)$$

　단, $Cash\ Revenues_t = t$기 현금매출(평균총자산으로 나눔)
　　　$Cash\ Expenses_t = t$기 현금비용(평균총자산으로 나눔)

　위 식을 추정한 결과를 보고한 Figure 4 Panel A에 의하면 현금매출($Cash\ Revenues_t$)과 현금비용($Cash\ Expenses_t$) 간 동시관계(β_2)는 시간이 경과함에 따라 점차 증가하는 추세를 보인 반면에 현금매출($Cash\ Revenues_t$)과 현금비용($Cash\ Expenses_{t-1}$, $Cash\ Expenses_{t+1}$) 간 비동시관계(β_1 & β_3)는 감소하는 추세를 보여 Figure 2의 추세와 대조를 이루었다. 이는 Figure 2의 수익비용대응의 악화추세가 주로 발생주의에 따른 회계처리, 즉 발생액과 밀접한 관련이 있는 것으로 해석하였다.

Panel A : Coefficients in Regression of Cash Revenues on Past, Current, and Future Cash
Expenses over Time

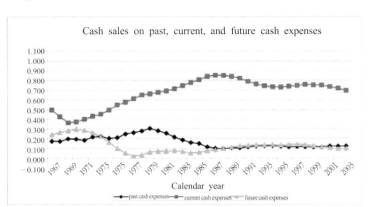

Panel A plots the five-year moving average (the average for the current and previous
four years) of slope coefficients of regression of current cash revenues on past, current,
and future cash expenses from year 1967 to year 2003.

Panel B plots the five-year moving average (the average for the current and the previous
four years) of persistence in CFOs and autocorrelation in the change CFOs.

The overall sample starts from 1967 and ends on 2003. In order to limit the sample to
economically substantial firms, we pick up the largest 1,000 firms for each year in the
sample where volatility in two-year earnings, volatility in two-year revenues, and
volatility in two-year expenses are available.

Cash Flows from Operations is the difference between earnings (Compustat Item 18)
and accruals as in Sloan(1996). More specifically, accruals is calculated as {the change
in current assets (Compustat Item 4) − the change in cash (Compustat Item 1) − [change
in current liabilities (Compustat Item 5) − the change in current debt (Compustat Item 34) −
change in tax payable (Compustat Item 71)] − Depreciation (Compustat Item 14)}. *CFOs*
is cash flows from operations deflated by average assets. *Cash Revenues* is net revenues
(Compustat Item 12) minus changes in trade accounts receivable (Compustat Item 151)
plus the change in deferred revenues (Compustat Item 356+397) deflated by average assets.
Cash Revenues$_t$ is cash revenues deflated by average assets for the current period.
Cash Expenses$_t$ is the difference between *Cash Revenues* and *CFOs* for the current
period. *Cash Expenses$_{t-1}$* is the difference between *Cash Revenues* and *CFOs* for
the previous period. *Cash Expenses$_{t+1}$* is the difference between *Cash Revenues* and
CFOs for the next period. For each sample year, *Persistence in CFOs* is the slope
coefficients from the regression of current CFOs on the previous period CFOs on a
cross-section basis. *Autocorrelation in CFOs Change* is the cross-sectional correlation
between current CFOs change and past CFOs change.

출처 : Dichev and Tang (2008), p.1452.

FIGURE 4 Cash−Based Measures of Earnings, Revenues, and Expenses

2. Donelson, Jennings, and McInnis (2011)

Donelson, Jennings, and McInnis(2011)는 Dichev and Tang(2008)의 결과가 회계기준에 기인한 것인지 혹은 경제활동의 변화로 인한 것인지를 분석하였다. 이러한 두 가지 원인은 각기 다른 정책적 시사점을 제공한다. 만일 수익비용대응의 악화추세가 회계기준에 의한 것이라면 FASB의 개념체계의 의도와 달리 회계정보의 유용성이 감소하고 있다는 것을 의미한다. 따라서 이러한 수익비용대응의 악화를 완화시킬 수 있는 회계기준을 식별해야 한다. 그러나 만일 수익비용의 악화추세가 경제활동의 변화 때문에 생기는 현상이라면 향후 회계기준 제개정에 충분히 고려해야 할 것이다.

　　Donelson, Jennings, and McInnis(2011)는 수익비용대응 악화문제가 회계기준 또는 경제활동의 변화 때문인지를 분석하기 위하여 총비용(Exp)을 매출원가($COGS$), 판매관리비(SGA), 감가상각비($DEPR$), 법인세비용(TAX), 특별손익항목(SI) 및 기타비용(OTH) 등 세부요소로 나눈 다음의 회귀식을 추정하였다.

$$Rev_{i,t} = \gamma_0 + \gamma_1 Exp_{i,t-1} + \gamma_{2a} COGS_{i,t} + \gamma_{2b} SGA_{i,t} + \gamma_{2c} DEPR_{i,t}$$
$$+ \gamma_{2d} TAX_{i,t} + \gamma_{2e} OTH_{i,t} + \gamma_{2f} SI_{i,t} + \gamma_3 Exp_{i,t+1} + \epsilon_{i,t} \qquad (5\text{-}13)$$

단, $Rev_{i,t}$ = i기업의 t기 매출(평균총자산으로 나눔)

　　$Exp_{i,t}$ = i기업의 t기 비용(평균총자산으로 나눔)

　　$COGS_{i,t}$ = i기업의 t기 매출원가(평균총자산으로 나눔)

　　$SGA_{i,t}$ = i기업의 t기 판매관리비(평균총자산으로 나눔)

　　$DEPR_{i,t}$ = i기업의 t기 감가상각비(평균총자산으로 나눔)

　　$TAX_{i,t}$ = i기업의 t기 법인세비용(평균총자산으로 나눔)

　　$OTH_{i,t}$ = i기업의 t기 기타비용(평균총자산으로 나눔)

　　$SI_{i,t}$ = i기업의 t기 특별손익항목(평균총자산으로 나눔)

TABLE 12 Decomposition Analysis Current Year Expense

		COGS	SGA	DEPR	TAX	SI	OTH
Coefficients	1967－1985	1.004	1.017	1.058	1.891	0.483	0.584
	1986－2005	0.996	1.030	0.853	2.123	0.197	0.480
	Difference	－0.009	0.014	－0.205	0.233	－0.286	－0.105
Weights	1967－1985	0.834	0.106	0.006	0.039	0.009	0.007
	1986－2005	0.711	0.122	0.013	0.011	0.129	0.013
	Difference	－0.122	0.016	0.008	－0.027	0.120	0.006

We decompose the aggregate coefficient estimates on current expense from Panel A of Table 1 into six income statement components and their respective weights, using the following model :

$$\text{Model 3 : } Rev_{i,t} = \gamma_0 + \gamma_1 Exp_{i,t-1} + \gamma_{2a} COGS_{i,t} + \gamma_{2b} SGA_{i,t} + \gamma_{2c} DEPR_{i,t} + \gamma_{2d} TAX_{i,t} + \gamma_{2e} OTH_{i,t} + \gamma_{2f} SI_{i,t} + \gamma_3 Exp_{i,t+1} + \epsilon_{i,t}$$

Kee(2009) demonstrates that the coefficient on current expense in Panel A of Table 1 (γ_2) is simply a weighted average of coefficients on the expense components (γ_{2a} through γ_{2f}) in (3). The weight for any component_t equals $\text{Cov}(Exp, component_t)/\text{Var}(Exp)$, where Exp is total current expense(Kee 2009).
출처 : Donelson, Jennings, and McInnis (2011), p.950.

위 식의 추정결과를 보고한 Table 12의 결과에 따르면 매출원가, 판매관리비, 감가상각비, 법인세비용 등 주요 비용항목의 추정회귀계수에 비하여 특별손익항목의 추정회귀계수가 대체로 작았다. 그러나 총비용의 회귀계수에서 차지하는 가중치를 세부요소별로 계산한 결과는 특별손익항목의 가중치가 다른 요소에 비하여 크게 증가한 것(전반기 가중치 0.009 대 후반기 가중치 0.129)으로 나타났다. 이는 Figure 5에 보고된 것처럼 일회성 손익항목, 자산감액손실, 자산처분 및 구조조정비용 등 특별손익항목이 시간의 경과에 따라 점차 증가하고 있다는 선행연구에서 보고된 것과 일관된 결과이다.

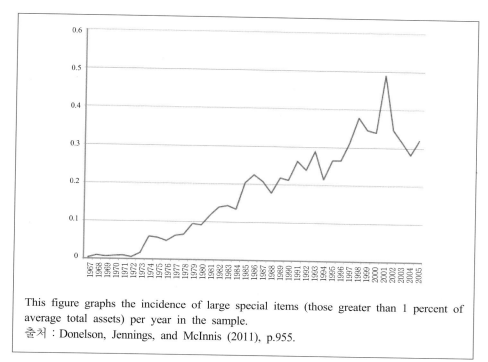

This figure graphs the incidence of large special items (those greater than 1 percent of average total assets) per year in the sample.

출처 : Donelson, Jennings, and McInnis (2011), p.955.

FIGURE 5 Large Special Items over Time

3. Srivastava (2014)

Srivastava(2014)는 산업구조가 전통제조업 중심에서 지식기반산업 중심으로 변화되고 있다는 점에 착안하여 선행연구에서 보고한 시간경과에 따른 이익품질 감소의 원인을 산업구조 변화 측면에서 밝히고자 하였다. 1970년 이전부터 존재하던 기존 상장기업(seasoned firms)과 1970년부터 매 10년 단위로 추가된 신규상장기업(new firms)을 구분하여 두 집단간 이익품질을 비교하였다. 이익품질 측정치의 하나로 Dichev and Tang(2008)이 사용한 매출($Revenues_{i,t}$)과 비용($TotalExpenses_{i,t}$) 간의 동시대응 추세(β_3)를 다음의 모형을 이용하여 살펴보았다.

Table 13

The average revenue-expense matching, earnings volatility, and earnings relevance of the successive listing cohorts.

Panel A presents the average measures of earnings quality (EQ) of the successive listing cohorts. All of the firms are divided into five listing cohorts in the following steps. The first year in which a firm's data are available in Compustat is referred to as the "listing year." All of the firms with a listing year before 1970 are classified as "seasoned firms." The remaining firms are classified as "new firms." All of the cohorts listed in a common decade are referred to as a "wave" of new firms. Consequently, all of the firms are divided into seasoned firms or a wave from the 1970s, 1980s, 1990s, or 2000s. The EQ measures are first calculated on a wave-year basis by using the methods described in Appendix A. These methods result in 40 annual observations for the seasoned-firm category (1970~2009), 40 annual observations for the 1970s wave (1970~2009), 30 annual observations for the 1980s wave (1980~2009), 20 annual observations for the 1990s wave (1990~2009), and ten annual observations for the 2000s wave (2000~2009) for each attribute. Volatility has one fewer observation per wave. The overall average EQ measure of a listing cohort is calculated by averaging all of its annual estimates.

Panel A : The average earnings quality of the successive listing cohorts							
Listing cohorts	Matching	Matching of cash components of revenues and expenses	Expense volatility	Revenue volatility	Earnings volatility	Volatility of cash flow from operations	Earnings relevance(%)
Seasoned firms	1.00	0.85	0.13	0.14	0.03	0.06	15.26
1970s wave	0.96	0.83	0.20	0.20	0.07	0.10	10.73
1980s wave	0.80	0.71	0.27	0.22	0.15	0.18	5.00
1990s wave	0.77	0.72	0.27	0.22	0.16	0.17	4.79
2000s wave	0.38	0.44	0.47	0.25	0.37	0.38	2.41

Differences in the earnings qualities of the successive listing cohorts after controlling for over all time trends.

출처 : Srivastava (2014), p.208.

$$Revenue_{i,t} = \beta_1 + \beta_2\,TotalExpenses_{i,t-1} + \beta_3\,TotalExpenses_{i,t}$$
$$+ \beta_4\,TotalExpenses_{i,t+1} + \epsilon_{i,t} \tag{5-14}$$

단, $Revenue_{i,t}$ = i기업의 t기 매출(평균총자산으로 나눔)
    $TotalExpenses_{i,t}$ = i기업의 t기 비용(평균총자산으로 나눔)

Table 13에 보고한 결과 중 첫 번째 열의 Matching 결과에 따르면 식 (5-14)의 매출($Revenues_{i,t}$)과 비용($TotalExpenses_{i,t}$) 간 동시대응관계를 나타내는 β_3가 기존기업(seasoned firms)의 경우에는 1.00이었는데, 1970년대에 신규상장된 기업(1970s wave)의 경우에는 0.96, 1980년대에 신규상장된 기업 (1980s wave)의 경우에는 0.80, 1990년대에 신규상장된 기업(1990s wave)의 경우에는 0.77, 그리고 2000년대에 신규상장된 기업(2000s wave)의 경우에는 0.38 등 감소하는 결과를 보고하였다. 이러한 결과는 시간의 경과에 따라 산업구조가 변화하면서 수익과 비용의 대응이 악화되는 것을 뜻한다고 결론을 내리고 있다.

참고문헌

Barua, A., S. Lin, and A. Sbaraglia. 2010. Earnings management using discontinued operations. *The Accounting Review* 85 (5) : 1458-1509.

Bradshaw, M. and R. Sloan. 2002. GAAP versus the street : An empirical assessment of two alternative definitions of earnings. *Journal of Accounting Research* 40 (1) : 41-66.

Bushman, R. M., A. Lerman, and X. F. Zhang. 2016. The changing landscape of accrual accounting. *Journal of Accounting Research* 54 (1) : 42-77.

DeAngelo, L. 1986. Accounting numbers as market valuation substitutes : A study of management buyouts of public stockholders. *The Accounting Review* 61 (3) : 400-420.

Dechow, P. and I. Dichev. 2002. The quality of accruals and earnings : The role of accrual estimation errors. *The Accounting Review* 77 (Supplement) : 35-59.

Dechow, P., W. Ge, and C. Schrand. 2010. Understanding earnings quality : A review of the proxies, their determinants and their consequences. *Journal of Accounting and Economics* 50 (2-3) : 344-401.

Dechow, P., R. Sloan, and A. Sweeney. 1995. Detecting earnings management. *The Accounting Review* 70 (2) : 193-225.

DeFond, M. and J. Jiambalvo. 1994. Debt covenant violation and manipulation of accruals : Accounting choice in troubled companies. *Journal of Accounting and Economics* 17 (1-2) : 145-176.

Dichev, I. and V. Tang. 2008. Matching and the changing properties of accounting earnings over the last 40 years. *The Accounting Review* 83 (6) : 1425-1460.

Donelson, D., R. Jennings, and J. McInnis. 2011. Changes over time in the revenue-expense relation : Accounting or economics? *The Accounting Review* 86 (3) : 945-974.

Fan, Y., A. Barua, W. Cready, and W. Thomas. 2010. Managing earnings using classification shifting : Evidence from Quarterly Special items. *The Accounting Review* 85 (4) : 1303-1323.

Healy, P. 1985. The effect of bonus schemes on accounting decisions. *Journal of Accounting and Economics* 7 (1-3) : 85-107.

Jones, J. 1991. Earnings management during import relief investigations. *Journal of Accounting Research* 29 (2) : 193-228.

Kothari, S. P., A. Leone, and C. Wasley. 2005. Performance matched discretionary accrual measures. *Journal of Accounting and Economics* 39 (1) : 163-197.

Lipe, R. 1986. The information contained in the components of earnings. *Journal of Accounting Research* 24 (Supplement) : 37-64.

McVay, S. 2006. Earnings management using classification shifting : An examination of core earnings and special items. *The Accounting Review* 81 (3) : 501-531.

Roychowdhury, S. 2006. Earnings management through real activities manipulation. *Journal of Accounting and Economics* 42 (3) : 335-370.

Schipper, K. 1989. Commentary on earnings management. *Accounting Horizons* 3 (4) : 91-102.

Srivastava, A. 2014. Why have measures of earnings quality changed over time? *Journal of Accounting and Economics* 57 (2-3) : 196-217.

Subramanyam, K. R. 1996. The pricing of discretionary accruals. *Journal of Accounting and Economics* 22 (1-3) : 249-282.

제 **6** 장

보수주의와 원가하방경직성

제 1 절   보수주의
제 2 절   원가하방경직성

회계연구 중에서 보수주의와 원가하방경직성 문헌은 변수간 비대칭 관계 (asymmetric relation)를 다루고 있다는 공통점을 갖고 있다. 보수주의 (conservatism)는 불확실성이 존재할 때 손실보다 이익에 대해서 더 엄격한 인식요건을 적용함으로써 손실과 이익의 비대칭 인식을 초래하는 회계관습 이다. 한편 원가하방경직성은 매출증가로 인한 판매관리비증가의 민감도 와 매출감소로 인한 판매관리비감소의 민감도가 비대칭이라는 현상이다.

제 1 절 보수주의

일반적으로 경영자는 자신의 실적을 과시하기 위하여 성과를 좋게 보이려 는 경향이 있다. 보수주의는 이러한 경영자의 기회주의적 행위로부터 정 보이용자들의 부(wealth)를 보호할 목적으로 자생적으로 발생한 회계관습 이다(Watts 2003). 이에 따라 회계기준에서는 불확실성이 존재하는 상황에 서 손실이나 비용을 인식할 때보다 이익이나 수익을 인식할 때 더 엄격한 수준의 검증잣대를 요구하고 있다.

보수주의를 불확실성 조건과 연관시키면 크게 조건보수주의와 무조건 보수주의로 구분할 수 있다. 조건보수주의(conditional conservatism)는 사후적 보수주의(ex post conservatism) 또는 뉴스의존적 보수주의(new-dependent conservatism)라고도 부르는데, 재고자산저가평가, 손상차손 등과 같이 불확 실성을 증가시키는 특정악재가 알려졌을 때 사후적으로 신속하게 이익에 반영하는 유형의 보수주의를 말한다. 반면에 무조건보수주의(unconditional conservatism)는 사전적 보수주의(ex ante conservatism) 또는 뉴스독립적 보 수주의(news-independent conservatism)라고도 하며, 연구개발비, 광고선전비 등의 비용처리와 같이 특정악재의 발생여부와 관계없이 사전적으로 순자 산에 불리한 방향으로 이익에 반영하는 유형의 보수주의를 말한다. 무조건보수주의에 해당하는 연구개발비, 광고선전비 등의 비용처리는 그 지출로 인한 미래수익을 신뢰성 있게 측정하기 어렵기 때문에 그에 관한 뉴스와 상관없이 사전에 비용처리하는 것이다. 그러나 조건보수주의에 해당하는 재고자산저가평가, 손상차손 등은 해당항목의 회수가능액이 장부금액에 미달하는 특정조건이 발생했을 때 사후적으로 비용처리하는 것이다.

보수주의를 적용함으로써 회계이익은 이익, 수익과 관련된 호재(good news)보다 손실, 비용 등과 관련된 악재(bad news)를 더 신속하게 반영하게 되며, 손실/비용과 이익/수익 간에 차별적 인식(asymmetric recognition)이 초래된다. 다양한 보수주의 측정치를 이용하여 보수주의의 추세변화를 분석한 Givoly and Hayn(2000)에 따르면 시간의 경과에 따라 보수적 재무보고가 강화되고 있는 것으로 나타났다.

1. Basu (1997)

Basu(1997)는 회계이익을 구성하는 손실/비용과 이익/수익 간 차별적 인식을 주식수익률과 연계하여 조건보수주의의 효과를 분석하였다. 악재는 신속히 당기의 회계이익에 반영되지만 호재는 엄격한 인식요건 때문에 당기의 회계이익에 반영되지 않는 것이 일반적이다. 이 경우에 악재가 예상될 때 회계이익과 주식수익률 간 관계는 호재가 예상될 때 회계이익과 주식수익률 간 관계보다 더 민감할 것이다.

예를 들어 호재의 경우 예상손익 반영 전 이익은 10이고, 예상이익은 5라 할 때 보수주의에 따라 예상이익은 인식하지 못하므로 예상손익 반영 후 이익 역시 10이다. 예상이익이 반영된 주식수익률을 20이라고 할 때 이익과 주식수익률 간 관계인 수익률반응계수는 0.5(=10/20)이고, 주식수익률과 이익 간 관계인 이익반응계수는 2.0(=20/10)이 된다.

반면에 악재의 경우 예상손익 반영 전 이익은 -10이고, 예상손실은 -5라 할 때 보수주의에 따라 예상손실은 즉시 인식하므로 예상손익 반영

후 이익은 −15가 된다. 예상손실이 반영된 주식수익률을 −20이라고 할 때 이익과 주식수익률 간 관계인 수익률반응계수는 0.75(=−15/−20)이고, 주식수익률과 이익 간 이익반응계수는 1.33(=−20/−15)이 된다.

구 분	호 재	악 재
예상손익 반영 전 이익	10	−10
예상손익	5	−5
예상손익 반영 후 이익	10	−15
주식수익률	20	−20
수익률반응계수(return response coefficient)	0.5	0.75
이익반응계수(earnings response coefficient)	2.0	1.33

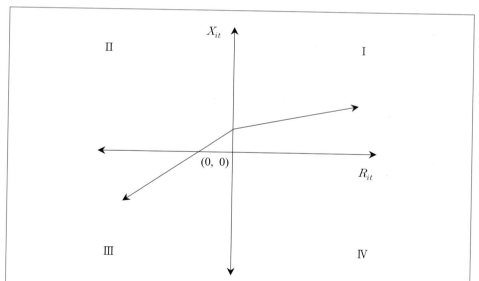

X_{it} and R_{it} are earnings and stock returns, respectively, for firm i in year t. Quadrant I contains observations with positive returns and positive earnings. Quadrant II contains observations with negative returns and positive earnings. Quadrant III contains observations with negative returns and negative earnings. Quadrant IV contains observations with positive returns and negative earnings.
출처 : Basu (1997), p.12.

FIGURE 1 Hypothesized association between earnings and returns under conservatism

　　이러한 관계를 회계이익과 주식수익률의 부호에 따라 Figure 1과 같이 회계이익과 주식수익률이 모두 양(+)인 Ⅰ사분면(호재집단)에서의 기울기 (수익률반응계수)보다 회계이익과 주식수익률이 모두 음(−)인 Ⅲ사분면 (악재집단)에서의 기울기(수익률반응계수)가 더 가파를 것으로 예상하였다.

　　Basu(1997)는 Figure 1의 예상을 실증적으로 분석하기 위하여 다음의 모형을 추정하였다.

$$X_{it}/P_{it-1} = \alpha_0 + \alpha_1 DR_{it} + \beta_0 R_{it} + \beta_1 DR_{it}*R_{it} + \epsilon_{it} \qquad (6-1)$$

단, X_{it} = i기업의 t회계연도 주당순이익
　　P_{it} = i기업의 t회계연도말 주가
　　R_{it} = i기업의 t회계연도말 9개월 전부터 12개월간 누적시킨 주식수익률
　　DR_{it} = i기업의 t기 주식수익률이 음(−)이면 1, 그렇지 않으면 0인 더미변수

　　Basu(1997)는 Beaver, Lambert, and Morse(1980)에 따라 주식수익률이 회계이익보다 선행한다는 점을 반영하여 회계이익을 종속변수로, 주식수익률을 독립변수로 하는 역회귀식을 추정하였다. 주식수익률이 음(−)인 경우를 악재로, 주식수익률이 양(+)인 경우를 호재로 분류할 때 보수주의는 악재를 더 신속히 회계이익에 반영하는 것이므로 위 식에서 $\beta_1 > 0$으로 예상된다. 이는 Figure 1의 Ⅲ사분면에서 주식수익률과 회계이익 간 관계의 기울기가 더 가파를 것이라는 예상과 일관된다.

　　위 식을 추정한 결과를 보고한 Table 1에 의하면 음(−)의 주식수익률과 주식수익률 간 교차항($DR_{it}*R_{it}$)의 회귀계수(β_1)는 예상과 같이 유의한 양(+)의 값(Panel A~C에서 각각 0.216, 0.256, 0.166)을 보였다. 주식수익률의 부호에 따라 구분한 집단별 회귀식의 설명력도 주식수익률이 음(−)인 집단이 더 컸다(Panel A 2.09 대 6.64, Panel B 1.07 대 10.0, Panel C 3.55 대 5.59). 이는 회계이익이 호재보다 악재를 더 신속하게 반영한다는 것을 뜻한다.

　　Basu(1997)는 식(6-1)에 추가하여 보수주의가 회계이익의 시계열에 미치는 영향을 분석하기 위하여 다음의 모형을 추정하였다.

TABLE 1 Coefficients and adjusted R^2s (%) from pooled cross–sectional regressions, excluding outliers, of beginning–of–period price deflated earnings on contemporaneous annual returns[a]

$$X_{it}/P_{it-1} = \alpha_0 + \alpha_1 DR_{it} + \beta_0 R_{it} + \beta_1 R_{it} * DR_{it}$$
$$(+) \qquad\qquad (+) \qquad (+)$$

Panel A : Inter-announcement period returns[b]

α_0	α_1	β_0	β_1	Adj. R^2
0.064 (75.44)[*]		0.113 (47.40)[*]		7.99
0.090 (68.03)[*]	0.002 (0.86)	0.059 (18.34)[*]	0.216 (20.66)[*]	10.09
		Positive returns sample	Negative returns sample	
Adjusted R^2(%) No. of observations		2.09 25,531	6.64 17,790	

Panel B : Market-adjusted inter-announcement period return and earnings[c]

α_0	α_1	β_0	β_1	Adj. R^2
0.003 (4.37)[*]		0.140 (48.43)[*]		9.37
0.030 (22.62)[*]	0.014 (6.07)[*]	0.047 (11.03)[*]	0.256 (27.14)[*]	12.48
		Positive returns sample	Negative returns sample	
Adjusted R^2(%) No. of observations		1.07 18,491	10.00 24,830	

Panel C : Fiscal year returns[d]

α_0	α_1	β_0	β_1	Adj. R^2
0.062 (72.94)[*]		0.123 (49.99)[*]		10.04
0.086 (64.11)[*]	−0.005 (1.96)	0.075 (21.34)[*]	0.166 (16.47)[*]	11.53
		Positive returns sample	Negative returns sample	
Adjusted R^2(%) No. of observations		3.55 25,665	5.59 17,453	

a. All firms listed on Compustat Merged Expanded Annual Industrial with OTC file or Compustat Merged Research Annual Industrial with OTC file and CRSP NYSE/AMEX Monthly Returns and Master file. Observations are grouped by the calendar year of the fiscal year-end. Observations falling in the top or bottom 1% of either price or asset deflated earnings or returns in each year are excluded. White(1980) heteroskedasticity-consistent t-statistics in parentheses.

b. X_{it} is the earnings per share for firm i in fiscal year t, P_{it-1} is the price per share at the beginning of the fiscal year, R_{it} is the return on firm i from 9 months before fiscal year-end t to three months after fiscal year-end t, DR_{it} is a dummy variable ; $=1$ if $R_{it} < 0$, $=0$ otherwise. 43,321 firm-year observations from 1963 to 1990.

c. R_{it} in this panel is the stock return for the firm less the corresponding CRSP equal-weighted market return, X_{it}/P_{it-1} is the EP ratio adjusted by the average EP ratio for sample firms in fiscal year t. The dummy variable is redefined to correspond to the new definition of R_{it}. The sample is identical to that in Panel A.

d. R_{it} in this panel is the stock return for the firm cumulated over its fiscal year, from fiscal year-end $t-1$ to fiscal year-end t, X_{it} and P_{it-1} are the same as in Panel A. The dummy variable is redefined to correspond to the new definition of R_{it}, 43,118 firm-year observations from 1963 to 1990.

* Significant at the two-tailed 1% confidence level.

Statistics that test hypotheses are indicated in bold typeface, predicted signs are indicated in parentheses below the regression.

출처 : Basu (1997), pp.13-14.

$$\Delta X_{it}/P_{it-1} = \alpha_0 + \alpha_1 D + \beta_0 \Delta X_{it-1}/P_{it-2} + \beta_1 D * \Delta X_{it-1}/P_{it-2} + \epsilon_{it}$$

(6-2)

단, $\Delta X_{it} = i$기업의 t회계연도 순이익변화

$P_{it} = i$기업의 t회계연도말 주가

$D = i$기업의 t기 순이익변화, 순이익수준 또는 주식수익률이 음(-)이면 1, 그렇지 않으면 0인 더미변수

위에서 보수주의가 미래 예상되는 손실을 당기이익에 신속히 반영한다면 당기이익의 지속성을 감소시킬 것이며, 그에 따라 이익지속성은 감소할 것이다. 이 경우 식(6-2)의 $\beta_1 < 0$으로 예상된다.

Table 2에 보고된 결과를 보면 예상과 마찬가지로 악재더미변수와 순이익변화의 교차항($D * \Delta X_{it-1}/P_{it-2}$)의 회귀계수가 유의한 음(-)인 것을 알 수 있다. 악재더미변수를 순이익변화로 측정한 Panel B에서 $\beta_1 = -0.652$이고, 악재더미변수를 순이익수준으로 측정한 Panel C에서 $\beta_1 = -0.453$이며, 악재더미변수를 주식수익률 부호로 측정한 Panel D에서 $\beta_1 = -0.203$이었다. 즉, 더미변수의 측정과 상관없이 일관되게 손실집단의 이익지속성이 낮았는데 이는 손실집단의 이익이 더 일시적인 속성을 갖고 있다는 것을 의미한다.

TABLE 2   Persistence of price–deflated earnings changes, excluding outliers, conditional on prior period "earnings news"

$$\Delta X_{it}/P_{it-1} = \alpha_0 + \alpha_1 D + \beta_0 \Delta X_{it-1}/P_{it-2} + \beta_1 D^* \Delta X_{it-1}/P_{it-2}$$
$$(-) \qquad\qquad (-)$$

	α_0	α_1	β_0	β_1	Adj. R^2
Panel A : No partition					
	0.015		-0.273		9.21
	$(4.60)^{**}$		$(-2.82)^{**}$		
Panel B : Earnings change-based partition[a]					
	-0.024	-0.014	-0.040	-0.652	20.64
	$(-8.06)^{**}$	$(-6.27)^{**}$	(-1.67)	$(-3.74)^{**}$	
		Positive earnings changes		Negative earnings changes	
Adjusted R^2(%)		0.68		24.19	
No. of observations		20,981		15,413	
Panel C : Earnings level-based partition[b]					
	-0.031	0.263	-0.066	-0.453	18.31
	$(-18.82)^{**}$	$(9.93)^{**}$	$(-2.00)^*$	$(-2.95)^{**}$	
Panel D : Return-based partition[c]					
	-0.002	0.031	-0.138	-0.203	10.40
	(-0.93)	$(3.87)^{**}$	$(-3.41)^{**}$	(-1.21)	

Note : White (1980) heteroskedasticity-consistent t-statistics in parentheses. All firms listed on Compustat Merged Expanded Annual Industrial with OTC file or Compustat Merged Research Annual Industrial with OTC file and CRSP NYSE/AMEX Monthly Returns and Master file. Observations falling in the top or bottom 1% of either opening price or assets deflated earnings or returns have been excluded. 36,394 firm-year observations from 1964 to 1990.

X_{it} is the earnings for firm i for fiscal year t, ΔX_{it} is the change in earnings for firm i for fiscal year j over fiscal year $j-1$, P_{it-j} is the price per share at the close of fiscal year $t-j$, R_{it} is the return on firm i from 9 months before the fiscal year-end t to three months after the fiscal year-end t.

a. $D=1$ if $\Delta X_{it-1}/P_{it-2} < 0$ (15,413 'bad news' firms) ;
    $=0$ otherwise (20,981 'good news' firms).

b. $D=1$ if $X_{it-1}/P_{it-2} < 0$ (4,332 'bad news' firms) ;
    $=0$ otherwise (32,062 'good news' firms).

c. $D=1$ if $R_{it} < 0$ (14,727 'bad news' firms) ;
    $=0$ otherwise (21,667 'good news' firms).

* Significant at the two-tailed 5% confidence level.

** Significant at the two-tailed 1% confidence level.

Statistics that test hypotheses are indicated in bold typeface, predicted signs are indicated in parentheses below the regression.

출처 : Basu (1997), p.21.

2. Ball and Easton (2013)

Ball and Easton(2013)은 Basu(1997)의 호재와 악재 간 회계이익의 차별적 인식에 영향을 주는 원인을 살펴보기 위하여 수익비용대응요소와 기대요소의 두 가지 요소로 구분하고, 각 요소가 회계이익의 차별적 인식에 미치는 상대적 역할을 분석하였다.

회계이익을 산출하는 데 근간이 되는 중요한 원칙은 (1) 수익과 비용 간 적절한 대응과 (2) 미래이익 변화에 대한 기대를 당기 수익 또는 비용에 적절히 반영하는 것이다. Ball and Easton(2013)은 이를 바탕으로 회계이익의 차별적 인식에 영향을 미치는 원인을 (1) 비용이 관련 수익이 인식되는 기간에 인식되는지에 관한 "수익비용대응요소(matching element)"와 (2) 미래이익의 기대변화가 당기 수익 또는 비용에 반영되는 정도에 관한 "기대요소(expectation element)"의 두 가지로 구분하였다. 이 중에서 기대요소는 당기 수익보다는 비용에 주로 반영될 것으로 예상할 수 있는데 그 이유는 현행 회계기준이 수익/이익을 비용/손실에 비하여 엄격하게 인식할 것을 요구하는 보수주의를 폭넓게 적용하고 있기 때문이다.

Ball and Easton(2013)은 회계이익의 차별적 적시성을 수익비용대응요소와 기대요소를 구분하기 위한 연구방법을 다음과 같이 설계하였다.

$$EARN_{jt} = \alpha + \sum_{\tau=0}^{251} \beta_\tau ret_{jt\tau} + controls + \epsilon_{jt} \tag{6-3}$$

$$\text{subject to} : \quad \beta_\tau = \beta^{beg} + \frac{1}{251}(\beta^{end} - \beta^{beg})\tau \tag{6-4}$$

단, $EARN_{jt}$ = j기업의 t회계연도 순이익(기초주가로 나눔)
$ret_{jt\tau}$ = j기업의 t회계연도 τ거래일 주식수익률
$controls$ = 통제변수

위의 식 (6-3)과 (6-4)를 결합하면 다음의 식으로 표시된다.[1]

---

1) 식 (6-3)과 (6-4)를 결합하여 식(6-5)를 도출하는 과정은 다음과 같다. 먼저 식(6-3)을 다음과 같이 풀어 쓴다.

$$EARN_{jt} = \alpha + \beta^{beg} \sum_{\tau=0}^{251} ret_{jt\tau} + (\beta^{end} - \beta^{beg}) \sum_{\tau=0}^{251} (ret_{jt\tau} \frac{\tau}{251})$$
$$+ controls + \epsilon_{jt} \tag{6-5}$$

단, $EARN_{jt} = j$기업의 t회계연도 순이익(기초주가로 나눔)

$\sum_{\tau=0}^{251} ret_{jt\tau} = j$기업의 t회계연도 일별주식수익률의 합계

$\sum_{\tau=0}^{251} (ret_{jt\tau} \frac{\tau}{251}) = j$기업의 t회계연도 일별가중평균 주식수익률

$controls = $ 통계변수

식(6-5)에서 β^{beg}과 β^{end}는 각각 회계연도초와 회계연도말 회계이익/주식수익률의 회귀계수로서 해당시점에 회계이익이 주식수익률에 반영된 정도를 나타낸다. 따라서 β^{end}는 기대요소, $(\beta^{beg} - \beta^{end})/2$는 수익비용대응 요소에 해당한다. 물론 두 요소의 합($(\beta^{beg} + \beta^{end})/2$)은 Basu(1997)의 회계이익 인식의 차별성과 같은 의미를 갖는다.

회계연도말에 가까울수록 회계이익이 주식수익률에 반영되는 정도는 약화된다. Figure 2에 주식수익률이 양(+)인 호재집단에 대하여 회계연도 초부터 회계연도말까지 수익/주식수익률, 비용/주식수익률의 회귀계수($\beta_0 \sim \beta_{251}$)를 그래프로 표시하였다. 그래프에 잘 나타나 있듯이 수익/주식수익률의 회귀계수(실선)는 회계연도말에 가까울수록 작아지고 있는 반면에 비용/주식수익률의 회귀계수(점선)는 회계연도말에 가까울수록 커지고

$$EARN_{jt} = \alpha + \beta_0 ret_{jt0} + \cdots + \beta_{251} ret_{jt251} + controls + \epsilon_{jt}$$

이를 식(6-4)와 결합하면 다음과 같다.

$$EARN_{jt} = \alpha + [\beta^{beg} + \frac{0}{251}(\beta^{end} - \beta^{beg})]ret_{jt0} + \cdots + [\beta^{beg} + \frac{251}{251}(\beta^{end} - \beta^{beg})]ret_{jt251}$$
$$+ controls + \epsilon_{jt}$$

마지막으로 이를 정리하면 식(6-5)가 도출된다.

$$EARN_{jt} = \alpha + \beta^{beg}(ret_{jt0} + \cdots + ret_{jt251}) + (\beta^{end} - \beta^{beg})(\frac{0}{251}ret_{jt0} + \cdots + \frac{251}{251}ret_{jt251})$$
$$+ controls + \epsilon_{jt}$$
$$= \alpha + \beta^{beg}\sum_{\tau=0}^{251} ret_{jt\tau} + (\beta^{end} - \beta^{beg})\sum_{\tau=0}^{251}(ret_{jt\tau}\frac{\tau}{251}) + controls + \epsilon_{jt}$$

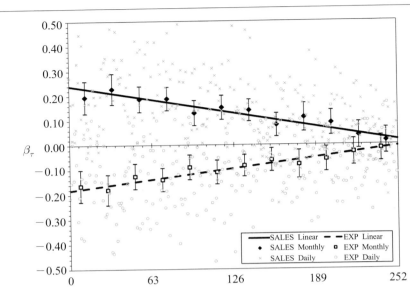

Dissection of the sales/return and expenses/return coefficients for a subsample of observations with a positive annual return number of trading days relative to first day of the fiscal year, τ. This figure plots the sales/return and expenses/return coefficient estimates, β_τ, as a function of the number of trading days relative to the first day of the current fiscal year, τ. Linear coefficients are estimated using the following regression model :

$$SALES_{jt} \text{ or } EXP_{jt} = \alpha + \sum_{\tau=0}^{251} \beta_\tau \cdot ret_{jt\tau} + controls + \epsilon_{jt}$$

subject to : $\beta_\tau = \beta^{beg} + \dfrac{1}{251} \cdot (\beta^{end} - \beta^{beg}) \cdot \tau$

The dependent variable is either $SALES_{jt}$ (columns 1 and 3) or EXP_{jt} (columns 2 and 4). Note that $SALES_{jt}$ is firm j's annual sales revenue in fiscal year t scaled by stock price at the beginning of fiscal year t. Note that EXP_{jt} is firm j's annual expenses (equal to earnings less sales revenue) in fiscal year t scaled by stock price at the beginning of fiscal year t. Note that $ret_{jt\tau}$ is the daily stock return of firm j on day τ, computed as the change in stock price plus dividends on day τ scaled by stock price at the beginning of fiscal year t, where τ is the number of trading days relative to the first day of fiscal year t. Note that $\beta^{beg}(\beta^{end})$ is the estimated sales/return or expenses/return coefficient at the beginning (end) of fiscal year t and α is the regression intercept (not reported). Additional controls (not reported) include : (1) annual earnings and annual sales revenue in the prior fiscal year scaled by stock price at the beginning of the current fiscal year; (2) the natural logarithm of price per share, the natural logarithm of market value of equity, the ratio of the book value of equity to market value of equity, and the ratio of book value of current and long-term debt to market value of equity measured at the end of the previous fiscal year; and (3) year-fixed-effect and industry-fixed-effect parameters, based on classifications defined in Barth, Beaver, and Landsman [1998]. Monthly coefficients are estimated using the following regression model :

$$SALES_{jt} \ \text{or} \ EXP_{jt} = \alpha + \sum_{m=1}^{12} \beta_m \cdot ret_{jtm} + controls + \epsilon_{jt}$$

Note that ret_{jtm} is the stock return of firm j during month m, where $m=1(m=12)$ is the first (last) month of fiscal year t. Note that β_m is the estimated sales/return or expenses/return coefficient in month m of fiscal year t and is shown with a plus/minus two-standard-error confidence interval. Daily coefficients are estimated using the following regression model :

$$SALES_{jt} \ \text{or} \ EXP_{jt} = \alpha + \sum_{\tau=0}^{251} \beta_\tau \cdot ret_{jt\tau} + controls + \epsilon_{jt}$$

Note that $ret_{jt\tau}$ is the stock return of firm j during trading day τ, where $\tau=0(\tau=251)$ is the first (last) trading day of fiscal year t. Note that β_τ is the estimated sales/return or expenses/return coefficient on trading day τ of fiscal year t. All models are separately estimated for a subsample of 31,233 observations with a positive annual stock return in fiscal year $t(\sum_{\tau=0}^{251} ret_{jt\tau} \geq 0)$.

출처 : Ball and Easton (2013), pp.1126-1127.

FIGURE 2

있다. 회계연도말에는 두 회귀계수의 크기가 매우 비슷한 것을 알 수 있다.

Figure 3에는 주식수익률이 음(−)인 악재집단에 대한 한 회계연도 동안 수익/주식수익률, 비용/주식수익률의 회귀계수($\beta_0 \sim \beta_{251}$)의 추세를 표시하였다. Figure 2와 유사하게 수익/주식수익률의 회귀계수(실선)는 회계연도말에 가까울수록 작아지고 있는 반면에 비용/주식수익률의 회귀계수(점선)는 회계연도말에 가까울수록 커졌다. 흥미로운 점은 Figure 2와 달리 회계연도말에 앞서서 두 회귀계수의 크기가 역전되고 있는데, 이는 주식수익률이 음(−)인 집단에서 비용의 기대요소가 빠르게 증가하고 있다는 것을 보여주고 있다.

Table 3에 식(6-5)를 추정한 회귀분석 결과를 보고하였다. 주식수익률이 양(+)인 호재집단에서 회계이익/주식수익률 회귀계수는 회계연도초에 0.057에서 회계연도말에 0.012로 감소하고 있다. 또한 전체 회계이익 차별성(($\beta^{beg} + \beta^{beg}$)/2)은 0.034인데 대응요소(($\beta^{beg} - \beta^{beg}$)/2) 0.023, 기대요소($\beta^{end}$) 0.012로 구성되어 있다는 것을 알 수 있다. 다만, 기대요소는 유의하지 않았다.

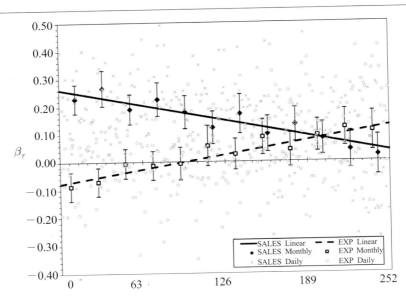

Number of Trading Days Relative to the First Day of the Fiscal Year, τ

Dissection of the sales/return and expenses/return coefficients for a subsample of observations with a negative annual return number of trading days relative to first day of the fiscal year, τ. This figure plots the sales/return and expenses/return coefficient estimates, β_τ, as a function of the number of trading days relative to the first day of the current fiscal year, τ. Linear coefficients are estimated using the following regression model :

$$SALES_{jt} \text{ or } EXP_{jt} = \alpha + \sum_{\tau=0}^{251} \beta_\tau \cdot ret_{jt\tau} + controls + \epsilon_{jt}$$

subject to : $\quad \beta_\tau = \beta^{beg} + \dfrac{1}{251} \cdot (\beta^{end} - \beta^{beg}) \cdot \tau$

The dependent variable is either $SALES_{jt}$ (columns 1 and 3) or EXP_{jt} (columns 2 and 4). Note that $SALES_{jt}$ is firm j's annual sales revenue in fiscal year t scaled by stock price at the beginning of fiscal year t. Note that EXP_{jt} is firm j's annual expenses (equal to earnings less sales revenue) in fiscal year t scaled by stock price at the beginning of fiscal year t. Note that $ret_{jt\tau}$ is the daily stock return of firm j on day τ, computed as the change in stock price plus dividends on day τ scaled by stock price at the beginning of fiscal year t, where τ is the number of trading days relative to the first day of fiscal year t. Note that $\beta^{beg}(\beta^{end})$ is the estimated sales/return or expenses/return coefficient at the beginning (end) of fiscal year t and α is the regression intercept (not reported). Additional controls (not reported) include : (1) annual earnings and annual sales revenue in the prior fiscal year scaled by stock price at the beginning of the current fiscal year : (2) the natural logarithm of price per share, the natural logarithm of market value of equity, the ratio of the book value of equity to market value of equity, and the ratio of book value of current and long-term debt to market value of equity measured at the end of the previous fiscal year ; and (3) year-fixed-effect and industry-fixed-effect parameters, based on classifications defined in Barth, Beaver, and Landsman [1998]. Monthly coefficients are estimated using the following regression model :

$$SALES_{jt} \text{ or } EXP_{jt} = \alpha + \sum_{m=1}^{12} \beta_m \cdot ret_{jtm} + controls + \epsilon_{jt}$$

Note that ret_{jtm} is the stock return of firm j during month m, where $m=1(m=12)$ is the first (last) month of fiscal year t. Note that β_m is the estimated sales/return or expenses/return coefficient in month m of fiscal year t and is shown with a plus/minus two-standard-error confidence interval. Daily coefficients are estimated using the following regression model :

$$SALES_{jt} \text{ or } EXP_{jt} = \alpha + \sum_{\tau=0}^{251} \beta_\tau \cdot ret_{jt\tau} + controls + \epsilon_{jt}$$

Note that $ret_{jt\tau}$ is the stock return of firm j during trading day τ, where $\tau=0(\tau=251)$ is the first (last) trading day of fiscal year t. Note that β_τ is the estimated sales/return or expenses/return coefficient on trading day τ of fiscal year t. All models are separately estimated for a subsample of 22,469 observations with a negative annual stock return in fiscal year $t(\sum_{\tau=0}^{251} ret_{jt\tau} < 0)$.

출처 : Ball and Easton (2013), pp.1128-1129.

FIGURE 3

한편 주식수익률이 음(−)인 악재집단에서 회계이익/주식수익률 회귀계수는 회계연도초에 0.183에서 회계연도말에 0.164로 감소하고 있다. 또한 전체 회계이익 차별성(($\beta^{beg} + \beta^{beg}$)/2)은 0.174인데 대응요소(($\beta^{beg} - \beta^{beg}$)/2) 0.009, 기대요소($\beta^{end}$) 0.174로 구성되어 있다. 주식수익률이 양(+)인 집단과 달리 대응요소에 비하여 기대요소가 훨씬 컸다. 이는 Basu(1997)가 보고한 회계이익의 차별적 인식이 주로 기대요소 때문이라는 것을 시사하고 있다.

Table 3의 결과가 수익 또는 비용 중 어느 항목에 기인한 것인지를 살펴보기 위하여 Table 4에 식(6-5)의 종속변수인 회계이익($EARN_{jt}$)을 수익($SALES_{jt}$)과 비용(EXP_{jt})으로 나누어 추정한 회귀분석 결과를 보고하였다.

$$SALES_{jt} \text{ or } EXP_{jt} = \alpha + \beta^{beg} \sum_{\tau=0}^{251} ret_{jt\tau} + (\beta^{end} - \beta^{beg}) \sum_{\tau=0}^{251} (ret_{jt\tau} \frac{\tau}{251})$$
$$+ controls + \epsilon_{jt} \tag{6-6}$$

TABLE 3 Dissection of the Earnings/Return Coefficient

		Sign of Annual Return		
	Full Sample	Positive	Negative	Difference
β^{beg}	0.099	0.057	0.183	0.126
	(9.78)	(5.23)	(17.06)	(11.04)
β^{end}	0.038	0.012	0.164	0.152
	(3.47)	(1.48)	(15.26)	(16.15)
$1/2(\beta^{beg} - \beta^{end})$	0.030	0.023	0.009	−0.013
	(4.84)	(4.05)	(1.85)	(−2.97)
$1/2(\beta^{beg} + \beta^{end})$	0.068	0.034	0.174	0.139
	(8.11)	(4.44)	(18.41)	(14.65)

This table presents the parameter estimates (t-statistics in parentheses) from the following regression model estimated for firm-year observations between 1972 and 2012 :

$$EARN_{jt} = \alpha + \sum_{\tau=0}^{251} \beta_\tau \cdot ret_{jt\tau} + controls + \epsilon_{jt}$$

$$\text{subject to} : \quad \beta_\tau = \beta^{beg} + \frac{1}{251} \cdot (\beta^{end} - \beta^{beg}) \cdot \tau$$

The dependent variable, $EARN_{jt}$, is firm j's annual earnings in fiscal year t scaled by stock price at the beginning of fiscal year t. Note that ret_{jtr} is the stock return of firm j on day τ, which is computed as the change in stock price plus dividends on day τ scaled by stock price at the beginning of fiscal year t, where τ is the number of trading days relative to the first day of fiscal year t. Note that $\beta^{beg}(\beta^{end})$ is the estimated earnings/return coefficient at the beginning (end) of the fiscal year t and α is the regression intercept (not reported). Additional controls (not reported) include : (1) annual earnings and annual sales revenue in the prior fiscal year scaled by stock price at the beginning of the current fiscal year ; (2) the natural logarithm of price per share, the natural logarithm of market value of equity, the ratio of the book value of equity to market value of equity, and the ratio of book value of current and long-term debt to market value of equity measured at the end of the previous fiscal year: and (3) year-fixed-effect and industry-fixed-effect parameters, based on classifications defined in Barth, Beaver, and Landsman [1998]. The first column summarizes parameter estimates for the full sample of 53,702 firm-year observations with a market value of equity above the median for all firms in a given year. The second column presents model parameters estimated for the subsample of 31,233 observations with a positive annual stock return in fiscal year t ($RET_{jt} \geq 0$). The third column presents model parameters estimated for the subsample of 22,469 observations with a negative annual stock return in fiscal year t ($RET_{jt} < 0$). The fourth column presents the difference between parameter estimates in the second and third columns. Standard errors are clustered by firm and year (Petersen [2009], Gow, Ormazabal, and Taylor [2010]).

출처 : Ball and Easton (2013), p.1113.

단, $SALES_{jt}$ = j기업의 t회계연도 매출액(기초주가로 나눔)

EXP_{jt} = j기업의 t회계연도 비용으로 순이익에서 매출액을 차감(기초주가로 나눔)[2]

$\sum_{\tau=0}^{251} ret_{jt\tau}$ = j기업의 t회계연도 일별주식수익률의 합계

$\sum_{\tau=0}^{251} (ret_{jt\tau} \frac{\tau}{251})$ = j기업의 t회계연도 일별가중평균 주식수익률

　　주식수익률이 양(+)인 호재집단에서 수익/주식수익률 회귀계수는 회계연도초에 0.239에서 회계연도말에 0.019로 감소하고 있다. 또한 전체 수익 차별성(($\beta^{beg}+\beta^{beg}$)/2)은 0.129인데 대응요소(($\beta^{beg}-\beta^{beg}$)/2) 0.110, 기대요소(β^{end}) 0.019로 구성되어 있다는 것을 알 수 있다. 그리고 비용/주식수익률 회귀계수는 회계연도초에 −0.182에서 회계연도말에 −0.007로 증가하고 있다. 전체 비용 차별성(($\beta^{beg}+\beta^{beg}$/2)은 −0.095인데 대응요소(($\beta^{beg}-\beta^{beg}$)/2) −0.088, 기대요소(β^{end}) −0.007로 구성되어 있다는 것을 알 수 있다. 호재집단에서는 수익과 비용 어느 경우에도 기대요소는 유의하지 않은 반면에 대응요소는 유의하였다.

　　한편 주식수익률이 음(−)인 악재집단에서 수익/주식수익률 회귀계수는 회계연도초에 0.261에서 회계연도말에 0.037로 감소하였다. 전체 수익 차별성(($\beta^{beg}+\beta^{beg}$)/2)은 0.149인데 대응요소(($\beta^{beg}-\beta^{beg}$)/2) 0.112, 기대요소(β^{end}) 0.037로 구성되어 있다는 것을 알 수 있다. 그리고 비용/주식수익률 회귀계수는 회계연도초에 −0.078에서 회계연도말에 0.127로 증가하고 있다. 전체 비용 차별성(($\beta^{beg}+\beta^{beg}$)/2) 0.024는 대응요소(($\beta^{beg}-\beta^{beg}$)/2) −0.103과 기대요소(β^{end}) 0.127의 합으로 이루어졌다. 악재집단에서 대응요소는 수익과 비용에서 모두 유의하였고, 기대요소는 비용의 경우에만 유의하였다.

　　두 집단간 차이를 보면 수익인식의 차별성은 전체 0.020, 대응요소 0.002, 기대요소 0.018로 어느 것도 유의하지 않았다. 그러나 비용인식의 차별성은 전체 0.119, 대응요소 −0.015, 기대요소 0.134로 대응요소는 유

---

[2] Ball and Easton(2013)은 비용을 순이익에서 매출액을 차감하는 방식으로 측정하였는데 이는 통상적인 비용에 (−1)을 곱한 값에 해당한다.

TABLE 4 Dissection of the Sales Revenue/Return and Expenses/Return Coefficients

	Positive Annual Return		Negative Annual Return		Difference	
	SALES	EXP	SALES	EXP	SALES	EXP
β^{beg}	0.239	-0.182	0.261	-0.078	0.022	0.104
	(5.12)	(-4.74)	(6.63)	(-1.67)	(0.42)	(2.40)
β^{end}	0.019	-0.007	0.037	0.127	0.018	0.134
	(1.25)	(-1.08)	(0.96)	(2.95)	(0.06)	(2.12)
$1/2(\beta^{beg} - \beta^{end})$	0.110	-0.088	0.112	-0.103	0.002	-0.015
	(3.97)	(-3.98)	(3.92)	(-3.95)	(0.36)	(-0.54)
$1/2(\beta^{beg} + \beta^{end})$	0.129	-0.095	0.149	0.024	0.020	0.119
	(6.17)	(-5.69)	(5.64)	(0.66)	(0.09)	(2.56)

This table presents the parameter estimates (t-statistics in parentheses) from the following regression model estimated for firm-year observations between 1972 and 2012 :

$$SALES_{jt} \ \text{ or } \ EXP_{jt} = \alpha + \sum_{\tau=0}^{251} \beta_\tau \cdot ret_{jt\tau} + controls + \epsilon_{jt}$$

$$\text{subject to} : \quad \beta_\tau = \beta^{beg} + \frac{1}{251} \cdot (\beta^{end} - \beta^{beg}) \cdot \tau$$

The dependent variable is either $SALES_{jt}$(columns 1 and 3) or EXP_{jt}(columns 2 and 4). Note that $SALES_{jt}$ is firm j's annual sales revenue in fiscal year t scaled by stock price at the beginning of fiscal year t. Note that EXP_{jt} is firm j's annual expenses (equal to earnings less sales revenue) in fiscal year t scaled by stock price at the beginning of fiscal year t. Note that $ret_{jt\tau}$ is the stock return of firm j on day τ, which is computed as the change in stock price plus dividends on day τ scaled by stock price at the beginning of fiscal year t, where τ is the number of trading days relative to the first day of fiscal year t. Note that $\beta^{beg}(\beta^{end})$ is the estimated sales/return or expenses/return coefficient at the beginning (end) of fiscal year t and α is the regression intercept (not reported). Additional controls (not reported) include : (1) annual earnings and annual sales revenue in the prior fiscal year scaled by stock price at the beginning of the current fiscal year; (2) the natural logarithm of price per share, the natural logarithm of market value of equity, the ratio of the book value of equity to market value of equity, and the ratio of book value of current and long-term debt to market value of equity measured at the end of the previous fiscal year; and (3) year-fixed-effect and industry-fixed-effect parameters, based on classifications defined in Barth, Beaver, and Landsman [1998]. The first and second columns present model parameters estimated for the subsample of 31,233 observations with a positive annual stock return in fiscal year $t(RET_{jt} \geq 0)$. The third and fourth columns present model parameters estimated for the subsample of 22,469 observations with a negative annual stock return in fiscal year t ($RET_{jt} < 0$). The fifth column presents the difference between parameter estimates in the first and third columns. The sixth column presents the difference between parameter estimates in the second and fourth columns. Standard errors are clustered by firm and year (Petersen [2009], Gow, Ormazabal, and Taylor [2010]).
출처 : Ball and Easton (2013), p.1115.

의하지 않았고, 기대요소는 유의하였다. 다시 말해서 Basu(1997)와 Table 3
의 보고된 회계이익인식의 차별성은 수익인식보다는 비용인식 때문인 것
을 보여주었다.

3. Ball and Shivakumar (2005)

Ball and Shivakumar(2005)는 발생액이 영업현금흐름에 포함되어 있는 잡
음(noise)을 감소시키는 역할을 한다는 발생주의의 특징에 착안하여 Basu
(1997)와 마찬가지로 손실과 이익 간의 차별적 인식을 분석하였다. 이를 위
하여 다음의 식을 추정하였다.

$$ACC_t = \beta_0 + \beta_1 DCFO_t + \beta_2 CFO_t + \beta_3 DCFO_t * CFO_t + v_t \qquad (6\text{-}7)$$

단, $ACC_t = t$기 발생액
$CFO_t = t$기 영업현금흐름
$DCFO_t = t$기 영업현금흐름이 음$(-)$이면 1, 그렇지 않으면 0인 더미변수

Basu(1997)와 달리 Ball and Shivakumar(2005)는 악재와 호재를 구분하
는 변수로 영업현금흐름의 부호를 이용하였다. 위에서 발생주의 특성상
발생액과 영업현금흐름 간 관계(β_2)는 음$(-)$으로, 영업현금흐름이 음$(-)$
인 경우 발생액과 영업현금흐름 간 증분관계(β_3)는 양$(+)$으로 예상된다.

Ball and Shivakumar(2005)는 상장기업(public firms)과 비상장기업(private
firms) 간 이익인식의 차별성을 분석하는 것을 주된 연구목적으로 하고 있
기 때문에 다음과 같이 식(6-7)에 비상장더미변수(DPR)를 추가로 포함시
켰다.

$$
\begin{aligned}
ACC_t = \beta_0 &+ \beta_1 DCFO_t + \beta_2 CFO_t + \beta_3 DCFO_t * CFO_t \\
&+ \beta_4 DPR + \beta_5 DPR * DCFO_t + \beta_6 DPR * CFO_t \\
&+ \beta_7 DPR * DCFO_t * CFO_t + v_t
\end{aligned}
\qquad (6\text{-}8)
$$

Table 5 Regression of accruals on cash from operations for all firm-years

$$ACC_t = \beta_0 + \beta_1 \times DCFO_t + \beta_2 \times CFO_t + \beta_3 \times DCFO_t \times CFO_t + \beta_4 \times DPR + \beta_5 \times DPR \times DCFO_t + \beta_6 \times DPR \times CFO_t + \beta_7 \times DPR \times DCFO_t$$
$$\times CFO_t + \beta_8 \times SIZE_t + \beta_9 \times SIZE_t \times DCFO_t + \beta_{10} \times SIZE_t \times CFO_t + \beta_{11} \times SIZE_t \times DCFO_t \times CFO_t + v_t$$

	Predict	REGN I		REGN II		REGN III	
		Coeff	t-stat	Coeff	t-stat	Coeff	t-stat
$INTERCEPT(\beta_0)$	?	0.024	9.70	0.015	5.27	0.008	1.21
$DCFO_t(\beta_1)$	?	0.003	0.48	0.036	5.81	0.020	1.44
$CFO_t(\beta_2)$	−	−0.613	−39.90	−0.277	−16.26	−0.487	−15.87
$DCFO_t \times CFO_t(\beta_3)$	+	0.344	8.45	0.184	4.12	0.370	4.20
$DPR(\beta_4)$	?	−0.009	−3.64	0.000	0.13	−0.009	−3.60
$DPR \times DCFO_t(\beta_5)$	?	0.011	2.06	−0.010	−1.72	0.009	1.60
$DPR \times CFO_t(\beta_6)$	?	0.000	−0.02	−0.217	−13.55	0.008	0.48
$DPR \times DCFO_t \times CFO_t(\beta_7)$	−	−0.412	−10.00	−0.279	−6.69	−0.346	−8.16
$SIZE_t(\beta_8)$	?			0.009	5.51		
$SIZE_t \times DCFO_t(\beta_9)$	?			−0.036	−10.88		
$SIZE_t \times CFO_t(\beta_{10})$	?			−0.358	−42.72		
$SIZE_t \times DCFO_t \times CFO_t(\beta_{11})$	?			0.157	6.94		
Interactive three-digit SIC industry dummies	?					Not reported	
Adj-R^2 (%)		58.39		59.71		60.08	
No. of obs		115263		114890		115263	

Variables : Dependent variable : ACC_t, accruals in year t, standardized by beginning total assets. Accruals are defined as earnings before exceptional items and extra-ordinary items minus cash from operations.

Independent variables : CFO_t, cash from operations in year t, defined as earnings before exceptional items and extraordinary items in period t+ Depreciation− Δ(Working capital), standardized by total assets at end of $t-1$.

Δ(Working capital)= ΔInventory+ ΔDebtors+ ΔOther current assets− ΔCreditors− ΔOther current liabilities. $DCFO_t=1$ if $CFO_t < 0$; $=0$ otherwise. DPR, dummy for private companies, $=1$ if private firm, else 0. $SIZE_t$, rank of total assets at end of year t, standardized to the interval (0, 1). The regressions exclude extreme 1% on each side for ACC_t and CFO_t.

출처] : Ball and Shivakumar (2005), p.114.

단, $ACC_t = t$기 발생액

$CFO_t = t$기 영업현금흐름

$DCFO_t = t$기 영업현금흐름이 음($-$)이면 1, 그렇지 않으면 0인 더미변수

$DPR = $비상장기업더미변수

비상장기업이 상장기업에 비하여 덜 보수적이어서 일시적 항목을 손실로 인식할 가능성이 적다면 식(6-8)에서 음($-$)의 영업현금흐름 더미변수와 영업현금흐름 간 교차항($DCFO_t * CFO_t$)의 회귀계수는 $\beta_3 > 0$으로 예상되는 반면에 비상장더미변수, 음($-$)의 영업현금흐름 더미변수 및 영업현금흐름 간 교차항($DPR * DCFO_t * CFO_t$)의 회귀계수는 $\beta_7 < 0$으로 예상된다.

Table 5에 보고된 결과를 보면 영업현금흐름의 회귀계수(β_2)는 -0.613, 유의한 음($-$)인 반면에, 영업현금흐름이 음($-$)인 경우 발생액과 영업현금흐름 간 교차항의 증분회귀계수(β_3)는 0.344, 유의한 양($+$)으로 나타났다. 즉, 상장기업에서는 악재가 더 신속히 발생액에 반영되고 있다는 결과를 보여주었다. 반면에 비상장더미변수, 음($-$)의 영업현금흐름 더미변수 및 영업현금흐름 간 교차항($DPR * DCFO_t * CFO_t$)의 증분회귀계수(β_7)는 -0.412, 유의한 음($-$)으로 나타났다.

Ryan(2006)은 Basu(1997)와 비슷한 유형의 조건보수주의를 분석한 연구의 한계점을 지적하였다. 주요 논점은 다음과 같다.

첫째, 주식수익률의 부호를 이용하여 호재와 악재를 구분하고 있는데 주식수익률과 비회계이익 뉴스(non-earnings news)를 동일시할 수 없다. 주식수익률은 모든 비회계이익 뉴스를 반영하지 않을 뿐 아니라 악재와 호재에 대한 차별적 인식도 기업의 공시정책에 따라 달라질 수 있다.

둘째, 조건보수주의는 무조건보수주의에 의하여 영향을 받는다. 무조건보수주의를 광범위하게 적용해 온 기업은 조건보수주의 회계처리를 적용할 가능성이 상대적으로 낮다.

셋째, 조건보수주의는 특정조건이 발생했을 때 즉각 적용되지는 않는다. 그 이유는 회계기준에서 조건보수주의의 적용에 대하여 종종 완충장

치를 두고 있기 때문이다.

넷째, 특정조건을 개별적으로 인식할 때에는 차별적 인식이 가능하더라도 이를 연단위로 통합하여 분석할 때에는 차별적 인식을 관찰하기 어려울 수도 있다.

4. Collins, Hribar, and Tian (2014)

Collins, Hribar, and Tian(2014)은 이익의 비대칭 적시성을 분석할 때 이익구성요소별 차이를 올바르게 이해할 필요가 있다는 것을 주장하였다. 영업현금흐름은 회계이익과 달리 손실과 이익의 차별적 인식요건을 적용할 필요가 없기 때문에 Basu(1997)와 같은 조건보수주의를 분석할 때 영업현금흐름을 제외하고 발생액을 이용할 것을 제안하였다. 또한, 이와 관련하여 영업현금흐름의 비대칭 적시성은 손실과 이익의 차별적 인식요건 때문이 아니라 기업수명주기와 관련 있을 것이라는 예상을 검증하였다. 이를 위하여 다음의 회귀식을 추정하였다.

$$
\begin{aligned}
CFO\_CF_{it} = {} & \beta_0 + \beta_1 D_{it} + \beta_2 R_{it} + \beta_3 D_{it} * R_{it} + \beta_4 LIFE\_CYCLE_{it} \\
& + \beta_5 LIFE\_CYCLE_{it} * D_{it} + \beta_6 LIFE\_CYCLE_{it} * R_{it} \\
& + \beta_7 LIFE\_CYCLE_{it} * D_{it} * R_{it} + \epsilon_{it}
\end{aligned}
\tag{6-9}
$$

단, CFO_CF_{it} = i기업의 t회계연도 영업현금흐름(기초시가총액으로 나눔)
R_{it} = i기업의 t회계연도 12개월간 누적시킨 주식수익률
D_{it} = i기업의 t회계연도 주식수익률이 음(−)이면 1, 그렇지 않으면 0인 더미변수
$LIFE\_CYCLE_{it}$ = i기업의 t회계연도 기업수명주기를 나타내는 지수

식(6-9)를 추정한 결과를 Table 6에 보고하였는데 이에 의하면 기업수명주기, 음(−)의 주식수익률 더미변수, 주식수익률간 교차항($LIFE\_CYCLE_{it}$ $* D_{it} * R_{it}$)의 회귀계수(β_7)는 0.215로 유의한 양(+)으로 나타났다.

TABLE 6 Effects of life cycle and life cycle related firm characteristics on CFO asymmetric timeliness

$$CFO\_CF_{it} = \beta_0 + \beta_1 D_{it} + \beta_2 R_{it} + \beta_3 D_{it} \times R_{it} + \beta_4 TEST\_VAR_{it} + \beta_5 TEST\_VAR_{it} \times D_{it}$$
$$+ \beta_6 TEST\_VAR_{it} \times R_{it} + \beta_7 TEST\_VAR_{it} \times D_{it} \times R + \epsilon_{it}$$

TEST_VAR	LIFE_CYCLE(+)		SIZE(−)		AGE(−)	
	coef.	T-stat.	coef.	T-stat.	coef.	T-stat.
Intercept	0.128	49.13***	0.070	19.35***	0.076	24.23***
D	−0.001	−0.25	−0.019	−4.54***	−0.017	−4.54***
R	0.107	17.19***	−0.008	−2.17**	−0.009	−2.37**
$D \times R$	−0.064	−5.49***	0.166	20.74***	0.138	18.75***
$TEST\_VAR$	−0.071	−14.92***	0.056	11.21***	0.051	11.03***
$TEST\_VAR \times D$	−0.014	−2.42**	0.026	4.35***	0.012	2.04**
$TEST\_VAR \times R$	−0.117	−14.56***	0.093	12.04***	0.075	9.60***
$TEST\_VAR \times D \times R$	0.215	14.20***	−0.173	−12.04***	−0.095	−6.37***
N	73318		73318		73318	

TEST_VAR	CAPEX(+)		SALE_GR(+)	
	coef.	T-stat.	coef.	T-stat.
Intercept	0.121	38.89***	0.140	43.20***
D	−0.012	2.95***	−0.025	−5.89***
R	0.045	8.65***	0.010	1.83*
$D \times R$	0.050	4.78***	0.153	15.14***
$TEST\_VAR$	−0.023	−4.37***	−0.059	−12.39***
$TEST\_VAR \times D$	−0.005	−0.81	0.018	2.82***
$TEST\_VAR \times R$	−0.056	−7.33***	0.010	1.31
$TEST\_VAR \times D \times R$	0.133	9.05***	−0.048	−3.54***
N	73318		73318	

This Table presents results of pooled OLS regressions for all compustat firms from 1988 to 2008. *Dependent variable* is Cash from Operations (*CFO_CF*). *TEST_VAR* is a proxy for life cycle (*LIFE_CYCLE*), size (*SIZE*), age (*AGE*), capital expenditure (*CAPEX*), or sales growth (*SALE_GR*). All test variables (*TEST_VAR*) are ranked into quintiles and then scaled to have a range of 0-1. *T*-statistics with clustering by firm are presented. Asterisks *, **, and *** denote statistical significance at 10%, 5%, and 1% respectively. R is the buy and hold return of each firm cumulated over its fiscal year, from fiscal year-end $t-1$ to t. *DR* is a dummy variable that equals 1 if R is negative, and zero otherwise. Size is the log of lagged asset=ln(lagged *AT*). Age is the number of years since the first year a firm's data is available on Compustat. *CAPEX*= capital expenditure as a proportion of total assets=$(CAPX + XRD)/AT$. *SALE_GR*=sales growth of last two years=sales of year t/sales of year $t-2$. To combine these different firm characteristics into one life-cycle-stage variable, we calculate Z-score for each variable by subtracting its mean and dividing it by its standard deviation. *Life_CYCLE*=the combined Z-score= *Z_SALE_GR− Z_AGE+ Z_CAPEX− Z_SIZE*.
출처 : Collins, Hribar, and Tian (2014), p.181.

또한 기업수명주기의 크기로 5등분한 집단별로 다음 식을 추정하였다.

$$CFO\_CF_{it} = \beta_0 + \beta_1 D_{it} + \beta_2 R_{it} + \beta_3 D_{it} * R_{it} + \epsilon_{it} \qquad (6\text{-}10)$$

단, $CFO\_CF_{it} = i$기업의 t회계연도 영업현금흐름(기초시가총액으로 나눔)
$\qquad R_{it} = i$기업의 t회계연도 12개월간 누적시킨 주식수익률
$\qquad D_{it} = i$기업의 t회계연도 주식수익률이 음(−)이면 1, 그렇지 않으면 0인 더미변수

위 식(6-10)의 β_3를 집단별로 추정한 결과를 Table 7에 보고하였는데, 이에 따르면 영업현금흐름의 비대칭 적시성이 성장단계에서는 큰 반면에 성숙단계에서는 작았다. 이는 영업현금흐름의 비대칭 적시성이 기업수명 주기와 밀접한 관계를 갖는다는 것을 보여주고 있다.

또한 자산감액 또는 구조조정비용을 보고한 집단과 그렇지 않은 집단 간 영업현금흐름과 발생액의 차별적 적시성을 비교하기 위하여 다음의 식 을 추정하였다.

$$\begin{aligned} CFO\_CF_{it} \ or \ ACCR\_CF_{it} = {} & \beta_0 + \beta_1 D_{it} + \beta_2 R_{it} + \beta_3 D_{it} * R_{it} \\ & + \beta_4 WD_{it} + \beta_5 WD_{it} * R_{it} \\ & + \beta_6 WD_{it} * D_{it} * R_{it} + \epsilon_{it} \qquad (6\text{-}11) \end{aligned}$$

단, $CFO\_CF_{it} = i$기업의 t회계연도 영업현금흐름(기초시가총액으로 나눔)
$\qquad ACCR\_CF_{it} = i$기업의 t회계연도 발생액(기초시가총액으로 나눔)
$\qquad R_{it} = i$기업의 t회계연도 12개월간 누적시킨 주식수익률
$\qquad D_{it} = i$기업의 t회계연도 주식수익률이 음(−)이면 1, 그렇지 않으면 0인 더미변수
$\qquad WD_{it} = i$기업이 t회계연도에 자산감액 또는 구조조정비용을 보고 했으면 1,
$\qquad\qquad$ 그렇지 않으면 0인 더미변수[3]

---

[3] 1995년 전까지는 compustat database에 자산감액과 구조조정비용 변수가 별도로 보고되지 않았으므로 WD_{it}는 1995년 이전이면 1(special item이 음수로 보고), 그렇지 않으면 0으로 정의하였다.

TABLE 7 CFO asymmetry by quintile of life cycle and quintile of life—cycle related firm characteristics

$$\text{Model} : Y_{it} = \beta_0 + \beta_1 D_{it} + \beta_2 R_{it} + \beta_3 D_{it} \times R_{it} + \epsilon_{it}$$

Panel A : CFO asymmetry across life-cycle stages

LIFE_CYCLE Quintile	CFO Asymmetry (β_3)	*T*-stat.	Coefficient on Positive Returns (β_2)	*T*-stat.
Quintile 5 (Growth)	0.108	13.16***	0.003	0.74
Quintile 4	0.122	13.21***	0.010	2.25**
Quintile 3	0.058	4.80***	0.041	7.04***
Quintile 2	−0.012	−0.77	0.080	10.86***
Quintile 1 (Mature)	−0.028	−1.65*	0.093	8.88***

This table presents coefficients for returns and CFO asymmetry for the quintile of each life cycle and quintiles of life-cycle related firm characteristics. *Dependent variable* is CFO under the cash flow statement approach (*CFO_CF*). *T*-statistics with clustering by firm are presented. Asterisks ∗, ∗∗, and ∗∗∗ denote statistical significance at 10%, 5%, and 1% respectively. *R* is the buy and hold return of each firm cumulated over its fiscal year, from fiscal year-end *t*-1 to fiscal year-end *t*. *DR* is a dummy variable that equals 1 if *R* is negative, and zero otherwise. *CFO_CF*=operating cash flows (from continuing operations) taken directly from the statement of cash flows scaled by lagged market value of equity= (Compustat acronym : *OANCF*-Compustat acronym : *XIDOC*). Size is the log of lagged asset =ln(lagged *AT*). Age is the number of years since the first year a firm's data is available on Compustat. *CAPEX*=capital expenditure as proportion of total assets=$(CAPX+XRD)/AT$. *SALE_GR*=sales growth of last two years=sales of year *t*/sales of year $t-2$. To combine these different firm characteristics into one life-cycle-stage variables, we calculate *Z*-score for each variable by subtracting its mean and dividing it by its standard deviation. *Life_CYCLE* =the combined *Z*-score= $Z\_SALE\_GR - Z\_AGE + Z\_CAPEX - Z\_SIZE$.
출처 : Collins, Hribar, and Tian (2014), p.183.

위 식을 추정한 결과를 보고한 Table 8에 따르면 영업현금흐름의 비대칭 적시성은 유의하지 않은 반면에 발생액의 비대칭 적시성은 유의하게 나타났다. 이는 자산감액이나 구조조정비용 등이 현금흐름과 관계없지만 발생액과는 유의한 관계가 있는 만큼 그에 따라 발생액에서만 비대칭 적시성이 관찰된 것을 의미한다.

TABLE 8 CFO asymmetry and accrual asymmetry for firm−years with asset write downs, restructuring or both.

$$Dependent_{it} = \beta_0 + \beta_1 D_{it} + \beta_2 R_{it} + \beta_3 D_{it} \times R_{it} + \beta_4 WD_{it} + \beta_5 WD_{it} \times D_{it}$$
$$+ \beta_6 WD_{it} \times R_{it} + \beta_7 WD_{it} \times D_{it} \times R + \epsilon_{it}$$

$Dependent =$	CFO		ACCR	
	Coef.	T-stat.	Coef.	T-stat.
Intercept	0.106	51.37***	−0.063	−31.18***
D	−0.015	−5.46***	0.010	3.28***
R	0.009	2.85***	−0.026	−7.97***
$D \times R$	0.128	20.11***	0.148	16.22***
WD	0.010	3.47***	−0.023	−7.03***
$WD \times D$	0.000	0.08	0.009	1.62*
$WD \times R$	0.013	2.44**	−0.018	−2.97***
$WD \times D \times R$	0.005	0.48	0.167	11.02***
N	73318		73318	

This table presents CFO asymmetry and accrual asymmetry for firms with asset write down or restructuring. *Dependent variables* are CFO and accrual under the cash flow statement approach (*CFO_CF*/ *ACCRUAL_CF*). *T*-statistics with White's heteroskedasticity-corrected standard error are presented. Asterisks *, **, and *** denote statistical significance at 10%, 5%, and 1% respectively. *R* is the buy and hold return of each firm cumulated over its fiscal year, from fiscal year-end $t-1$ to fiscal year-end t. *DR* is a dummy variable that equals 1 if *R* is negative, and zero otherwise. *CFO*=operating cash flows (from continuing operations) taken directly from the statement of cash flows scaled by lagged market value of equity=(Compustat acronym : *OANCF*-Compustat acronym : *XIDOC*). *ACCRUAL*=accruals taken from statement of cash flows= *EARN− CFO_CF*. *WD*=1 if a firm reports any asset write downs (including goodwill impairment) or restructuring charges, and 0 otherwise. Before 1995, write downs and restructurings are not separately disclosed on Compustat. Thus, we set *WD* equal to 1 before 1995 if SPI (special items) is negative and 0 otherwise. Results are very similar if we run the same test excluding observations before 1995.
출처 : Collins, Hribar, and Tian (2014), p.198.

제 **2** 절   원가하방경직성

일반적으로 경영자는 수요의 변화로 인하여 매출이 증가하거나 감소할 때에 생산설비를 포함한 기업의 제반 자원을 조정하여 최적의 생산성 및 수익성을 유지하고자 한다. 그러나 단기적인 매출감소에 대하여 자원을 즉각 축소조정하는 것은 장기적으로 효율적인 결정이 아닐 수 있다. 매출이 회복될 때 다시 자원을 확장조정하는 것보다 매출감소가 일시적이라고 판단되면 보유자원을 기존의 수준으로 유지하여 매출증가에 대비하는 것이 더 효율적일 수 있을 것이다.

이러한 매출변화와 자원(원가)변화 간의 비대칭 관계를 Figure 4에 제시하였다. X축은 매출변화($\log(Revenue_t/Revenue_{t-1})$)를 나타내고, Y축은 자원(원가)변화($\log(COST_t/COST_{t-1})$)를 나타낸다. 예를 들어서 매출이 10% 증가했을 때 자원(원가)이 7% 증가했다면 1사분면에서 실선의 기울

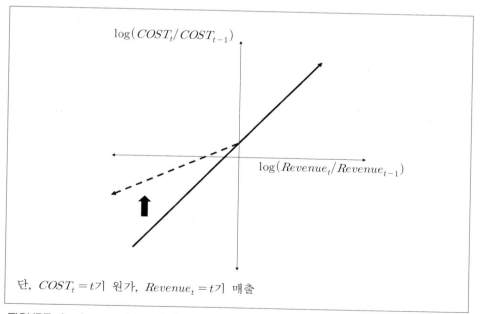

단, $COST_t = t$기 원가, $Revenue_t = t$기 매출

FIGURE 4   Asymmetric relation between revenue changes and cost changes

기는 0.7이다. 한편 매출이 10% 감소했을 때 자원(원가)이 7% 감소했다면 3사분면에서 실선의 기울기 역시 0.7이다. 하지만 매출이 10% 감소했을 때 자원(원가)은 5%만 감소했다면 3사분면에서 점선의 기울기는 0.5가 되어 1사분면 실선의 기울기에 비해 덜 가파른 모습을 보인다. 즉, 매출감소에 대한 자원(원가)감소가 매출증가에 대한 자원(원가)증가보다 덜 민감하게 변화할 때 하방경직적(sticky)이라고 한다.

1. Anderson, Banker, and Janakiraman (2003)

Anderson, Banker, and Janakiraman(2003)은 원가가 매출과 비례하여 변화한다는 전통적인 가정에 의문을 제기하였다. 경영자는 매출이 감소할 때 원가를 즉각 조정할 수도 있지만 그 대신에 미래 수요에 대한 불확실성이 해소될 때까지 자원배분 의사결정을 지연하는 동기가 있다. 그에 따라 매출감소에 비례하여 원가가 감소하지 않는다는 원가하방경직성(cost stickiness)을 분석하였다. 이를 위하여 다음의 회귀식을 추정하였다.

$$
\begin{aligned}
\log(SG\&A_{i,t}/SG\&A_{i,t-1}) \\
= \beta_0 + \beta_1\log(Revenue_{i,t}/Revenue_{i,t-1}) + \beta_2 Decrease\_Dummy_{i,t} \\
*\log(Revenue_{i,t}/Revenue_{i,t-1}) + \epsilon_{i,t}
\end{aligned} \tag{6-12}
$$

단, $SG\&A_{i,t}$ = i기업의 t기 판매관리비
$Revenue_{i,t}$ = i기업의 t기 매출
$Decrease\_Dummy_{i,t}$ = i기업의 t기 매출이 $t-1$기 매출보다 감소하면 1, 그렇지 않으면 0인 더미변수

위 식에서 β_1은 매출이 1% 증가할 때 판매관리비의 변화율을 측정하는 민감도이고, $(\beta_1 + \beta_2)$는 매출이 1% 감소할 때 판매관리비의 변화율을 측정하는 민감도이다. 매출증가의 경우에 판매관리비 변화보다 매출감소

TABLE 9 Results of Regressing Changes in SG&A on Changes in Sales Revenue for the 20–Year Period 1979–1998

Regression specification for model (I):

$$\log\left[\frac{SG\&A_{i,t}}{SG\&A_{i,t-1}}\right] = \beta_0 + \beta_1 \log\left[\frac{Revenue_{i,t}}{Revenue_{i,t-1}}\right]$$

$$+ \beta_2 {}^* Decrease\_Dummy_{i,t} {}^* \log\left[\frac{Revenue_{i,t}}{Revenue_{i,t-1}}\right] + \epsilon_{i,t}$$

Regression specification for model (II):

$$\log\left[\frac{SG\&A_{i,t}}{SG\&A_{i,t-1}}\right] = \beta_0 + \beta_1 \log\left[\frac{Revenue_{i,t}}{Revenue_{i,t-1}}\right]$$

$$+ \beta_2 Decrease\_Dummy_{i,t} {}^* \log\left[\frac{Revenue_{i,t}}{Revenue_{i,t-1}}\right] + \beta_3 \log\left[\frac{Revenue_{i,t-1}}{Revenue_{i,t-2}}\right]$$

$$+ \beta_4 Decrease\_Dummy_{i,t-1} {}^* \log\left[\frac{Revenue_{i,t}}{Revenue_{i,t-2}}\right] + \epsilon_{i,t}$$

$Decrease\_Dummy_{i,t}$ takes a value of 1 when revenue of firm i for period t is less than that in the preceding period.

	Coefficient Estimates (t-statistics)				
	Model (I) One-Year Periods	Model (II) One-Year Periods	Model (I) Two-Year Periods	Model (I) Three-Year Periods	Model (I) Four-Year Periods
$\widehat{\beta_0}$	0.0481 (39.88)	0.0333 (25.90)	0.0574 (25.12)	0.0603 (16.31)	0.0783 (16.67)
$\widehat{\beta_1}$	0.5459 (164.11)	0.5328 (130.43)	0.6816 (141.91)	0.7148 (104.71)	0.7427 (97.00)
$\widehat{\beta_2}$	−0.1914 (−26.14)	−0.1876 (−23.47)	−0.1569 (−13.40)	−0.0919 (−5.56)	−0.0343 (−1.76)
$\widehat{\beta_3}$		0.1038 (29.79)			
$\widehat{\beta_4}$		0.1042 (13.23)			
Adjusted R^2	0.3663	0.3893	0.5349	0.5933	0.6513
Number of observations	63,958	56,420	26,052	12,398	8,565

출처 : Anderson, Banker, and Janakiraman (2003), p.55.

의 경우에 판매관리비 변화가 덜 민감하다면 $\beta_2 < 0$으로 예상된다.

식(6-12)를 추정한 결과를 제시한 Table 9에 의하면 모형 (Ⅰ) 1년 기간의 $\beta_1 = 0.5459$로 나타났다. 이는 매출이 1% 증가할 때 판매관리비는 0.55% 증가한다는 것을 뜻한다. 한편 $\beta_2 = -0.1914$로 나타났다. 이는 매출이 1% 감소할 때 판매관리비는 0.19%만큼 덜 감소, 즉 0.35% 감소한다는 것을 뜻한다. 변수의 측정기간을 늘릴수록 β_2의 절댓값이 작아지고 있는데 이는 장기적으로는 자원조정유인이 약해지면서 원가하방경직성이 점점 누그러지는 것을 의미한다.

2. Banker, Basu, Byzalov, and Chen (2016)

Banker, Basu, Byzalov, and Chen(2016)은 악재와 호재의 비대칭 인식에 관한 Basu(1997) 모형에서 원가하방경직성을 통제할 때 비대칭 인식의 정도가 완화되는지를 분석하였다. 이를 위하여 Basu(1997) 모형에 매출변화(ΔS_t), 매출감소더미변수(DS_t)를 추가한 다음의 회귀식을 추정하였다.

$$E_t/P_{t-1} = \alpha_0 + \alpha_1 DR_t + \alpha_2 RET_t + \alpha_3 DR_t \times RET_t + \beta_1 DS_t$$
$$+ \beta_2 \Delta S_t/P_{t-1} + \beta_3 DS_t \times \Delta S_t/P_{t-1} + \eta_t \qquad (6\text{-}13)$$

단, $E_t = t$회계연도 순이익

$P_t = t$회계연도말 주가

$RET_t = t$회계연도 12개월간 누적시킨 시장조정주식수익률

$DR_t = t$회계연도 주식수익률이 음($-$)이면 1, 그렇지 않으면 0인 더미변수

$DS_t = t$회계연도 매출이 $t-1$회계연도에 비하여 감소하면 1, 그렇지 않으면 0인 더미변수

$\Delta S_t = t$회계연도 매출변화

Basu(1997) 모형, 즉 $E_t/P_{t-1} = \alpha_0 + \alpha_1 DR_t + \alpha_2 RET_t + \alpha_3 DR_t \times RET_t + \eta_t$에 원가하방경직성 관련 변수인 매출변화, 매출감소더미변수 및 교차

TABLE 10 Basu asymmetric timeliness estimates with and without controls for sticky costs

Dependent variables+Earnings(E/P)				
		Basu model	Sticky costs model	Full model
Intercept		0.043***	0.030***	0.060***
		(7.12)	(13.15)	(14.24)
DR		0.036***		0.030***
		(6.71)		(6.59)
RET	+	0.011		0.015
		(1.49)		(1.46)
$DR \times RET$	+	0.408***		0.321***
		(11.56)		(11.90)
DS			−0.054***	−0.023***
			(−13.49)	(−5.32)
$\Delta S/P$	+		0.033***	0.019***
			(7.90)	(3.29)
$DS \times \Delta S/P$	+		0.236***	0.242***
			(12.73)	(11.92)
Adj. R^2 (%)		12.7	19.0	26.8
N		55,448	55,448	55,448

F-statistic in a test of the full model against :
Basu model   180.88***
Sticky costs model   61.47***

Bias in Basu conservatism estimate relative to the estimate in the full model :
Magnitude of bias   27.2%
t-statistic[a]   7.65***
p-value   0.000

The table presents the pooled regression estimates on a sample of 55,448 firm-years from 1987 to 2007. The numbers in parentheses are the t-statistics that are based on standard errors clustered by firm and year. *, **, and *** indicate significance at the 10%, 5%, and 1% levels, respectively, in two-tailed tests. E is earnings before extraordinary items and discontinued operations. RET is the market-adjusted stock return for the fiscal year. DR is a dummy variable equal to one if the market-adjusted stock return is negative. ΔS is the sales change. DS is a dummy variable equal to one if sales decreased from the prior to the current fiscal year. P is the market value of equity at the beginning of the fiscal year. Compustat and $CRSP$ data items are provided in the notes to Table 1.

a. To conduct a cross-model hypothesis test of bias, we jointly estimate both models using stacked regression.

출처 : Banker, Basu, Byzalov, and Chen (2016), p.208.

항 등이 누락됨으로써 α_3에 상향편의가 초래된다면 위 식(6-13)처럼 이들 누락변수를 통제할 때 α_3가 작아질 것으로 예상하였다.

식(6-13)을 추정한 결과를 보고한 Table 10을 요약하면 다음과 같다.

첫째, Basu(1997)와 일관되게 $\alpha_3 = 0.408$로 유의한 양(+)의 값을 보였다.

둘째, Anderson, Banker, and Janakiraman(2003)과 유사하게 $\beta_3 = 0.236$으로 유의한 원가하방경직성이 관찰되었다.

셋째, 원가하방경직성 변수를 통제한 후 $\alpha_3 = 0.321$로 여전히 유의한 양(+)의 값을 보였지만 그 크기가 27%가량 감소하였다. 즉, 원가하방경직성을 통제하지 않았을 때 비대칭 이익인식의 정도가 과대추정된다는 것을 알 수 있다.

참고문헌

Anderson, M., R. Banker, and S. Janakiraman. 2003. Are selling, general, and administrative costs "sticky"? *Journal of Accounting Research* 41 (1) : 47-63.

Ball, R. and P. Easton. 2013. Dissecting earnings recognition timeliness. *Journal of Accounting Research* 51 (5) : 1099-1132.

Ball, R. and L. Shivakumar. 2005. Earnings quality in U.K. private firms. *Journal of Accounting and Economics* 39 (1) : 83-128.

Banker, R., S. Basu, D. Byzalov, and J. Chen. 2016. The confounding effect of cost stickiness on conservatism estimates. *Journal of Accounting and Economics* 61 (1) : 203-220.

Basu, S. 1997. The conservatism principle and the asymmetric timeliness of earnings. *Journal of Accounting and Economics* 24 (1) : 3-37.

Collins, D. W., P. Hribar, and X. Tian. 2014. Cash flow asymmetry : Cause and implications for conditional conservatism research. *Journal of Accounting and Economics* 58 (2-3) : 173-200.

Givoly, D. and C. Hayn. 2000. The changing time-series properties of earnings, cash flows and accruals : Has financial reporting become more conservative? *Journal of Accounting and Economics* 29 (3) : 287-320.

Ryan, S. 2006. Identifying conditional conservatism. *European Accounting Review* 15 (4) : 511-525.

Watts, R. L. 2003. Conservatism in accounting Part I. Explanations and implications. *Accounting Horizons* 17 (3) : 207-221.

저자약력

백 원 선

Temple 대학교(경영학박사)
현, 성균관대학교 경영대학 교수

저서 및 논문
IFRS 회계원리(신영사, 2019)
"발생액-영업현금흐름 대응과 수익-비용 대응" (2018)
"재무적 제약이 특수관계자 거래를 이용한 운전자본관리에 미치는 영향" (2018)

제2판 회계연구 실증모형

2018년 1월 20일   제 1 판 1쇄   발행
2019년 2월 20일   제 2 판 1쇄   인쇄
2019년 2월 28일   제 2 판 1쇄   발행

저   자 백 원 선
발 행 인 권 영 섭
발 행 처   (주)신 영 사
경기도 파주시 심학산로 12(출판문화단지)
등   록 : 1988. 5. 2 / 제406-1988-000020호
전   화 : 031-946-2894(代)
F   A   X : 031-946-0799
e - m a i l : sys28945@naver.com
홈페이지 : http://www.shinyoungsa.co.kr

저자와의
협의하에
인지생략

정가 15,000원   ISBN 978-89-5501-678-9